Droit et Société
N° 118/2024

Éditorial

Varia

À propos

Chronique bibliographique

Editorial

Miscellany

Apropos...

Book Reviews

Études

« Terrorisme », isolement carcéral et droits humains : dépolitisation et repolitisation de la violence révolutionnaire au cœur de l'Europe des années 1970. Le cas suisse

"Terrorism", Prison Isolation, and Human Rights: depoliticization and repoliticization of revolutionary violence in the heart of 1970s Europe. The Swiss case

Alix Heiniger

Département d'histoire contemporaine, Université de Fribourg, 20 avenue de l'Europe, CH-1700 Fribourg. alix.heiniger[at]unifr.ch

Résumé L'isolement carcéral imposé aux personnes détenues pour des infractions désignées comme « terroristes » révèle la tension entre l'objectif proclamé de préserver l'État démocratique et la violation des droits fondamentaux de ces personnes. Le cas suisse, pris pour analyse dans cet article, rappelle la position de ce pays au milieu d'une Europe traversée par la violence révolutionnaire et la répression, ainsi qu'au sein des alliances internationales entre États au nom de la lutte contre le « terrorisme ». Il éclaire aussi le rôle des collectifs de la gauche radicale dans la dénonciation de la violation des droits au travers d'une mobilisation transnationale qui vise à repolitiser le débat. Compte tenu de l'écho qu'elle reçoit dans des cercles plus étendus au-delà des frontières suisses et dans un cercle politique plus large, cette mobilisation s'avère fructueuse.

Droits fondamentaux – Gauche radicale – Mobilisations transnationales – Prisons – Terrorisme – Violence

Summary The prison isolation imposed on people detained for "terrorist"-offenses designated as highlighted the tension between the proclaimed aim of preserving the democratic state and the violation of fundamental rights guaranteed by international standards enacted in the wake of the Second World War. The Swiss case is a reminder of the country's position in the middle of a Europe riven by revolutionary violence and repression, as well as the international alliances between states in the name of the fight against "terrorism." It also sheds light the role of radical-left collectives in denouncing the violation of fundamental rights in a transnational mobilization that aims to repoliticize the debate. Thanks to the echo it receives beyond Switzerland's borders and in a wider political circle, this transnational mobilization proves fruitful.

Fundamental rights – Prisons – Radical left – Terrorism – Transnational mobilizations – Violence

Cet article a été rédigé dans le cadre du projet financé par le Fonds national suisse pour la recherche « Espace carcéral et circulations : une histoire transnationale et régionale des prisons suisses (1820-1980) ». Je remercie Frédéric Deshusses, archiviste aux Archives contestataires, de m'avoir signalé la brochure *L'isolement carcéral en Suisse. Témoignage de Petra Krause*, analysée plus bas et qui a déclenché l'enquête à l'origine de cet article, ainsi que les deux personnes qui ont relu la première version de celui-ci pour leurs remarques et leurs suggestions.

Le 27 juin 1976, cinq « pirates de l'air » détournent un avion de la compagnie Air France et réclament la libération de 53 « combattants palestiniens de la liberté », parmi lesquels une des seules à ne pas être détenue en Israël est une ressortissante germano-italienne retenue dans une prison zurichoise. Le gouvernement helvétique, à l'instar de ses homologues concernés par ces revendications, rejette leur revendication et appelle à la libération des otages au nom de l'humanité[1].

Cet épisode rappelle à la Suisse sa place au milieu d'une Europe secouée par des conflits politiques. Au nord et au sud, les gouvernements voisins refusent de considérer les mobilisations et les actions des groupes armés dans leurs dimensions politiques – une position également adoptée par le Conseil fédéral suisse. Petra Krause, la femme dont est réclamée la libération, est une militante germano-italienne arrêtée à Zurich en mars 1975 et accusée avec ses camarades d'avoir volé du matériel explosif pour le livrer à des groupes armés en Italie et en Allemagne. La presse italienne dénonce dès l'été 1977 les conditions de sa détention comme étant particulièrement brutales. Ce cas donna lieu à une mobilisation spectaculaire par la diversité des acteurs et des actrices impliqué·es et par les tensions diplomatiques qu'elle provoqua entre la Suisse et l'Italie. Les conditions de détention des personnes désignées comme « terroristes » tranchent alors avec la tendance suivie depuis la fin de la Seconde Guerre mondiale, qui consistait à élaborer des règles minimales afin d'assurer un traitement des prisonnier·ères conforme aux droits humains[2]. Dans les années 1970, les membres du Conseil de l'Europe ont pourtant pris des mesures contraires à ces dispositions au motif de préserver la démocratie[3]. La Suisse n'échappe pas à ces tensions et participe pleinement à la collaboration internationale au nom de la lutte contre le « terrorisme ».

Cette histoire rappelle aussi que pendant cette période, la violence se manifeste non seulement par la contestation de la démocratie libérale bourgeoise par les groupes révolutionnaires – comme la Fraction armée rouge en Allemagne ou les Brigades rouges en Italie –, mais aussi par la répression de la part des États. Elle

1. Documents diplomatiques suisses (dodis.ch) n° 50243, Département fédéral de justice et police, Betrift : Entführung eines französischen Verkehrsflugzeuges nach Entebbe/Uganda [Objet : Détournement d'un avion de ligne français vers Entebbe/Ouganda], Bern, 30 juin 1976.

2. Christian Jacq, « Politique criminelle et Convention européenne des Droits de l'homme », *Déviance et Société*, 13, 1989, p. 387-407.

3. Gérard Soulier, « Lutte contre le terrorisme et droits de l'homme. De la Convention à la Cour européenne des droits de l'homme », *Revue de science criminelle et de droit pénal comparé*, 1, 1987, p. 664-675.

se manifeste également, dans le contexte des luttes décoloniales, par des luttes pour l'émancipation, dont le combat des organisations de libération du peuple palestinien devient un emblème sur la scène internationale, notamment à travers des actions spectaculaires de détournement d'avion. Ces éléments se retrouvent imbriqués dans les débats autour du « terrorisme » et des mesures à prendre pour lutter contre celui-ci. Pour leur part, les collectifs décoloniaux et révolutionnaires affirment une solidarité illustrée par la demande de libération de Krause par le Front populaire de libération de la Palestine (FPLP). La violence politique ne surgit en effet pas de nulle part, elle se déploie dans un contexte politique et social précis[4]. À la suite d'Isabelle Sommier, cet article vise à réinscrire ces éléments dans une séquence politique de confrontation des collectifs avec l'État, qui se cristallise autour de l'usage du terme de « terroriste » Nous retrouvons celui-ci dans les sources produites par les responsables (élu·es) qui l'emploient pour renvoyer la violence révolutionnaire à une forme d'action illégitime[5].

Comme le montre Vanessa Codaccioni, le fait que la violence politique soit assimilée au terrorisme conduit à « dépolitiser l'activisme oppositionnel ». Il s'agit là d'un processus historique dont l'origine remonte au XIXe siècle, avec la répression du mouvement anarchiste[6]. Il est important de replacer les événements au cœur de cet article dans leur contexte historique, c'est-à-dire celui, d'une part, de la mise en place d'un réseau européen de collaboration entre les États pour lutter contre ce qu'ils désignent comme le « terrorisme » et, d'autre part, celui des liens entre des collectifs et des personnes impliqués dans des mobilisations qui visent précisément à repolitiser leur lutte par l'usage du terme « prisonniers politiques », en dénonçant la violence d'une répression contraire aux droits humains. Un autre élément à prendre en compte dans le cadre de cette contribution et qui vient complexifier cette séquence est l'élaboration de règles qui intègrent la notion de droits humains dans la privation de liberté et déclenche une nouvelle dynamique : prisonniers et prisonnières ne sont plus seulement les objets d'une politique de défense sociale, mais des récipiendaires de droits[7]. La détention préventive n'échappe pas au constat formulé par Gilles Chantraine à propos de la peine de prison. Elle doit aussi désormais demeurer « "acceptable" aux yeux d'une démocratie qui veut rester fière d'elle-même, et les conditions de détention doivent, en conséquence, s'adapter à leur temps, à l'évolution des sensibilités collectives.[8] » Il

4. Laurent Bonelli, « De l'usage de la violence en politique », *Cultures & Conflits*, 81-82, 2011, p. 7-16. DOI : 10.4000/conflits.18093.

5. Isabelle Sommier, *La violence révolutionnaire*, Paris : Presses de Sciences Po, 2008. DOI : 10.3917/scpo.sommi.2008.01.

6. Vanessa Codaccioni, « Empêcher, dépolitiser, punir : le triptyque de la répression politique », *Savoir/Agir*, 55 (1), 2021, p. 49-56. DOI : 10.3917/sava.055.0049.

7. Michelle Perrot, « Préface. La prison, encore, et toujours ? », *in* Philippe Artières et Pierre Lascoumes, *Gouverner, enfermer. La prison, un modèle indépassable ?*, Paris : Presses de Sciences Po, 2004, p. 13-21. DOI : 10.3917/scpo.artie.2004.01.0013.

8. Gilles Chantraine, « 1. Les temps des prisons. Inertie, réformes et reproduction d'un dispositif institutionnel », *in* Philippe Artières et Pierre Lascoumes (dir.), *Gouverner, enfermer*, *op. cit.*, p. 59.

s'agit là bien sûr d'un processus encore inachevé qui s'implante progressivement dans les esprits et les pratiques, d'une évolution alimentée par les mobilisations critiques de la prison (ou appelant à son abolition).

Cet article propose une analyse historique des dynamiques transnationales de *dépolitisation* et de *repolitisation* de l'activité oppositionnelle armée à travers le cas du régime de détention en isolement imposé à Petra Krause entre mars 1975 et août 1977 et les mobilisations qui en contestent la légitimité. En effet, rapidement et dans le cadre de dénonciations plus larges des mesures répressives contre les militant·es politiques, le traitement réservé à Krause est qualifié de contraire aux droits humains. Alors que les autorités suisses cherchent à criminaliser ses actions en la qualifiant de « terroriste », les collectifs mobilisés en sa faveur emploient au contraire le terme de « prisonniers politiques ». Les deux parties insèrent leurs actions dans des réseaux transnationaux respectivement voués aux renseignements et à la répression, d'une part, à la solidarité et la contestation des traitements des personnes détenues, d'autre part. En fondant leur discours sur la dénonciation du non-respect de l'État de droit, les collectifs mobilisés parviennent à rallier à leur cause des acteurs et des actrices de la politique institutionnelle et la presse, un soutien qui va les conduire à une victoire d'étape.

S'il existe des études sur la politisation de la prison en France[9], ou sur la prison comme théâtre de la poursuite de la lutte politique par les groupes armés en Allemagne avec le cas, par exemple, de la Rote Armee Fraktion (Fraction armée rouge, RAF)[10], les travaux sur l'usage de la violence en politique ou le « terrorisme » en Suisse n'abordent pas l'isolement carcéral[11]. De même, cet aspect n'apparaît pas dans les recherches sur la contestation des prisons en Suisse[12]. Pourtant, comme évoqué plus haut, suivre cette piste conduit à (ré)inscrire la Suisse dans cette Europe où la contestation politique connaît une répression brutale, qui apparaît

DOI : 10.3917/scpo.artie.2004.01.0057.

9. Grégory Salle, « Mettre la prison à l'épreuve. Le GIP en guerre contre l'"Intolérable" », *Cultures & Conflits*, 55, 2004, p. 71-96. DOI : 10.4000/conflits.1580 ; Id., *La part d'ombre de l'État de droit : la question carcérale en France et en RFA depuis 1968*, Paris : Éditions de l'EHESS, 2009 ; Id., « Surmonter les murs. Les luttes anticarcérales en RFA et en France autour de 1968 », *Raison présente*, 170 (1), 2009, p. 39-52. DOI : 10.3406/raipr.2009.4158 ; Philippe Artières, « La prison en procès. Les mutins de Nancy (1972) », *Vingtième Siècle. Revue d'histoire*, 70 (2), 2001, p. 57-70. DOI : 10.3406/xxs.2001.1345 ; Philippe Artières, Laurent Quéro et Michelle Zancarini-Fournel, *Le Groupe d'information sur les prisons : archives d'une lutte, 1970-1972*, Paris : Institut Mémoires de l'édition contemporaine (Imec), 2003 (pièces d'archives).

10. Dominique Linhardt, « Réclusion révolutionnaire. La confrontation en prison entre des organisations clandestines révolutionnaires et un État – le cas de l'Allemagne dans les années 1970 », *Cultures & Conflits*, 55, 2004, p. 113-148. DOI : 10.4000/conflits.1588.

11. Dominique Grisard, « Im Schatten Petras : "Terrorismus", "Geschlecht" und "Nation" in Schweizer Printmedien der 1970er-Jahre » [Dans l'ombre de Petra : « terrorisme », « genre » et « nation » dans la presse écrite suisse des années 1970], *Annuaire de la Société suisse d'histoire économique et sociale*, 21, 2006, p. 369-383 ; Carole Villiger, *Usages de la violence en politique (1950-2000)*, Lausanne : Éditions Antipodes, 2017.

12. Ludovic Maugué, « Du vacarme individuel aux causes collectives : Les luttes carcérales en Suisse romande et le Groupe Action Prison », *Criminocorpus*, 2021. DOI :10.4000/criminocorpus.10032.

en tension avec la réaffirmation des normes censées limiter l'arbitraire en détention. Cette dynamique est alors intéressante à observer à partir d'un petit pays, situé au milieu de l'Europe, touché moins directement que ses voisins par la lutte politique armée et très fier de ses traditions démocratiques.

Notre analyse se fonde sur un corpus de sources hétérogènes, composé d'un riche ensemble d'archives militantes produites par les collectifs qui contestent le régime d'isolement carcéral. À celui-ci, s'ajoutent des documents diplomatiques suisses et une procédure intentée contre deux personnes arrêtées en Suisse pour des faits qualifiés de « terroristes » et qui contient des documents sur la coopération policière internationale à côté des pièces classiques d'une instruction judiciaire, ainsi que quelques sources issues des Archives fédérales.

Notre propos se décline en trois parties. Premièrement, nous accéderons à l'expérience concrète d'isolement, vécue par Petra Krause, et à ses effets, grâce à son témoignage publié dans une brochure en 1980. Ce document marque aussi l'aboutissement de la vaste mobilisation suscitée par son cas. Pour lui faire écho et attester par des archives publiques des conditions de détention des personnes désignées comme « terroristes », nous ouvrirons le dossier d'instruction d'une affaire similaire, mais dont l'accès nous oblige à rendre anonymes les individus et les lieux cités. Puis, dans une deuxième partie, nous analyserons la mise en place à partir de ces cas (et de ces archives) d'un réseau européen de coopération contre le « terrorisme », avec un corpus enrichi par des documents diplomatiques. Enfin, dans une troisième partie, nous montrerons, à partir des archives militantes, comment la repolitisation se nourrit des expériences d'une vaste nébuleuse mobilisée en faveur de la défense des « prisonniers politiques ».

I. Un régime d'isolement contraire aux droits fondamentaux

I. 1. Vols d'explosifs et de munitions dans les dépôts de l'armée et arrestations à Zurich

Lors d'une conférence de presse du jeudi 10 avril 1975, le procureur général de la Confédération suisse annonce que deux semaines plus tôt (le 26 mars), cinq personnes soupçonnées d'avoir dérobé un impressionnant arsenal d'explosifs et de munitions dans des dépôts de l'armée suisse ont été arrêtées à Zurich. Une mine antichar aurait été utilisée contre la Manufacturers Hanover Trust Company sur les bords de la Limmat en juin 1974. Le collectif aurait également eu en sa possession de moyens de liaison avec « divers groupes terroristes en Europe.[13] »

Parmi ces cinq personnes se trouve la ressortissante germano-italienne, Petra Krause. Née en 1939 à Berlin, elle a été déportée dans sa petite enfance à Auschwitz et a grandi dans une famille adoptive. Elle obtient la nationalité italienne par mariage, mais quitte son pays d'adoption en 1974, recherchée par la police à

13. « Armes et munitions volées à l'armée. La bande ravitaillait des groupes terroristes de pays européens », *Gazette de Lausanne*, 11 avril 1975, p. 7.

la suite de l'incendie de la filiale milanaise de l'entreprise International Telephone and Telegraph (ITT)[14]. D'après un rapport du gouvernement suisse, elle aurait été impliquée dans d'autres attentats sur le sol helvétique, à savoir ceux de l'ambassade espagnole de Berne et de la Hanover-Trust-Bank à Zurich en juin 1974. Ce document lui attribue aussi la fabrication de faux papiers, le vol d'explosifs et d'armes avec le groupe zurichois, la livraison de matériel (explosifs, mines) aux « terroristes italiens » et d'armes automatiques et d'explosifs aux « terroristes allemands » début 1975 ; la source de ces renseignements n'est pas précisée, tandis que Krause se refuse à toute déclaration. L'assertion la plus détaillée concerne « des relations avec le groupe terroriste "Carlos" [Ilich Ramirez Sánchez] qui opère depuis Paris dès 1975. Il est certain que les anarchistes zurichois ont livré des mines antichars à ce groupe. Nous ne connaissons pas à ce jour l'ensemble des relations entre Petra Krause et les gens de "Carlos". Mais on sait avec certitude que Madame Krause a loué une voiture pour le groupe de Carlos à Genève sous un faux nom le 19 juillet 1974[15]. » Les autorités suisses sont ainsi convaincues de détenir l'autrice de multiples infractions commises sur leur territoire, liée à au moins trois groupes « terroristes » actifs dans autant de pays voisins.

Au mois de septembre 1975, Petra Krause ainsi que ses compagnons arrêtés à Zurich entament une grève de la faim afin de dénoncer les « conditions inhumaines » d'incarcération dans la prison zurichoise ainsi que le régime d'isolement mis en place dans toute la Suisse, et de déclarer leur profonde solidarité avec celles et ceux qui subissent la persécution franquiste, de même qu'avec « tous les combattants militants antifascistes et anti-impérialistes dans le tiers et quart monde »[16]. La mobilisation déclenchée par cet acte se prolonge pendant plusieurs années et trouve des relais à l'étranger. Tel que nous le verrons dans la troisième partie de cet article, elle s'inspire elle-même d'autres actions similaires dans les pays voisins. Cinq ans plus tard, Petra Krause décrit minutieusement ses conditions de détention dans une brochure consacrée à l'isolement carcéral en Suisse, publiée par les éditions marxistes-léninistes « Que faire ? »[17]. Nous reviendrons par la suite sur la fonction de ce document dans les mobilisations en faveur de la préservation des droits fondamentaux des détenu·es. Il convient dès à présent d'aborder cette source pour ce qu'elle nous dit de l'expérience vécue par Petra Krause entre son arrestation, en mars 1975, et sa libération, en août 1977.

14. Marcel Gyr, « Die Terroristin, die der Schweiz Folter vorwarf » [La terroriste qui a accusé la Suisse de torture], *Neue Zürcher Zeitung*, 15 septembre 2017.

15. Dodis n° 50243, cité. [notre traduction]

16. Archives privées de Bernard Rambert, Petra Krause Bezirksgefängnis Zürich [Prison du district de Zurich, grêve de la faim], Hungerstreik, 17 septembre 1975. [notre traduction].

17. Archives contestataires (Genève) (ci-après, AC), Collectif d'auteurs, *L'isolement carcéral en Suisse. Témoignage de Petra Krause*, [s.l.], Éditions Que faire ?, 1980. Sur les éditions Que faire ?, voir : Frédéric Deshusses et Stefania Giancane, « "Des livres dont on pense qu'ils sont indispensables à une perspective de changement social": entretien avec Bernard Clerc », *in* Frédéric Deshusses et Stefania Giancane (dir.), *Traces et souvenirs de la contestation. Charles Philipona*, Genève : Association des archives contestataires, Éditions d'en bas, 2013, p. 91-106.

I. 2. Témoigner des effets physiologiques de l'isolement

Pendant les sept premiers jours de sa détention, qui commence le 20 mars[18], Krause n'a de contact qu'avec les policiers de la caserne de Zurich et ceux chargés de son interrogatoire. Depuis sa cellule, elle ne peut pas voir l'extérieur. Elle se sent régulièrement observée par le judas, ce qui l'empêche d'utiliser les toilettes et la gêne quand elle se déshabille pour le coucher. Elle perd le sens du temps. Par ailleurs, bien qu'elle entende des bruits autour d'elle, cela ne l'aide pas tellement à s'orienter. Le matin du vendredi 21 mars, elle perçoit les pleurs d'une femme qui s'amplifient pour devenir une intense plainte, puis des appels à l'aide. Les autres détenu·es se mettent à crier et à taper. Bientôt, elle sent de la fumée et comprend que la femme qui pleurait a mis le feu à sa cellule :

> Durant la scène, j'avais suivi la situation en retenant mon souffle « en position de défense ». Par la suite, c'est toute une reconstitution de la situation qui se déroula en moi. La femme aurait pu à la limite périr, personne parmi nous – impuissants dans nos cellules verrouillées – n'aurait pu faire quoi que ce soit pour elle. Elle doit avoir été dans un désespoir atroce pour en arriver à se brûler vive.
> Mes nerfs cédèrent : cramponnée à ma colonne, je hurlais sans retenue et cela me déchargeait bien plus que la simple prise de conscience de mon impuissance à intervenir dans cette foutue taule[19].

Elle décrit là un fort sentiment d'impuissance doublé de la crainte de subir une détresse similaire à celle de cette femme. Plus tard, Krause apprendra par les policiers qui l'interrogent que la cigarette et l'allumette à l'origine de l'incendie constituaient une récompense. Alors qu'elle-même demande du tabac depuis presque une semaine et qu'on fume abondamment autour d'elle pendant les interrogatoires, le message est limpide : si elle se décide à parler, elle sera récompensée. Elle est également privée des moyens d'hygiène élémentaires (savon, shampoing, brosse à dents, dentifrice) pendant les cinq premiers jours ; sa première douche interviendra le mercredi 26 mars, soit après presque une semaine de détention. Elle conserve aussi les vêtements qu'elle portait lors de son arrestation jusqu'à cette date et dit avoir eu vraiment froid dans sa cellule. Le samedi 22 mars, elle est victime de premières hallucinations visuelles. Le troisième jour, elle se sent anéantie, frappée de dépression. Elle lit une inscription au sol : « Faites de la gymnastique, chantez des chansons révolutionnaires », des conseils qu'elle tente de suivre à la mesure de ses forces. Elle refuse obstinément de répondre aux questions et demande régulièrement l'assistance d'un avocat, en vain.

Cette description très minutieuse des conditions d'incarcération constitue un précieux témoignage de pratiques également en usage dans d'autres pays. L'expérience décrite par Krause correspond, dans une certaine mesure, aux effets de

18. Le communiqué de presse zurichois parle d'une arrestation le 26 mars, date reprise par la presse, alors que Petra Krause évoque dans son témoignage la date du 20 mars ce qui correspond à la date citée dans une note du Département fédéral de Justice et Police de juin 1976 (dodis n°50243). La date fournie à la presse était donc erronée.

19. *L'isolement carcéral en Suisse*, *op. cit.*, p. 19.

l'isolement attestés par les études sur la privation sensorielle. Dès les années 1960, ce domaine de recherche de la psychiatrie connaît un développement important en Amérique du Nord dans le contexte de la guerre froide. Au Canada et aux États-Unis, des recherches, financées par des fonds de l'armée canadienne et de la CIA (Central Intelligence Agency), ont montré que la privation sensorielle provoque des effets physiologiques et psychologiques importants. Cependant, en 1971 et 1972, deux enquêtes dévoilent que celle-ci a été utilisée comme technique d'interrogatoire contre des militants de l'IRA (Irish Republican Army) placés en détention administrative en août 1971[20]. Cette affaire engendre un discrédit important pour John Zubek, professeur de psychologie à l'Université Manitoba au Canada, accusé de servir les objectifs militaires et répressifs des gouvernements américains et canadiens, même si le scientifique a toujours nié avoir poursuivi ses recherches dans cette perspective. Ce que les spécialistes appellent « privation sensorielle » apparaît alors comme un outil très efficace dans l'arsenal des interrogatoires, notamment dans le cas des militants irlandais[21].

En Suisse, cette question apparaît en 1975 dans un article de la *Revue pénale suisse* rédigé par un juriste et un psychiatre qui fondent leur étude sur l'observation de 24 détenus en régime préventif, cellulaire et individuel pendant neuf mois. Les conséquences physiologiques et psychologiques relevées par les deux auteurs incluent la labilité des sentiments, les sautes d'humeur, les pensées moins rationnelles, la diminution de la capacité à résoudre des problèmes intellectuels, les troubles de l'attention, de la perception et les hallucinations visuelles comparables à l'état provoqué par la prise de substances psychotropes. Les deux auteurs se réfèrent pour ce faire aux travaux de Zubek, tout en expliquant qu'ils observent les mêmes symptômes à des degrés différents dans des conditions plus proches de la « privation perceptuelle » (*perceptual deprivation*), à savoir l'absence ou le manque de *stimuli*, que de la privation totale de *stimuli* sensoriels[22].

Dans la suite de son témoignage, et alors que sa détention se poursuit, émaillée de plusieurs transferts, Petra Krause fait état des mêmes symptômes avec une intensité croissante. Après quarante jours à la caserne de police de Zurich, elle est transférée à la prison de Winterthur où elle reste vingt-deux jours. Elle tente alors de s'imposer un programme journalier : elle fait une heure de gymnastique, se lave deux fois, dessine et lit des livres dont elle rédige des résumés. Puis, sa situation s'améliore un peu dans la prison du district de Zurich où elle va rester 17 mois, du 22 mai 1975 au 3 septembre 1976. Elle peut sortir en promenade sur le toit une

20. Il s'agit d'un rapport d'Amnesty International publié en 1972 et du rapport de minorité rédigé par Lord Gerald Gardiner, membre du comité désigné à la fin de l'année 1971 pour examiner les procédures d'interrogatoires des personnes suspectées d'être impliquées dans des actes terroristes. Ces enquêtes se réfèrent explicitement à la privation sensorielle.

21. Mical Raz, « Alone Again: John Zubek and the Troubled History of Sensory Deprivation Research », *Journal of the History of the Behavioral Sciences*, 49 (4), 2013, p. 379-395. DOI : 10.1002/jhbs.21631.

22. Ralph Binswanger et Werner Brandenberger, « Zum Problem langdauernder Untersuchungshaft » [Sur le problème de la detention provisoire de longue durée], *Schweizerische Zeitschrift für Strafrecht. Revue pénale suisse*, 91, 1975, p. 406-420.

demi-heure, quatre fois par semaine. Son fils vient la voir tous les quinze jours, mais chacune de ces visites lui impose un long et pénible processus d'attente. C'est durant cette période qu'elle entame ses deux premières grèves de la faim, du 17 septembre au 3 octobre 1975 (22 jours) et du 19 juin au 31 juillet 1976 (42 jours).

Cette phase est décrite comme particulièrement pénible sur le plan psychologique. Elle dit ne pas être la seule détenue de cette prison à subir l'isolement 23 heures par jour. En effet, lors des promenades, elle est confrontée aux souffrances des autres détenues, certaines pleurant constamment. Elle entend aussi dans sa cellule leurs cris, qu'elle attribue à la douleur et au manque de drogue. Elle expérimente alors les effets physiologiques de l'isolement : fatigue, bourdonnements dans la tête, manque d'air, étourdissements, vomissements, forte chute de cheveux, atrophie musculaire, sentiment de froid dans les extrémités, perte de poids, gonflement des ganglions lymphatiques, dérèglement du cycle menstruel (saignements de dix à quatorze jours à des intervalles de dix à quatorze jours). Sa perception du temps se dégrade de même que le langage, à tel point qu'au printemps 1976, il lui arrive de lire plusieurs fois le même journal sans s'en rendre compte. Elle cherche de plus en plus ses mots et n'arrive qu'avec difficulté à converser avec plus d'une seule personne. Ses gestes s'embrouillent, comme lorsqu'elle actionne le robinet du lavabo alors qu'elle croit tirer la chasse d'eau. Ses symptômes prennent une intensité plus importante que ceux décrits dans la *Revue pénale suisse*. La richesse de ce témoignage réside en outre dans la durée de l'isolement et dans les effets qui y sont décrits au fur et à mesure. Il est également précieux parce qu'en observant ces effets, Krause cherche à reprendre le contrôle de son quotidien, ce qu'elle ne parvient à faire qu'avec peine malgré ses différentes stratégies.

Après le transfert à la prison du district de Winterthour, où elle restera entre septembre 1976 et mars 1977, son régime de détention s'assouplit, son état s'améliore et elle tente de renforcer la solidarité avec les détenues qu'elle côtoie lors de la promenade. Elle entretient notamment une correspondance clandestine avec certaines et crée le Front unitaire des Détenues qui réclame l'amélioration des conditions d'incarcération. Elle subit une rechute lors de la dernière phase de sa détention à la prison de district d'Affoltern am Albis qui se prolongea jusqu'au 15 août 1977. Sa cellule est plus grande et plus propre, elle bénéficie de l'attention du directeur et de son épouse ainsi que du personnel exclusivement masculin. Pourtant, elle ne parvient plus à résoudre des problèmes même très simples, ses pertes de mémoire augmentant. En plus de la fatigue et de l'apathie, elle subit des crampes musculaires, des accès d'agressivité et des pleurs. Elle n'arrive plus à accomplir qu'une seule tâche par jour. Durant cette dernière phase, la brochure la décrit comme extrêmement affaiblie alors qu'elle ne pèse plus que 37 kilos. Néanmoins, elle tente de garder la maîtrise de son temps et de son corps : « [...] elle continue, malgré les douleurs, à faire un minimum d'activité physique, ce qu'elle nomme "routine de la vie végétale en cellule".[23] » Après la libération de Krause, un psychologue qui a réalisé un entretien avec elle, publié dans la même brochure,

23. AC, Collectif d'auteurs, *L'isolement carcéral en Suisse*, *op. cit.*, p. 43.

souligne les conséquences de sa détention sur son état mental et physique, qualifiant en ce sens son « séjour carcéral » de « lourdement traumatisant »[24].

Il est hélas impossible de confronter ce récit avec les archives de la procédure de l'affaire dans laquelle Krause est impliquée. En revanche, nous pouvons exploiter les documents produits dans le cadre d'une instruction contemporaine, tant que l'anonymat des deux personnes poursuivies est respecté. Dans ce cas, la description des conditions de détention après l'arrestation et au cours de l'enquête correspond au témoignage de Petra Krause. Dès les premiers jours, les deux personnes arrêtées réclament la levée de « la torture de l'isolement » [notre traduction] alors qu'elles sont enfermées dans une cellule isolée du bruit et privées d'air frais. Elles demandent aussi la fin de la surveillance (par vidéo) et de l'éclairage constants. Elles sollicitent également des contacts avec d'autres détenu·es politiques, l'accès à leur avocat, et à la presse[25]. L'une d'elles est transférée dans une autre cellule décrite ainsi par les policiers : « Il y a une fenêtre qui peut être ouverte de l'intérieur à l'aide d'une clé Inbus. Par mesure de précaution [pour éviter la communication avec l'extérieur] le verre extérieur a été peint avec une couleur. De plus, il y a aussi la vidéo-surveillance qui impose un éclairage permanent dans la cellule.[26] » Il s'agit des mêmes éléments que ceux rapportés par Krause : restriction ou privation de stimulations de l'extérieur, surveillance constante, absence d'intimité et impossibilité de communiquer avec d'autres individus que les policiers chargés des interrogatoires. Ces conditions illustrent une pratique qui n'est pas restreinte à un seul cas, mais appliquée à un profil spécifique de personnes prévenues d'infractions qualifiées de « terroristes ».

II. Les collaborations transnationales de la lutte « antiterroriste » helvétique : entre déceptions à l'ONU et succès au Conseil de l'Europe

II. 1. Double enquête et coopération policière européenne

Les archives de cette seconde affaire témoignent par ailleurs d'un dédoublement de l'enquête avec, d'une part, une procédure d'instruction classique relative à des infractions prévues par le Code pénal et, d'autre part, une investigation plus discrète motivée par la qualification de « terroriste » (inexistante dans le Code pénal helvétique) nourrie de réponses à des demandes de renseignement envoyées à plusieurs pays d'Europe. Ces deux faces de l'enquête sont respectivement incarnées par un inspecteur de la police cantonale pour le volet criminel, et par un

24. *Ibid.*, p. 45.

25. Archives de l'État de Berne (Staatsarchiv Bern, ci-après, StABE), BB 15.4.3836. Les noms de lieux et de personnes contenus dans ces dossiers doivent être anonymisés.

26. StABE, BB 15.4.3841. [notre traduction].

homologue de la police fédérale responsable de la surveillance politique[27]. Ils se livrent ainsi à de nombreux interrogatoires, malgré le refus réitéré des accusé·es de répondre à leurs questions. Si la partie classique de la procédure suit un cours ordinaire dans le cadre de la poursuite d'une infraction au Code pénal, la seconde implique une coopération internationale, qui reste dissimulée à la fois aux yeux des deux personnes mises en cause et à ceux du grand public.

De plus, cette seconde investigation dépasse les seuls faits constitutifs des infractions poursuivies, comme l'illustre un long rapport du ministère public de la Confédération (à la tête de la police fédérale et chargé de la surveillance politique) qui « […] porte sur tous les autres renseignements recueillis, en Suisse et à l'étranger, visant à établir une activité délictueuse des prévenus ou de leurs comparses, spécialement dans le domaine terroriste. » Cette enquête élargit aussi au passage les sources d'informations, puisque « [Les résultats] sont le fruit d'une étroite collaboration entre la Police cantonale […], tous les autres corps cantonaux de police suisses, les polices municipales […], la Police fédérale et les Polices nationales des autres pays concernés. » Ce rapport permet de fermer la boucle d'un raisonnement circulaire sur le caractère « terroriste » des accusé·es, tout en préservant le secret de la démarche : « Certains éléments, qui ne peuvent être reproduits ici sans l'approbation formelle des pays concernés, permettent toutefois d'affirmer que X – voire [son/sa] complice Y – ont joué un rôle très important sur la scène terroriste […] et internationale ces dernières années.[28] » L'enquête motivée par la nature « terroriste » des personnes mises en cause ne fait que confirmer cette qualification sans apporter de nouvelles preuves ou ajouter d'autres infractions à la procédure, puisque la connaissance qu'elle procure implique la contrainte du secret. La police fédérale chargée de la surveillance politique travaille dans un cadre confidentiel alors qu'elle œuvre à préserver la sûreté de l'État, une nécessité qui justifie l'entorse à la transparence censée caractériser les institutions des États démocratiques. C'est le paradoxe de l'espion décrit par Alain Dewerpe, qui produit à la fois de la connaissance et de la dissimulation et dont la Suisse n'a de loin pas le monopole. Ainsi, les renseignements soigneusement récoltés, analysés, compilés et synthétisés dans le rapport ne sont pas mobilisables en dehors du contexte de la surveillance policière qui les produit. Cela exclut d'en faire une connaissance partagée publiquement, ce qu'exigerait l'intégration à une procédure judiciaire[29].

Lorsque les échanges des deux personnes détenues avec l'extérieur deviennent possibles, leur correspondance traduit un doute constant que les courriers sont bien intégralement transmis. La reproduction des missives reçues et envoyées

27. La police fédérale ne ressemble en rien au FBI américain, elle ne prend pas en charge le travail de terrain, qu'elle délègue aux polices cantonales. Voir : Marc Vuilleumier, « La police politique en Suisse, 1889-1914. Aperçu historique », *in* Id., *Histoire et combats. Mouvement ouvrier et socialisme en Suisse 1864-1960*, Lausanne, Genève : Éditions d'en bas, Collège du Travail, 2012, p. 347-378 ; Georg Kreis (dir.), *La protection politique de l'État en Suisse*, Vienne : Haupt, 1993, p. 194-204.

28. StABE, BB 15.4.3841.

29. Alain Dewerpe, *Espion. Une anthropologie historique du secret d'État contemporain*, Paris : Gallimard, 1994, p. 16.

témoigne encore une fois de la surveillance. Une des lettres insiste d'ailleurs sur les similarités de conditions de détention en vigueur en RFA et la pratique de « la torture par l'isolement » (*Iso-Folter*) [notre traduction]. Plus de trois semaines après l'arrestation, l'avocat réclamé depuis lors est autorisé à prendre contact avec ses client·es. Un mois et demi plus tard, il exige que le courrier soit immédiatement transmis et cesse d'être retenu pendant dix jours[30], et réclame également que soit versé au dossier d'instruction « tout un trafic de télex entre la Suisse et l'étranger[31] ». Une demande à laquelle le juge répond : « Notre tribunal ne possède pas le télex[32] », ce qui signifie qu'il refuse de lui transmettre les échanges d'information avec les polices des autres États européens qui s'effectuent bien par télex, ou, plus étonnant, qu'il n'en a pas connaissance. Une partie de la procédure, l'enquête dédoublée menée par la police fédérale évoquée plus haut, reste donc inconnue de l'avocat, alors que de manière générale, les échanges entre les parties témoignent d'une très forte méfiance réciproque.

II. 2. Le renforcement de la politique nationale et internationale de lutte contre le « terrorisme »

Cette affaire et celle de Krause interviennent dans une séquence historique pendant laquelle le conseiller fédéral Kurt Furgler, ministre de la Justice et de la Police du gouvernement helvétique, cherche à renforcer les prérogatives fédérales de police et la coopération internationale. Sur le plan national, il est à l'origine de deux projets rejetés par la voie de la votation populaire en 1971 et en 1978[33]. Néanmoins, Furgler réussit à mettre en place une « cellule spéciale prise d'otage »,activée à la suite du détournement de l'avion d'Air France en juin 1976 évoqué en ouverture de cet article. Né deux ans plus tôt à l'initiative du même ministre et adopté par le Conseil fédéral, le dispositif s'applique en cas de prise d'otages sur le sol helvétique. Il réunit des représentants des départements militaires, des affaires étrangères, des transports et de l'énergie, de justice et police ainsi que la chancellerie fédérale. Ses missions incluent la planification d'interventions de police et de sécurité « y compris des mesures préventives », la gestion de crises lors d'attaques terroristes et « l'évaluation à l'intention du Conseil fédéral des avantages et des inconvénients de solutions dures ou souples. » [notre traduction] Furgler demande également à ses collègues d'approuver la création d'un service d'information policier international, d'un réseau cantonal de renseignement ainsi que la formation et l'équipement des organes de police cantonale pour des missions tactiques, des directives de conduites à envoyer aux chefs des missions suisses et aux officiers

30. StABE, BB 15.4.3841.

31. StABE, BB 15.4.3841.

32. StABE, BB 15.4.3841.

33. Il s'agit en 1971 du projet de Police mobile intercantonale et en 1978 de celui de Police fédérale de sécurité.

supérieurs de l'armée[34]. Le ministre propose donc un ensemble de mesures confidentielles destinées à protéger la Suisse contre la « menace terroriste », incluant une coopération internationale sous la forme d'échanges de renseignements. Ce dernier aspect apparaît dans le dossier d'instruction analysé plus haut et se traduit par les échanges de télex en réponse aux demandes d'information de la police fédérale, ensuite intégrés au rapport interne.

Le ministre Furgler cherche également à renforcer la lutte contre le « terrorisme » dans les arènes de la coopération internationale. À nouveau, la notion de « terrorisme » justifie l'élaboration d'un dispositif d'intervention spécifique, contraire à d'autres engagements pris dans les mêmes espaces pour préserver les droits fondamentaux. Dans une note datée de 1978, le directeur de l'office fédéral de la Justice dresse le bilan des efforts entrepris par la Suisse dans ce domaine. À ce titre, selon lui, la cinquième conférence sur la prévention du crime et le traitement des délinquants de l'ONU a donné des résultats décevants, car il est impossible d'instaurer un consensus entre des États membres en désaccord sur la notion de terrorisme, catégorie dont les États socialistes et les pays arabes exigent d'exclure ce qu'ils désignent comme des mouvements de libération. Quant aux « Mesures visant à prévenir le terrorisme international » adoptées lors de la XXXIe session de l'Assemblée générale des Nations unies en décembre 1976, elles ne contiendraient aucune véritable condamnation du terrorisme et consisteraient surtout à renouveler la reconnaissance des droits des peuples à lutter pour leur libération. De même, le « Comité spécial du terrorisme international » fondé en 1972 s'est avéré être une impasse et a cessé son activité. Globalement, les représentants helvétiques se montrent déçus des négociations dans ce cadre, avec la constante impression que ces échecs sont dus à un manque de consensus sur la problématique puisque les membres récemment devenus indépendants ne la considèrent pas de la même manière que les États européens confrontés à des détournements d'avion et des prises d'otages comme celle du FPLP citée plus haut.

Si l'ONU n'apparaît pas comme le théâtre de la politique souhaitée par les autorités suisses, le Conseil de l'Europe fournit un espace beaucoup plus propice à une coopération garantie par une confiance mutuelle entre les membres. Un « Comité d'experts sur les problèmes posés par certaines nouvelles formes d'actes de violence concertés », auteur de la Convention européenne pour la lutte contre le terrorisme signée par tous les membres (à l'exclusion de l'Irlande, l'Espagne et Malte), devra examiner les sanctions à l'encontre des « terroristes », faciliter la communication entre les autorités qui les poursuivent et permettre leur transfert immédiat et officieux, indépendamment des traités d'extradition. Il s'agit également d'établir une juridiction unifiée entre les États où ont été perpétrés les délits, la France ayant soumis l'idée de créer un « Espace judiciaire européen ». Les résultats à l'échelle des membres du Conseil de l'Europe se révèlent donc beaucoup plus probants. Le chef de l'office fédéral de la Justice passe enfin en revue les modifications

34. Dodis n° 40923, Kurt Furgler, An den Bundesrat, Vertraulich, Sonderstab « Geseilnahmen » [Au Conseil fédéral, confidentiel, état-major spécial « Prise d'otage »], 29 avril 1975.

législatives introduites dans les autres États[35]. La proximité géographique entre les membres du Conseil et le fait qu'ils soient confrontés d'une manière similaire à des délits revendiqués comme politiques, mais qu'ils qualifient pour leur part de « terroristes », favorise sans aucun doute une entente commune. Le Conseil de l'Europe, parce qu'il réunit des pays qui cultivent le même rapport à la lutte politique armée, et qu'il « règne une confiance mutuelle entre les membres[36] » [notre traduction], selon le directeur de l'Office fédéral de la justice, s'avère un bien meilleur espace de coordination que l'ONU, où siègent désormais des États récemment émancipés, au moyen de la lutte armée, de la tutelle coloniale.

L'adoption en 1982 d'un texte, dans le prolongement de l'entente entre les membres du Conseil de l'Europe dans ce domaine, cristallise l'opposition entre garantie des droits fondamentaux et protection vis-à-vis d'une menace particulière. En effet, la Recommandation (82) 17 du Comité des ministres des États membres relative à la détention et au traitement des détenus dangereux prévoit des exceptions au dispositif de respect des droits humains de la Résolution (73) 5 sur l'« Ensemble de règles minima pour le traitement des détenus » adoptée en 1973. Cette dernière est le résultat d'un long processus amorcé dans les années 1960 et destiné à sensibiliser les administrations pénitentiaires par l'élaboration d'un cadre juridique censé limiter l'arbitraire et « faire sortir les prisons de leur opacité »[37]. Mais la Recommandation (82) 17 s'inscrit dans une dynamique inverse puisqu'elle prévoit des limites à ces principes en instituant une catégorie de détenu·es pour lesquel·les les règles *minima* ne sauraient s'appliquer[38], même si la plus grande partie du texte invite les États à ne pas abuser de ce statut exceptionnel et qu'un alinéa souligne spécifiquement l'importance « d'accorder toute l'attention nécessaire aux problèmes de santé qui pourraient résulter des conditions de détention de sécurité renforcée ». Ainsi, si le Conseil de l'Europe admet à travers cette recommandation l'existence d'exceptions en matière d'application des droits, en prenant en compte les éléments évoqués plus haut sur la santé et les « effets négatifs » pour les personnes concernées[39]. Ceci n'est pas anodin, car ces effets négatifs font l'objet d'un vaste mouvement de contestation aussi bien en Suisse que chez ses voisins, et ce, dans la décennie avant 1982.

35. Dodis n° 50253, Notiz an Herrn Bundesrat Dr. Kurt Furgler. Bekämpfung des Terrorismus. [s.d. d'après dodis 5. 1978] sign : Joseph Voyame Direktor Eidg Justizabteilung [Note à Monsieur le conseiller fédéral Dr. Kurt Furgler. Lutte contre le terrorisme, par Joseph Voyame, directeur de la division fédérale de la justice].

36. *Ibid.*

37. Laurent Quéro, « Les standards pénitentiaires internationaux », *in* Philippe Artières et Pierre Lascoumes (dir.), *Gouverner, enfermer, op. cit.*, p. 319-339.

38. Christian Jacq, « Politique criminelle », art. cité.

39. Recommandation n° R (82) 17 du Comité des ministres aux États membres relative à la détention et au traitement des détenus dangereux.

III. Une mobilisation transnationale efficace contre la répression et l'isolement carcéral

III. 1. Des mobilisations en faveur des prisonnier·ères politiques

Le samedi 19 juin 1976, Petra Krause entame avec une autre prisonnière une deuxième grève de la faim, largement commentée dans les journaux helvétiques. Elles réclament la fin de l'isolement pour tous·tes les détenu·es, l'abolition des interdictions arbitraires de parler, une heure quotidienne d'air frais et le retrait des volets placés devant les fenêtres des cellules, ainsi que le droit de choisir un médecin de confiance[40].

Les grèves de la faim, la publication de revendications reprises ensuite par les collectifs militants, et éventuellement, par la presse font partie d'un ensemble d'actions initiées dans d'autres pays d'Europe dans des situations similaires d'isolement carcéral vécues par des membres de groupes armés révolutionnaires. En ce sens, les différents collectifs observent les actions des uns et des autres et s'en inspirent. Par exemple, en Allemagne, les membres de la Rote Armee Fraktion dénoncent le régime d'isolement, comme une « détention de destruction » (*Vernichtungshaft*) qu'ils et elles comparent à une « tradition nationale-socialiste »[41]. En 1974, des comités se forment dans différentes villes pour réclamer l'abolition de la torture par l'isolement. En France, l'un d'entre eux réunit Michel Foucault, Simone de Beauvoir et Jean-Paul Sartre[42]. Ce dernier publie la même année dans le journal *Libération* un texte intitulé « La mort lente d'Andreas Baader[43] » après lui avoir rendu visite. Baader proteste alors par une grève de la faim contre les conditions de sa détention dans une cellule peinte en blanc où la lumière est allumée 23 heures par jour et où aucun bruit ne traverse les murs. L'absence de communication avec des tiers provoque des troubles profonds comme ce fut le cas de Krause. Sartre réclame qu'il soit traité selon les « droits de l'Homme ». La référence récurrente aux droits de l'Homme et à leur respect dans les prises de position et les publications, y compris en Suisse, vise à placer les autorités face à leurs propres contradictions, alors qu'elles ont pris des engagements devant l'ONU et le Conseil de l'Europe qu'elles transgressent allégrement au nom de mesures sécuritaires contre les personnes désignées comme « terroristes ».

En Suisse, l'année 1975 connaît plusieurs mobilisations de ce type en faveur des « prisonniers politiques » de la part de différents collectifs : les sections du

40. « Deux détenues entament une grève de la faim », *Journal de Genève*, 23 juin 1976, p. 11.

41. Sabine BERGSTERMANN, *Stammheim: eine moderne Haftanstalt als Ort der Auseinandersetzung zwischen Staat und RAF* [Stammheim : un centre de détention moderne comme lieu d'affrontement entre l'État et la RAF], Berlin, Boston : De Gruyter Oldenbourg, 2016, p. 102-105.

42. *Ibid.*, p. 117.

43. Jean-Paul SARTRE, « La mort lente d'Andreas Baader », *Libération*, 7 décembre 1974, p. 3. Membre de la RAF, Andreas Baader est arrêté en juin 1972 à Francfort après avoir été condamné pour l'incendie d'un grand magasin et qu'il s'était évadé en 1970.

Secours rouge[44] (SR), les collectifs anti-prison Aktion Strafvollzug (Astra) et le Groupe Action prison (Gap)[45], les Mouvements de libération des femmes, s'intéressant tout particulièrement à Heide Morlacchi[46] et à Petra Krause. Comme en France et en Allemagne, ces mobilisations se traduisent par des communiqués de presse, des pétitions adressées aux autorités, la publication de brochures donnant la parole aux concerné·es et l'organisation de manifestations et d'événements publics. C'est ainsi que le 6 septembre, un rassemblement de solidarité est organisé devant la prison genevoise de Saint-Antoine, tandis que le 13 un grand *meeting* de solidarité rassemble 4 000 personnes à Lugano avec une soirée animée par Dario Fo et sa troupe de théâtre[47]. De même, le samedi 15 novembre 1975, le SR et Astra invitent le public à un autre événement sur ce thème avec Michel Foucault et Daniel Cohn-Bendit[48]. Les acteurs de ces mobilisations traversent aussi les frontières pour soutenir la cause dans d'autres espaces nationaux. En Allemagne, en France, en Italie et en Suisse, les collectifs opposent au label de « terroriste » utilisé par les autorités, celui de « prisonniers politiques ». De cette manière, ils cherchent à repolitiser l'action d'individus réduits à leur dimension criminelle et à rappeler la motivation à l'origine de leurs actions. Selon la section genevoise du SR, onze de ces « prisonniers politiques » de nationalités helvétique, allemande et italienne sont détenus en Suisse, tandis que cinq ont été extradés vers l'Italie ou l'Allemagne[49].

La dénonciation des conditions de détention de Krause s'inscrit dans ce cycle de mobilisations. Elle l'amorce elle-même le 17 septembre 1975 avec le début de sa première grève de la faim décidée par échanges de cris avec d'autres détenu·es placé·es comme elle en isolement depuis 180 jours. Elle transmet un long texte précisant ses revendications – abolition du régime d'isolement et constitution d'un « comité de confiance » et d'une « commission populaire » chargés d'une enquête immersive sur les conditions de détention à la prison de la caserne de police de

44. D'orientation communiste et à vocation internationaliste, fondées au début des années 1920 pour organiser la solidarité entre les partis communistes, les sections du Secours rouge renaissent au début des années 1970 en conservant cette orientation marxiste sans toutefois de lien avec Moscou. Aujourd'hui, de telles sections existent encore, avec la même double identité marxiste et internationaliste.

45. Les deux principaux collectifs actifs chacun dans une région linguistique du pays sur les questions carcérales. Voir : Alix Heiniger, « Contre la prison et l'isolement. Deux cycles de mobilisations en Suisse (1972-1990) », *Revue suisse d'histoire*, 74 (1), 2024, p. 92-110.

46. Militante marxiste allemande (RDA) elle rejoint un groupe dissident du Parti communiste italien et épouse Pietro Morlacchi, membre des Brigades rouges. Elle est arrêtée à Genève en juillet 1975 en possession de faux papiers alors qu'elle tente de gagner le Portugal où elle compte s'installer avec ses enfants. Son maintien en détention en Suisse est justifié par un mandat d'arrêt, alors qu'elle est accusée de brigandage et d'attaque à main armée en Italie. Elle est finalement extradée vers l'Italie avec son mari en décembre 1975.

47. AC, Secours rouge Genève, *L'État suisse maillon de la répression politique internationale*, 1975, p. 54-56.

48. *Tout va bien, mensuel suisse de contre-information et de lutte*, 24, novembre 1975, 24, p. 25.

49. AC, Secours rouge Genève, *L'État suisse…*, *op. cit.*, p. 58.

Zurich –, publié dans une brochure du Secours rouge avec d'autres témoignages de personnes détenues en Suisse pour des motifs similaires. Intitulé « L'État suisse maillon de la répression politique internationale », ce recueil de textes vise à faire sortir la parole des personnes incarcérées du silence et à développer une solidarité internationaliste, qui dépasse l'Europe, évoquant en ouverture les « camarades chiliens prisonniers de Pinochet »[50].

III. 2. Le succès d'une lutte transnationale

Ces mobilisations s'inscrivent dans une dynamique transnationale d'observation mutuelle et de circulations d'écrits et de personnes, qui évoluent au gré des événements. Quelques mois après le verdict du procès des quatre membres de la RAF en avril 1977, la dénonciation de la répression ne passe plus par la stratégie de la « guérilla juridique[51] », qui malgré les efforts déployés, s'est révélée être une impasse. L'initiative est revenue à un ensemble de collectifs hétérogènes qui combinent l'expression de convictions politiques marxistes et féministes en s'appuyant sur un discours de spécialistes du droit et de la psychiatrie. Le mouvement féministe helvétique s'engage par ailleurs à cette époque en faveur des prisonnières dont il dénonce l'oppression spécifique[52]. Très impliqué dans cette thématique, le Comité contre l'isolement, lui-même objet d'une intense surveillance policière, se compose de médecins et de juristes et ses activités donnent la parole à des représentants de ces deux domaines[53]. Il fonde son discours sur le respect du droit international et l'expertise médicale sur les effets physiologiques de l'isolement prolongé, à l'instar de l'article paru dans la *Revue pénale suisse* cité plus haut dont un des auteurs est proche du Comité. Il parvient par ailleurs à proposer au public des débats sur le thème de l'isolement carcéral et à étendre ainsi la portée de la critique, par exemple, en mars 1977 quand l'association des médecins indépendants de Zurich organise une soirée de discussions sur les conditions de détention et leurs effets[54].

50. *Ibid.*, p. 28-35, p. 1 pour la deuxième citation.

51. Frédéric AUDREN et Dominique LINHARDT, « Un procès hors du commun ? Histoire d'une violence terroriste et de ses agents », *Annales. Histoire, Sciences Sociales*, 63 (5), 2008, p. 1003-1034.

52. « Hindelbank. Frauen hinter Gitter » [Des femmes derrières les bareaux], *Emanzipation : feministische Zeitschrift für kritische Frauen* [Émancipation : revue féministe pour femmes critiques], 6, 1976. Alix HEINIGER, « Contester la prison en Suisse (1970-1990) », *in* Daniel FINK, André KUHN et Joëlle VUILLE, *Kriminologie in der Schweiz – Geschichte, Stand, Zukunft / La criminologie en Suisse – Histoire, état, avenir*, Bâle : Helbing Lichtenhahn, Groupe suisse de criminologie, 2023, p. 311-321.

53. Les archives du Comité n'ont pas été repérées à ce jour, mais ses activités sont connues à travers la surveillance policière qui a engendré un volumineux dossier d'archives de la police fédérale : Archives Fédérales Suisses (ci-après, AFS), E 4320C#1995-390#1121, Komitee gegen Isolationshaft. Avec toutes les précautions à prendre vis-à-vis de ce type d'archives, voir : Alain DEWERPE, *Espion*, *op. cit.*, p. 246.

54. AFS, E 4320C#1995-390#1121, Komitee gegen Isolationshaft, Kantonspolizei Zürich, Nachrichtendienst, Betrifft: Podiumsgeschpräch und öffentliche Diskussion über die Haftbedingungen und deren Auswirkungen, 20 mars 1977 [Comité contre l'isolement, police cantonale de Zurich, service de renseignement, Objet : Table ronde et débat public sur les conditions de détention et leurs effets].

Les échos de la mobilisation en faveur de Petra Krause se sont étendus jusqu'en Italie où la presse dénonce les conditions de sa détention[55]. À ce titre, le 20 juillet 1977, quatre membres du parti radical italien s'enchaînent à la grille de l'immeuble du consulat suisse à Milan pour réclamer sa libération[56]. Huit jours plus tard, se rend à Zurich une délégation de six parlementaires italiennes, qui n'est pas uniquement composée de députées communistes et radicales, mais aussi de Susanna Agnelli, représentante du parti républicain et sœur de Gianni Agnelli, le patron de la Fiat, ainsi que d'une députée de la démocratie chrétienne[57]. Leur implication témoigne d'un double élargissement à la fois politique et géographique puisque la mobilisation s'étend au-delà du cercle de la gauche radicale et des frontières helvétiques, ce qui constitue une petite victoire. Les élues réclament l'application des droits humains et s'opposent au transfert de la prisonnière dans une clinique psychiatrique, tandis que les autorités zurichoises refusent de les recevoir, un geste qui va étendre à nouveau la portée de l'épisode, cette fois vers le secteur diplomatique. Quelques jours plus tard en effet, un responsable des affaires étrangères à Berne regrette le refus des autorités zurichoises et rapporte la démarche du chargé d'affaires italien qui, sans vouloir s'immiscer dans les affaires intérieures de la Suisse, s'est permis « d'attirer l'attention des autorités de notre pays sur le désastre que constituerait le décès en prison d'une détenue que le consul italien lui-même trouvait en bien mauvaise santé et de demander qu'une date soit fixée pour le procès[58]. » La pression médiatique a bien porté ses fruits puisque le sort de Krause s'immisce dans les relations entre les deux pays.

Le 2 août 1977, le juge zurichois ordonne de libérer la prisonnière qu'il ne considère plus en mesure de supporter sa détention. Décision qui contrarie, cependant le ministre Furgler, à la tête du Département fédéral de Justice et Police, qui veut éviter qu'elle ne voyage comme « une touriste » vers l'Italie, ce qui « serait compris comme une capitulation des autorités dans la lutte contre le terrorisme[59] » [notre traduction], d'autant plus que la presse a largement relayé le discours sur la menace qu'elle représenterait, la décrivant comme la dangereuse cheffe étrangère du réseau zurichois[60]. Alors qu'il serait malvenu de paraître désavouer la décision du président de la Cour de Zurich, le ministre se trouve alors dans une impasse politico-juridique, la décision de justice se révélant inacceptable du point de vue politique. Il mobilise donc deux juges fédéraux en vue de réactiver une demande d'extradition italienne et faire ainsi sortir Krause du pays par la voie de l'expul-

55. *La Repubblica*, citée par le *Journal de Genève*, 14 juillet 1977, p. 3.

56. *Journal de Genève*, 22 juillet 1977, p. 9.

57. La liste est établie par le chef suppléant de la Direction politique du Département politique fédéral, qui note la présence de la sœur de l'industriel. Dodis n°50239, Note au Chef du Département. Affaire Petra Krause (résumé des aspects intéressants au point de vue de nos relations avec l'Italie), Berne, 8 août 1977.

58. *Ibid.*

59. Dodis n° 50021, Protokollnotiz über das telefonische Konferenzgespräch des Bundesrates von 3 August 1977 – 1245Uhr [Procès-verbal de la conférence téléphonique du Conseil fédéral].

60. Dominique Grisard, « Im Schatten Petras », art. cité.

sion, car selon lui, conçue de cette manière, la libération serait mieux comprise dans l'opinion publique[61]. Cette manœuvre permet aux autorités de sauver la face, en l'occurrence d'empêcher que celle qui est désignée depuis plus de deux ans comme une dangereuse « terroriste » ne puisse échapper à un jugement et, surtout, à la captivité. À peine libérée, Krause est donc à nouveau arrêtée sur ordre des juges fédéraux pour être maintenue encore douze jours en isolement avant son extradition formelle.

Les conséquences pour l'image de la Suisse s'avèrent fâcheuses, si on en croit un haut fonctionnaire du Département fédéral des Affaires étrangères, qui note que : « De l'avis de notre ambassade à Rome, cette affaire nous a causé davantage de tort en Italie que le scandale du Crédit suisse à Chiasso[62] lui-même. » La campagne de presse lancée un mois plus tôt et relayée par des journaux « même modérés » a causé un grand tort aux relations bilatérales entre les deux pays. L'épisode du revirement à la libération de l'intéressée a encore renforcé l'image désastreuse produite par cette affaire. Ce même fonctionnaire constate en conclusion : « L'isolement infligé aux détenus dans les prisons suisses est, disent les journaux italiens, une lourde épreuve psychologique. (Un journal prétend qu'il y a eu 35 suicides dans les prisons suisses au cours des deux dernières années !) » Ce cadre de l'administration semble surpris par l'évocation de ces 35 suicides, qui seront pourtant confirmés par une enquête fédérale dont les résultats sont publiés un an plus tard[63].

À propos de Krause, il remarque :

> Au plan psychologique, on ne saurait méconnaître que Petra Krause, bien que terroriste, bénéficie en Italie d'un préjugé favorable parce que malgré son âge peu avancé (38 ans), elle est une rescapée de Dachau [il confond Dachau et Auschwitz], où elle a été emmenée à l'âge de trois ans et a subi, paraît-il, de graves sévices qui affecteraient encore son psychisme. On fait observer de surcroît qu'elle n'est même pas accusée d'un seul meurtre[64].

Un peu plus de deux semaines plus tard, alors qu'entre-temps Petra Krause a été extradée vers Naples[65], l'ambassadeur de Suisse à Rome note à son tour qu'« un tort très grand a été fait à notre image », car « la campagne met en cause la qualité d'état (*sic*) de droit de notre état (*sic*), notre justice, notre système judiciaire et

61. Dodis n° 50021, cité.

62. En avril 1977, la découverte d'un montage financier par le directeur de la filiale du Crédit suisse à Chiasso destiné à alimenter la société Texon au Lichtenstein avec les dépôts d'une clientèle essentiellement italienne et ainsi réaliser des opérations garanties par la banque provoque un scandale financier et la perte de 2,2 milliards de francs de l'époque. Alertée à plusieurs reprises, la direction générale de la banque n'agit pas jusqu'à ce que l'affaire vacille à cause de la dépréciation de la lire italienne et des pertes engendrées par les investissements malheureux de Texon qui ne peut plus rembourser ses crédits. Voir : Max Mabillard et Roger de Weck, *Scandale au Crédit Suisse. « L'affaire de Chiasso », ses coulisses et ses principaux acteurs sous la loupe de deux journalistes*, Genève : Tribune Éditions, 1977.

63. AFS, E 4110 B, #1988/99*59, « Suicides et produits psycho-pharmaceutiques en prison ». Rapport de la Division fédérale de la justice sur les cas de suicides durant la détention préventive et dans les établissements d'exécutions des peines [...], août 1978.

64. Dodis n° 50239, Note au Chef du Département. Affaire Petra Krause (résumé des aspects intéressants au point de vue de nos relations avec l'Italie), Direction politique, Berne, 8 août 1977.

65. Elle sera enfermée à la prison de Pozzuli le 15 août jusqu'à sa libération le 24 août 1977. Son état de santé est alors jugé très préoccupant. (AC, Collectif d'auteurs, *L'isolement...*, *op. cit.*, p. 44-45.)

pénitentiaire.[66] » Le plus grave aux yeux des acteurs réside dans la dégradation de l'image de la Suisse et la remise en question de sa « qualité d'état (*sic*) de droit[67] ». Relayés par la presse et la diplomatie, les arguments des collectifs à l'origine de la mobilisation ont atteint leur cible. En effet, ces inquiétudes reflètent bien la tension entre les mesures sécuritaires d'une part et, d'autre part, la préservation des règles démocratiques et des droits fondamentaux, dont les mobilisations contre l'isolement carcéral dénoncent le non-respect. Enfin, sur le sol helvétique, l'épisode se clôt par le dépôt d'une question du conseiller national Werner Carobbio au gouvernement sur la conformité des conditions de détention de Krause avec les dispositions de la Convention européenne des droits de l'homme[68].

III. 3. La dénonciation de l'isolement carcéral et de la répression européenne se poursuit

La mobilisation contre le régime d'isolement se poursuit néanmoins après la libération et le départ de Petra Krause avec des publications qui dénoncent « [...] des conditions de détention qui ne sont rien d'autre que la torture, la torture blanche, la mort lente. Leur déclaration de la grève de la faim le prouve. On savait tout cela pour l'Allemagne, à Stammheim, on le pensait un peu pour la Suisse, mais la réalité dépasse tout ce qu'on "prévoyait".[69] » L'isolement carcéral apparaît comme la poursuite de la répression policière qui vise à « détruire la personnalité de tous ceux qui résistent. » Ces écrits définissent l'isolement carcéral comme une forme de « torture » contraire à la Convention européenne des droits de l'homme, aux règles *minima* de traitement des détenus et à l'esprit de la Constitution suisse[70], un discours désormais bien installé tout comme la comparaison internationale. Le cas helvétique est en effet replacé dans un contexte international de renforcement de la répression et de l'isolement des détenu·es : « l'histoire s'est accélérée, la Suisse s'est toujours plus alignée sur la transformation autoritaire des États européens. » L'État n'hésite pas « à réaliser des ouvrages déjà largement expérimentés aux USA et en Allemagne. Ainsi, la Suisse devient un maillon non négligeable de la répression internationale. »[71] Les groupes militants dénoncent également la coordination européenne et la Convention antiterroriste du Conseil de l'Europe qui réduisent à néant l'existence même des « détenus politiques ». À nouveau, le

66. Dodis n° 50026, Lettre de Erik-Roger Lang, ambassadeur de Suisse à Rome à Albert Weitnauer, secrétaire général du Département Politique fédéral (DPF), Rome, 25 août 1977.

67. *Ibid.*

68. Question ordinaire de Werner Carobbio du 19 décembre 1977 (77.742), *Feuille fédérale*, 1977, p. 1747.

69. AC, Comité contre l'isolement, *Lettre ouverte vers l'intérieur*, Genève, juillet 1978.

70. AC, Secours rouge – Comité contre Champ-Dollon, *Journal de contre information, Prisons : isolement et résistance*, 1978.

71. *Ibid.*

discours des collectifs mobilisés contre l'isolement carcéral cherche à repolitiser le conflit qui les oppose au gouvernement en soulignant que le motif de terrorisme est utilisé pour justifier des mesures contraires aux droits humains et aux principes démocratiques, en inscrivant clairement la répression dans un cadre européen :

> Ce plan était soutenu par des lois et des conventions (par ex. lois de police, convention anti-terroriste) qui pour la Suisse se concrétisaient dans une police fédérale de sécurité, dans les écoutes téléphoniques, dans les fichiers civils ou militaires, dans les interdictions professionnelles, dans les prisons modèles, bref dans l'escalade de la répression.
> On regardait Champ-Dollon et on pensait à Stammheim, à Fleury-Mérogis, à Favignana, à l'Asinara, à l'Amsthaus, on voyait Holger Meins, Ulrike [Meinhof], les camarades assassinés[72].

Cependant, les personnes incarcérées n'apparaissent pour autant jamais seulement comme des victimes. Leur résistance s'exprime par le refus de répondre aux questions des enquêteurs, la dénonciation des conditions de détention par la grève de la faim médiatisée par les collectifs militants et la publication dans les brochures de témoignages. En révélant la pratique du récit de captivité, ceux-ci montrent que la lutte se poursuit en prison et livrent un mode d'emploi pour les camarades amené·es à vivre des situations similaires. Petra Krause constitue à cet égard un cas exemplaire. Elle signale très rapidement ses techniques de maîtrise de son temps, commente longuement ses erreurs tactiques pour en tirer des leçons. Elle fournit des indications sur la manière de se comporter vis-à-vis des « flics »[73]. Ce caractère utilitaire s'exprime dans l'affirmation « Nous sommes tous en liberté provisoire[74] », qui traduit bien l'importance d'analyser et communiquer son expérience.

Par ailleurs, ces publications semblent aussi chercher à étendre leur public au-delà des cercles militants, en s'appuyant sur des références plus classiques, un élargissement qui a très bien fonctionné dans le cas de Krause et a permis de mobiliser en sa faveur des députées italiennes au-delà de la gauche. Les collectifs appuient à cet effet leur argumentation sur des études scientifiques consacrées aux effets physiologiques de l'isolement carcéral, comme nous l'avons vu précédemment. À ce titre, une des brochures de 1978 indique quatre références, dont l'ouvrage de synthèse de Zubeck et le rapport des médecins réalisé sous les auspices d'Amnesty International[75]. Ce recours à la référence scientifique se retrouve également dans le texte du psychologue qui a mené un entretien avec Petra Krause en décembre 1977, publié dans la brochure de 1980, par laquelle il décrit les étapes de la détérioration de son état en terminant avec la persistance des difficultés d'adaptation après sa libération.

En outre, ce même opuscule s'ouvre sur une célèbre citation du pasteur Martin Niemöller – celle qui égrène les catégories de victimes de la répression nazie en terminant par « Lorsqu'ils sont venus me chercher, il ne restait plus

72. *Ibid.*

73. AC, Collectif d'auteurs, *L'isolement carcéral en Suisse*, *op. cit.*, p. 30-32.

74. AC, Comité contre l'isolement, *Lettre ouverte*, *op. cit.*, p. 3.

75. AC, Secours rouge – Comité contre Champ-Dollon, *Journal de contre information*, *op. cit.*

personne pour protester. » Elle apparaît dans ce contexte comme un avertissement sur l'évolution de la situation politique européenne adressé aux personnes qui se croient à l'abri de la répression. S'il reste toujours difficile de mesurer la réception des publications de ce type, le commentaire du quotidien *La Suisse*, aux positions très éloignées de celles de la gauche radicale, offre en la matière un éclairage intéressant :

> Petra Krause fut le révélateur du cynisme inquiétant avec lequel on peut froidement, en Suisse, soumettre un détenu à un régime inhumain, spécialement lorsqu'on le prolonge. L'isolement, c'est la mort, pour n'importe qui. À petit feu, mais certaine. Pas une mort biologique, mais non moins réelle. Car l'homme est fait pour vivre en relation. Il se réalise dans un rapport vécu, où il vérifie son identité. Le couper des autres, c'est le détruire, sûrement[76].

C'est bien ce que souhaite l'éditeur : montrer que ce cas est un révélateur d'une pratique qui se poursuit à la fois dans le domaine des mauvais traitements infligés en détention[77] et du renforcement des moyens de répression[78]. Cependant, il est intéressant de noter que le journaliste évoque ce cas comme une pratique en cours « en Suisse » alors que le discours des collectifs vise, comme nous l'avons vu, à inscrire ces méthodes répressives dans un dispositif européen, voire international.

Conclusion

Le régime d'isolement subi par Petra Krause et d'autres personnes dans les prisons suisses et européennes constitue une des modalités d'un ensemble de mesures censées protéger l'État des actes de « terrorisme ». Mais comme le souligne un juriste dans les années 1980, ce raisonnement recèle un dilemme puisqu'en prétendant défendre la démocratie contre le « terrorisme » les autorités portent préjudice à cette dernière en ne respectant pas les principes censés la caractériser[79]. Les droits fondamentaux connaissent en outre un renforcement et s'appliquent désormais également à la privation de liberté avec l'adoption de règles minimales. Les collectifs militants ont ainsi pu se saisir de l'argument du respect du droit pour ancrer leur discours remettant en cause l'existence de l'État de droit dans un registre légitimé par les engagements pris dans les arènes internationales. C'est bien cette remise en cause de sa qualité d'État de droit qui froisse les autorités suisses et c'est également cet argument qui provoque le soutien des députées italiennes. En saisissant ce nouveau cadre normatif, la contestation place les autorités en face de leurs propres contradictions. Les collectifs de la gauche radicale mobilisent alors cet argument pour repolitiser le conflit qui les oppose à l'État en requalifiant

76. Alain DUPRAZ, *La Suisse*, 9 mars 1980.

77. AC, Librairie Que faire, série 1, dossier Isolement carcéral, Lettre (circulaire) aux Rédacteurs, Genève, 5 mars 1980, Bernard Clerc.

78. AC, Isolement carcéral dossier des Éditions Que faire ?, Service de presse [s.d.].

79. Gérard SOULIER, « Lutte contre le terrorisme et droits de l'homme », art. cité.

également de « prisonniers politiques » les personnes désignées par les autorités de « terroristes ».

L'étude de ce cas a aussi permis de replacer la Suisse dans le contexte historique européen et de montrer les dynamiques transnationales à l'œuvre aussi bien du côté de la coordination des États dans la répression que de celui des collectifs dans la rhétorique de solidarité, la circulation des stratégies et des formes de mobilisations (grèves de la faim, *meeting* de solidarité, soirées d'informations, engagement des intellectuels, publications de brochures et autre matériel militant). Ces actions ont sans doute fait avancer la mise en œuvre des droits des personnes détenues, comme toutes celles qui parviennent à montrer au grand jour la situation de ces espaces qui restent le plus souvent à l'abri des regards.

Les dynamiques analysées dans cet article se prolongent encore aujourd'hui dans deux directions. Premièrement, les « usages sociaux du droit » en prison ont connu depuis une progression importante, en développant la défense des droits fondamentaux, même si certains facteurs leur opposent toujours une limite[80]. Secondement, les exceptions justifiées par la dangerosité des sujets et par leur qualité de « terroristes » fleurissent. Les attentats spectaculaires comme celui de New York en septembre 2001[81] ou de Paris en novembre 2015 ont été suivis de nouvelles réglementations toujours inscrites dans la même logique d'exception[82].

80. Claire De Galembert et Corinne Rostaing, « Ce que les droits fondamentaux changent à la prison. Présentation du dossier », *Droit et Société*, 87 (2), 2014, p. 291-302. DOI : 10.3917/drs.087.0291. Voir aussi les entretiens publiés en complément de ce dossier, en rubrique « Question en débat ».

81. Sandra Szurek, « 7. Guantánamo, une prison d'exception », *in* Philippe Artières et Pierre Lascoumes (dir.), *Gouverner, enfermer*, *op. cit.*, p. 201-223.

82. Voir l'avant-propos de Vanessa Codaccioni, *in Justice d'exception. L'État face aux crimes politiques et terroristes*, Paris : CNRS Éditions, 2024.

■ L'auteure

Alix Heiniger est professeure assistante en histoire contemporaine à l'université de Fribourg, Suisse. Ses recherches portent sur la philanthropie, la réforme sociale et les mesures de contraintes à des fins d'assistance. Elle dirige actuellement un projet financé par le Fonds national suisse pour la recherche, intitulé : « Espace carcéral et circulations. Une histoire régionale et transnationale des prisons suisses (1820-1980) ». Parmi ses dernières publications :

— « La "bienfaisance féministe" face aux rapports de pouvoir. L'exemple de l'œuvre des Libérées de Saint-Lazare (1870-1914) », *Nouvelles Questions Féministes*, 2023, 42 (1), p. 47-64. DOI : 10.3917/nqf.421.0047 ;

— « Les dynamiques de l'objectivation du social. Introduction », *Histoire & Mesure*, 2023, XXXVIII (1), p. 95-104. DOI : 10.4000/histoiremesure.19068 (avec Claire-Lise DEBLUË et Laure PIGUET) ;

— *Faire société. La philanthropie à Genève et ses réseaux transnationaux autour de 1900*, Paris : Éditions de la Sorbonne, coll. « Histoire contemporaine », 2019 (avec Thomas DAVID).

Ce que la massification du contentieux des violences conjugales fait au travail des professionnels de la chaîne pénale et du secteur associatif

Impacts of the Massification of Domestic Violence Litigation on the Work of Professionals in the Criminal Justice and Voluntary Sectors

Marie Cartier*, Sylvie Grunvald**, Estelle d'Halluin*, Pascale Moulévrier*, Nicolas Rafin*

*Nantes Université, Centre nantais de sociologie (Cens, UMR 6025), Bâtiment Tertre, Chemin de la Censive du Tertre, BP 81227, 44312 Nantes Cedex 3.

** Nantes Université, Laboratoire Droit et changement social (DCS, UMR 6297), Faculté de droit et des sciences politiques, Chemin de la Censive du Tertre, BP 81307, 44313 Nantes Cedex 3.

Résumé À partir d'entretiens et d'une comparaison de données chiffrées nationales et locales, cet article met en lumière le phénomène de massification du contentieux des violences conjugales et son effet sur le quotidien des professionnels en charge du traitement des auteurs et des victimes. Confrontés à un nombre croissant de révélations, mais aussi de poursuites et de condamnations, policiers et gendarmes, magistrats, et acteurs associatifs consacrent une part importante de leur travail à ces affaires. Cette augmentation du contentieux, associée aux injonctions des pouvoirs publics et de leurs hiérarchies ou des médias, questionne aujourd'hui ces professionnels, à la fois de plus en plus formés et engagés dans le traitement des affaires et en difficulté croissante face à la masse et à la complexité du contentieux.

Droit pénal – Gendarmerie – Intensification du travail – Intermédiaires du droit – Magistrature – Police – Procédures – Spécialisation – Standardisation – Territoire – Traitement judiciaire – Victimes

Summary Based on interviews and a comparison of national and local figures, this article sheds light on the phenomenon of the massification of domestic violence litigation and its effect on the day-to-day work of professionals in charge of dealing with perpetrators and victims. Faced with a growing number of disclosures, prosecutions, and convictions, police and gendarmes, magistrates, and community workers, are devoting a significant portion of their work to this issue. This increase in litigation, combined with the injunctions of the public authorities, their hierarchies, and the media, is raising questions for these professionals, who are both increasingly trained and involved in handling cases while struggling to cope with the sheer volume and complexity of litigation.

Criminal law – Gendarmerie – Judicial treatment – Judiciary – Legal intermediaries – Police – Procedures – Specialization – Standardization – Territory – Victims – Work intensification

Que fait la justice, ou plutôt ne fait pas, aux violences conjugales ? Telle est la question travaillée par la recherche en sciences sociales, depuis les premiers travaux menés par Pauline Delage et Elisa Herman[1] qui ont mis en évidence le caractère tardif de la construction des violences conjugales comme problème public en France par comparaison avec les États-Unis et la Grande-Bretagne[2]. La catégorie des violences au sein du couple est aujourd'hui identifiée par les ministères de la Justice et de l'Intérieur au sein du contentieux général des violences pour souligner ses particularités criminologiques. L'identification n'est pas aisée eu égard, d'une part, à la nécessité d'associer la qualification de l'infraction de violences à la circonstance aggravante de conjugalité, et, d'autre part, à la nature multiple des violences à inclure dans la catégorie. Ces violences renvoient à une pluralité de textes selon la gravité du dommage subi par la victime (de la mort, qualification criminelle, à l'acte n'ayant entraîné aucune incapacité totale de travail, qualification délictuelle[3]). Elles peuvent également relever des infractions sexuelles (viol ou autre agression sexuelle), ou de l'infraction de harcèlement entre partenaires, mais aussi des menaces, des atteintes à l'intimité[4], voire des atteintes aux biens comme le vol de documents d'identité, de moyens de paiement ou de télécommunications, pouvant caractériser des violences économiques ou administratives[5].

Pour étudier la façon dont la justice et plus largement l'action publique se sont emparées de ce problème à la suite des mouvements féministes des années 1970, une perspective de sociologie du genre est privilégiée. Sandrine Dauphin souligne ainsi que malgré un cadrage féministe, la politique de lutte contre les violences conjugales n'est pas une politique d'égalité des sexes, car elle est davantage « curative » qu'« émancipatrice »[6]. Solenne Jouanneau montre quant à elle que la protection des victimes par la justice familiale s'opère sous conditions et défend l'idée qu'en préservant l'autorité parentale des conjoints jugés violents, cette justice

1. Pauline Delage, *Violences conjugales. Du combat féministe à la cause publique*, Paris : Presses de Sciences Po, 2017. DOI : 10.3917/scpo.delag.2017.01 ; Elisa Herman, *Lutter contre les violences conjugales. Féminisme, travail social et politiques publiques*, Rennes : Presses universitaires de Rennes, 2016.

2. Pauline Delage, *Violences conjugales*, *op. cit.* et Carolyn Hoyle, *Negotiating Domestic Violence: Police, Criminal Justice, and Victims*, Oxford : Oxford University Press, 1998.

3. Les violences contraventionnelles (violences n'ayant entraîné aucune ITT ou une ITT inférieure ou égale à huit jours) deviennent délictuelles en présence de la circonstance de conjugalité depuis la réforme du Code pénal en 1992.

4. Voir notamment les indications des *Sources et méthodes* pour définir le champ des violences conjugales dans *Interstats Analyse*, 53, décembre 2022, p. 4.

5. Pour lesquelles l'immunité familiale a été écartée, article 311-12 alinéa 3 du Code pénal.

6. Sandrine Dauphin, « Le féminisme d'État et les violences de genre en France : avancées et limites de la politique de lutte contre les violences conjugales », *Nouvelles Questions Féministes*, 42 (1), 2023, p. 101-116. DOI : 10.3917/nqf.421.0101.

entretient la domination masculine[7]. Afin de compléter ces travaux, cet article inverse les termes de la question : qu'est-ce que les violences conjugales font au travail des magistrats, policiers et gendarmes et de leurs partenaires associatifs ? S'inscrivant dans une sociologie de l'action publique attentive au travail des divers agents qui la mettent en œuvre[8], il explore les effets de la massification rapide du contentieux des violences conjugales en France sur le travail des professionnels de la chaîne pénale et du monde associatif, dans un contexte marqué par les restrictions budgétaires et la diffusion, dans l'action publique en général[9] comme dans l'institution judiciaire, d'une rationalité de type managérial[10] ou, dit autrement, d'un mouvement de managérialisation[11].

À partir d'une revue de littérature, Solenne Jouanneau a identifié plusieurs phases dans l'histoire de la judiciarisation des violences conjugales en France. À une période de répression « très mesurée » durant presque deux siècles, de 1804 à 1992[12], a succédé dans les années 1990 une période de fort écart entre des transformations juridiques posant comme intolérables toutes formes de violence entre conjoints et des pratiques judiciaires toujours marquées par une réserve à réprimer ces désordres intimes. Ce n'est qu'à partir des années 2010 que diverses lois ayant introduit des dispositifs innovants de protection des victimes (ordonnance de protection, TGD [Téléphone grave danger], BAR [Bracelet anti-rapprochement]) auraient contribué à modifier les pratiques des juges du siège, ouvrant une nouvelle phase dans l'histoire de la judiciarisation des violences conjugales, caractérisée par l'émergence d'un droit de protection des femmes victimes[13]. Cette période contemporaine est marquée par la création de la Miprof (Mission interministérielle pour la protection des femmes contre les violences et la lutte

7. Solenne Jouanneau, *Les femmes et les enfants d'abord ? Enquête sur l'ordonnance de protection,* Paris : CNRS Éditions, 2024.

8. Vincent Dubois, « L'action publique », *in* Antonin Cohen, Bernard Lacroix et Philippe Riutort (dir.), *Nouveau manuel de science politique,* troisième édition, Paris : La Découverte, 2024 [2009], p. 330-352.

9. Brice Nocenti, « Les formes d'organisation du travail dans les administrations publiques. Quelle managérialisation de l'État, des hôpitaux et des collectivités locales ? », *Travail et emploi,* 168 (1), 2022, p. 87-114.

10. Cécile Vigour, « Justice : l'introduction d'une rationalité managériale comme euphémisation des enjeux politiques », *Droit et Société,* 63-64 (2), 2006, p. 425-455. DOI : 10.3917/drs.063.0425 ; Virginie Gautron, « L'impact des préoccupations managériales sur l'administration locale de la justice pénale française », *Champ pénal / Penal Field,* XI, 2014. DOI : 10.4000/champpenal.8715.

11. Thierry Delpeuch, Laurence Dumoulin et Claire de Galembert, *Sociologie du droit et de la justice,* Paris : Armand Colin, 2014, p. 195. DOI : 10.3917/arco.delpe.2014.01.

12. Solenne Jouanneau, « De la défense de l'ordre familial à la protection des femmes victimes : juridiciser et judiciariser les violences masculines dans le couple », *Archives de politique criminelle,* 2023, 45, p. 109-126. DOI : 10.3917/apc.045.0109.

13. Voir Sylvie Grunvald, « Les instruments juridiques pour lutter contre les violences au sein du couple », *in* Elizabeth Brown, Alice Debauche, Christelle Hamel et Magali Mazuy (dir.), *Violences et rapports de genre,* Paris : Ined Éditions, 2020, p. 217-220, DOI : 10.4000/books.ined.14719 ;

contre la traite des êtres humains) en 2012, puis la loi-cadre du 4 août 2014[14] et enfin le Grenelle des violences conjugales en 2019. La politique de lutte contre les violences conjugales est alors intégrée dans la lutte contre les violences sexistes et sexuelles et inscrite dans un cadrage étatique féministe des violences conjugales[15]. La politique criminelle connaît dès lors un « tournant féministe[16] ». Cet article vise à compléter l'analyse de cette phase contemporaine de l'histoire du traitement judiciaire des violences conjugales en France. Premièrement, il caractérise du côté de l'arène pénale un phénomène, souvent laissé dans l'ombre, de massification du traitement judiciaire des violences conjugales, qui confronte policiers et gendarmes, magistrats et acteurs associatifs à un nombre croissant de révélations, mais aussi de poursuites et de condamnations. Il contribue, deuxièmement, à mettre en lumière les adaptations et les tensions que ce processus génère chez ces professionnels.

À titre de comparaison, dans les années 2000, la massification du contentieux de l'alcool au volant s'est accompagnée d'une standardisation de la réponse pénale caractérisée par le développement de procédures rapides et simplifiées[17]. De même, s'agissant du traitement judiciaire des séparations, les juges aux affaires familiales (JAF), confrontés à une « masse de dossiers », ont mis en place différentes stratégies d'audiencement pour traiter plus rapidement les affaires peu contentieuses[18]. Or, en matière de violences conjugales, cette voie de la simplification et/ou de l'accélération du traitement judiciaire du contentieux est peu empruntée. Comment, dès lors, les divers acteurs judiciaires et extra-judiciaires qui interviennent dans la prise en charge de ce contentieux et y consacrent une part importante de leur temps de travail composent-ils avec son augmentation ? Quels effets objectifs et subjectifs celle-ci a-t-elle sur leur manière de percevoir et de travailler ce contentieux ?

L'article défend l'idée qu'une transformation institutionnelle d'ampleur est en cours, la massification du contentieux conjugal n'affectant pas seulement les conditions de travail, mais aussi les normes et les principes professionnels à l'œuvre dans le travail des magistrats, policiers, gendarmes et travailleurs associatifs. Nous établirons en premier lieu la chronologie et l'ampleur de la massification du contentieux conjugal qui s'explique par l'application dans les juridictions de la politique nationale de lutte contre les violences conjugales (I.) avant de montrer comment cette massification transforme non seulement les conditions de travail, mais aussi les normes et principes d'intervention des divers professionnels impliqués dans son traitement (II.).

14. Loi n° 2014-873 du 4 août 2014 pour l'égalité réelle entre les femmes et les hommes.

15. Sandrine Dauphin, art. cité.

16. Ariane Amado, « L'avènement d'un droit pénal de la conjugalité : le nouveau tournant féministe de la politique criminelle en France ? », *Archives de politique criminelle*, 45 (1), 2023, p. 93-108. DOI : 10.3917/apc.045.0093.

17. Jean-Noël Retière et Camille Trémeau, « La répression de l'alcool au volant. Une réponse pénale sous tensions », *Droit et Société*, 88 (3), 2014, p. 621-634. DOI : 10.3917/drs.088.0621.

18. Le Collectif Onze, *Au tribunal des couples. Enquête sur des affaires familiales*, Paris : Éditions Odile Jacob, 2013.

Méthodologie

Cet article prend appui sur une enquête conduite entre 2021 et 2023 dans le cadre d'une recherche collective et interdisciplinaire[19] menée dans un département de l'ouest de la France. Celui-ci compte deux tribunaux judiciaires (Trian et Sainte-Marie[20]), des collectivités territoriales et un tissu associatif soutenant une offre de dispositifs dédiés à la lutte contre les violences conjugales relativement importante au regard de ce qui est proposé dans les départements limitrophes. C'est en ce sens que ce département est présenté ici comme un « territoire mobilisé ».

Afin d'identifier les spécificités des interventions et réponses des acteurs judiciaires et extrajudiciaires dans le traitement des violences conjugales, 28 entretiens ont été réalisés auprès de gendarmes, policiers, représentants de magistrats du parquet et du siège, de responsables d'associations acteurs des dispositifs de prise en charge et/ou partenaires. Ces entretiens ont permis de récolter des données chiffrées et de les comparer afin d'objectiver la massification du contentieux.

Le second volet de l'étude a consisté en l'observation de 23 audiences pénales (correctionnelles essentiellement) au sein desquelles 52 affaires de violences conjugales ont été traitées par les tribunaux de Trian et de Sainte-Marie. Ces observations ont été complétées, d'une part, par une étude des politiques criminelles nationales relatives aux violences conjugales (textes législatifs, circulaires...), depuis une vingtaine d'années, afin d'appréhender les conditions de réception de ces politiques nationales au niveau local, et, d'autre part, par l'analyse des politiques pénales sur ce contentieux mises en œuvre par les parquets de Trian et Sainte-Marie et des jurisprudences locales des magistrats du siège.

Dans un troisième volet de l'étude, des entretiens approfondis ont été menés auprès des professionnels de terrain issus de différentes institutions, traitant des violences conjugales directement auprès des victimes ou des auteurs. 38 entretiens ont été conduits avec des représentants du secteur médical spécialisés dans la prise en charge des victimes de violences conjugales, des travailleuses sociales du conseil départemental ou de communes, des professionnels d'associations prenant en charge les victimes et auteurs de violences conjugales, des intervenantes sociales en commissariat et gendarmerie, des policiers et gendarmes chargés du dépôt de plaintes.

Qu'il s'agisse des cadres ou des professionnels de terrain, la sélection des enquêtés a répondu à la volonté de mailler le territoire et de recueillir des expériences diversifiées eu égard principalement aux logiques professionnelles distinctes (policières, judiciaires, associatives, etc.) et aux variations de prises en charge entre les zones rurales et urbaines. À ces choix initiaux de production du corpus, s'ajoute une attention portée à l'ancienneté dans le poste et aux conceptions de la prise en charge concernant notamment les associations œuvrant à défendre la cause des femmes.

19. Enquête Altvic (Approche localisée du traitement des violences conjugales). La méthodologie de cette enquête est détaillée dans le rapport publié par l'Institut des études et de la recherche sur le droit et la justice (IERDJ), juillet 2023. <https://gip-ierdj.fr/fr/publications/traitement-violences-conjugales/>

20. Les noms du département, des communes, des différentes institutions, etc., sont anonymisés.

I. Du national au local : la massification du contentieux conjugal en dates et en chiffres (1992-2023)

Depuis la réforme du Code pénal de 1992, le droit identifie les violences conjugales à travers la circonstance aggravante de conjugalité. Toutefois, jusqu'à une période récente, il était difficile d'extraire de l'activité totale des services judiciaires et policiers la part consacrée aux violences conjugales[21] et d'adopter une perspective historique sur le traitement judiciaire et policier de ce contentieux. Dans sa thèse consacrée au traitement institutionnel des violences entre partenaires intimes en Suède et en France entre 2014 et 2017, Marine Delaunay se refuse ainsi à affirmer que les services traitent plus de cas et évoque simplement un « accroissement de la visibilité de ces affaires » au sein des institutions pénales en lien avec une politique nationale de répression accrue[22]. L'enquête Virage[23] sur les violences de genre menée en 2015 en population générale insiste quant à elle, comme l'enquête Enveff[24] menée en 2000, sur l'inaction de la justice : « Les recours au pénal demeurent peu fréquents et restent souvent sans suite[25] ». Ce constat, qui se justifie par la comparaison entre le taux de faits portés à la connaissance des forces de l'ordre et le taux de violences déclarées dans l'enquête, tend à occulter la transformation institutionnelle à l'œuvre. C'est précisément cette transformation qu'il s'agit ici de mettre en évidence. La comparaison d'études menées dans les années 1990 et 2000 avec les résultats de notre enquête et les récentes données chiffrées nationales et propres aux juridictions enquêtées montre que depuis le milieu des années 1990, et de manière massive depuis le milieu des années 2000, justice et police traitent de plus en plus d'affaires de violences conjugales : il ne s'agit pas seulement d'une augmentation de la visibilité de ces affaires, mais d'une augmentation objective de leur prise en charge à toutes les étapes de la chaîne pénale, ou, en d'autres termes, d'une massification du contentieux conjugal[26].

21. À partir du milieu des années 2000, des outils statistiques sont développés au sein des services enquêteurs et judiciaires pour donner à voir non seulement les faits de violence dans le couple portés à la connaissance de ces institutions, mais également l'activité de ces dernières pour répondre à ces faits. Voir Valérie Bonvoisin, *Éléments de mesure des violences entre conjoints*, Institut national des hautes études de sécurité (INHES) / Observatoire national de la délinquance (OND), 2006 : « Pour la première fois, l'observatoire national de la délinquance a la possibilité de présenter des statistiques sur les faits constatés de violence entre conjoints », p. 407.

22. Marine Delaunay, *Les violences entre partenaires intimes : de l'indignation politique et morale aux pratiques routinières des institutions pénales : une comparaison entre la France et la Suède*, thèse de doctorat en sociologie, sous la direction d'Éric Macé , Université de Bordeaux, 2019, p. 363.

23. NDLR : enquête « Violences et rapports de genre : contextes et conséquences des violences subies par les femmes et par les hommes », Institut national des études démographiques, coordonnée par Elizabeth Brown, Alice Debauche et Magali Mazuy, <https://virage.site.ined.fr/>.

24. NDLR : « Enquête nationale sur les violences envers les femmes en France », Institut de démographie de l'université Paris 1, coordonnée par Maryse Jaspard.

25. Elizabeth Brown *et al.*,(dir.), *Violences et rapports de genre*, *op. cit.*, p. 490.

26. Il s'agit bien, nous insistons, d'une augmentation de leur prise en charge et non pas de leur nombre dans l'absolu : on n'affirme pas ici que les affaires de violences conjugales augmentent, mais que les affaires

I. 1. Un premier essor mesuré de la répression dès 1992

Comment caractériser la période ouverte par la réforme du Code pénal de 1992 du point de vue de l'histoire du traitement judiciaire des violences conjugales en France ? Insistant sur le décalage entre les normes juridiques et les pratiques judiciaires, Solenne Jouanneau affirme que cette réforme a eu « un impact limité », entraînant une correctionnalisation des violences physiques légères, mais pas davantage de condamnations des auteurs de violences conjugales[27]. Des données diachroniques tirées du casier judiciaire national permettent cependant de repérer dès cette époque l'amorce du tournant répressif constaté dans notre enquête[28]. Alors que dans l'histoire de la justice, comme le rappelle Benoît Garnot, les écarts entre les normes juridiques et les pratiques judiciaires sont à la fois « permanents » et « inévitables »[29], on peut souligner au contraire s'agissant du contentieux conjugal, la relative rapidité de l'ajustement des pratiques judiciaires à l'évolution du droit cette période durant.

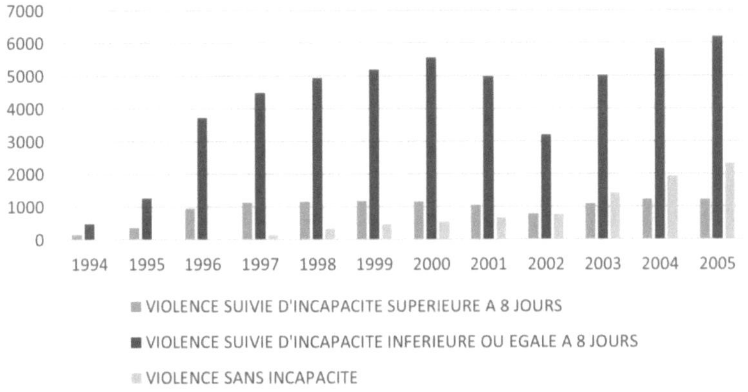

Figure 1. Condamnations prononcées pour des violences avec ou sans incapacité totale de travail sur conjoint ou concubin

Note de lecture : l'année 2002, sur le plan des délits, a été fortement touchée par la loi d'amnistie, ce qui explique les baisses enregistrées. Si les condamnations disparaissent du casier judiciaire, elles restent statistiquement comptabilisées donc la baisse s'explique comme suit : soit l'amnistie intervient avant que la condamnation ait été enregistrée au casier judiciaire et les parquets n'ont pas transmis l'information, soit la condamnation n'a pas encore été prononcée et les poursuites sont stoppées. Les effets de la loi d'amnistie ont toujours des effets sur l'année antérieure et l'année suivante, ce qui explique également la baisse amorcée en 200130.

Source : Casier judiciaire national, Pôle Études et évaluations, DACG, novembre 2006.

de violences conjugales faisant l'objet d'un traitement policier et judiciaire augmentent.

27. Solenne Jouanneau, « De la défense de l'ordre familial à la protection des femmes victimes », art. cité, p. 116.

28. Nous remercions Victoria Vanneau et Anne-Sophie de Lamarzelle de l'IERDJ et Guillaume Paillet du service statistique du ministère de la Justice pour nous avoir aidé à récupérer ces données.

29. Benoît Garnot, *Histoire de la justice. France XVIe-XXIe siècle*, Paris : Gallimard, 2009, p. 581 et 587.

30. Valérie Bonvoisin, *Éléments de mesure des violences entre conjoints*, cité, p. 421.

Certes, le nombre global de condamnations apparaît faible (quelques milliers), vu du présent et des attentes répressives exprimées tant par la société civile que par la politique pénale. Cependant, les évolutions n'en sont pas moins notables dès le milieu des années 1990 : les condamnations pour violences suivies d'une incapacité inférieure ou égale à huit jours sont, en l'espace de quelques années, multipliées par dix, et celles pour « violences sans incapacité » se développent alors qu'elles n'existaient pas. Même si elles apparaissent limitées eu égard à l'ampleur des faits de violence conjugale mis en évidence par l'enquête Enveff menée en population générale (en 2000, 2,8 % des Françaises déclaraient avoir été victimes de violences physiques), les condamnations pour violences suivies d'une incapacité supérieure à huit jours sont elles aussi multipliées par dix entre 1994 et 1996 puis se maintiennent à ce niveau jusqu'en 2004.

Les pratiques judiciaires et policières s'avèrent ainsi ambivalentes dans cette période de premier essor de la répression : d'un côté, elles suivent les transformations du droit, d'un autre côté, elles suivent les usages établis depuis le XIXe siècle en matière de traitement des violences conjugales. Victoria Vanneau a en effet montré que le principe de poursuite de ces violences par le ministère public « quelles que soient les positions ultérieures des époux »[31] s'est affirmé dès le milieu du XIXe siècle, les violences conjugales étant de plus en plus perçues par les magistrats comme une atteinte au corps social. Dès cette époque, la justice entend réprimer les violences conjugales, non seulement les violences létales, mais toutes les violences qui débordent sur l'espace public et/ou blessent la victime. Toutefois, cette répression n'est pas dans la pratique systématique : « dans la France des bourgs et des villages, la récurrence des plaintes suivies de réconciliations incline souvent policiers et gendarmes, dépositaires municipaux de ces plaintes, à mettre un terme aux actions engagées[32] ». Les forces de l'ordre étaient en phase avec la société qui considérait la violence conjugale comme « faisant partie de la vie privée, à condition qu'elle ne devienne pas excessive[33] ». De même, face au couple, le juge pénal pouvait faire preuve « de réserve et de discrétion[34] » lorsqu'il s'agissait d'intervenir pour sanctionner les violences, pour préserver l'institution du mariage, valeur sociale majeure de la société française façonnée par le Code civil de 1804.

Si les données statistiques indiquent donc une inflexion répressive après la réforme de 1992, cette « réserve » à poursuivre les violences conjugales devant une juridiction pénale perdure plusieurs années après cette réforme à toutes les étapes de la chaîne pénale. À la fin des années 1990, dans une juridiction du Pas-de-Calais, les refus d'enregistrement de plainte en brigade et l'orientation des plaignantes

31. Victoria VANNEAU, *La paix des ménages. Histoire des violences conjugales XIXe-XXIe siècle*, Paris : Anamosa, 2016, p. 102.

32. *Ibid.*, p. 102.

33. Benoît GARNOT, *Histoire de la justice*, *op. cit.*, p. 131.

34. Cf. Cour de cassation, chambre criminelle, 2 février 1827, *S.* 1827, série 1, p. 517.

vers la main courante sont fréquents[35]. Dans cette même décennie, l'organisation du travail dans la police se caractérise encore par une forte autonomie laissée aux policiers qui leur permet de sélectionner leurs tâches et donc d'effectuer un tri entre les plaintes enregistrées puis traitées[36]. De même, l'« autonomie du gendarme de terrain », dans le cadre des brigades territoriales reste importante[37]. Les affaires de violences conjugales de nature délictuelle ne sont pas une priorité pour les enquêteurs qui gèrent une multitude d'affaires différentes : « Si le traitement du grand banditisme est valorisant, les violences conjugales sont fortement dépréciées dans l'univers policier »[38]. Ayant fait l'expérience de plaintes déposées, puis retirées suite à la réconciliation des époux, et d'un abandon des poursuites par le parquet, les enquêteurs, en dissuadant certaines plaignantes, s'évitent un travail qu'ils perçoivent comme inutile[39]. Selon une étude menée dans trois tribunaux de Charente-Maritime en 1994-1995[40], le ministère public tend en effet à renoncer à la judiciarisation lorsque la victime ayant dénoncé des faits de violence revient sur ses déclarations et refuse de se constituer partie civile. La violence conjugale continue d'être alors vue comme un conflit privé devant rester hors du champ pénal. Les pratiques judiciaires et policières se caractérisent ainsi par une attitude « non interventionniste » pour reprendre une expression utilisée par Jacques Faget[41]. Il en résulte qu'en matière de violences conjugales, les classements sans suite sont largement majoritaires (73,3 % des affaires étudiées en 1994-1995). Les classements avec avertissement qui visent à lutter contre le sentiment d'impunité que les auteurs peuvent retirer d'un classement ordinaire sont peu nombreux (12,2 %), mais tendent à se développer. Les poursuites (22,8 %) s'exercent essentiellement par la voie de la citation directe, alors que la médiation est peu utilisée (3,9 %)[42].

La fin des années 1990 et le début des années 2000 se caractérisent également par la promotion des alternatives aux poursuites dans un contexte de faible efficience de l'intervention judiciaire en matière de violences conjugales[43]. En 2005-2006, dans le département du Tarn, les alternatives aux poursuites représentaient les deux

35. Petra CADOR, *Le traitement juridique des violences conjugales : la sanction déjouée*, Paris : L'Harmattan, 2005.

36. Dominique MONJARDET, *Ce que fait la police. Sociologie de la force publique*, Paris : La Découverte, 1996.

37. Christian MOUHANNA, « Contrôle et autonomie de terrain : l'exemple de la gendarmerie départementale », *Les Champs de mars*, 6 (2), 1999, p. 61-77. DOI : 10.3917/lcdm1.006.0061.

38. Élodie LEMAIRE, « Les usages de la spécialisation dans la police. Les formes discrètes de management public policier », *Revue française de science politique*, 66, 2016, p. 476. DOI : 10.3917/rfsp.663.0461.

39. Victoria VANNEAU, *La paix des ménages*, *op. cit.*, et Carolyn HOYLE, *Negotiating Domestic Violence: Police, Criminal Justice, and Victims*, Oxford : Oxford University Press, 1998.

40. Jacques FAGET, « Conflits privés, pudeurs publiques. Le traitement des plaintes pour violences conjugales », *Les Cahiers de la sécurité intérieure*, 1997, p. 101-112.

41. *Ibid.*, p. 112.

42. *Ibid.*, p. 108.

43. ID., « Médiation et violences conjugales », *Champ pénal / Penal Field*, 1, juillet 2004. DOI : 10.4000/champpenal.50.

tiers de la réponse pénale aux violences conjugales[44], et parmi ces alternatives, le rappel à la loi constituait la principale mesure choisie par le Parquet pour les mis en cause n'ayant pas de casier judiciaire[45]. Ainsi, dans cette période, le durcissement de la répression esquissé par les lois pénales se traduit partiellement dans la pratique judiciaire : dans le tribunal du Pas-de-Calais étudié par Petra Cador à la fin des années 1990 « seulement 4,8 % des personnes poursuivies ont été condamnées à une peine de prison ferme, dont la plus élevée était de six mois[46] ». Mais dans le Tarn, en 2005-2006, le traitement des violences conjugales jugées au tribunal correctionnel apparaît déjà nettement plus répressif avec 15,9 % de peines d'emprisonnement ferme[47], donnant ainsi à voir des formes de pluralisme judiciaire dans la mise en œuvre des politiques pénales locales.

La période ouverte par la réforme du Code pénal de 1992 qui fait de la conjugalité une circonstance aggravante des faits de violence constitue ainsi une première étape de l'essor de la répression pénale des violences conjugales : le changement est lent, limité, empreint d'une « réserve » héritée de l'histoire et des représentations sociales de la conjugalité, mais réel. Dans cette période s'enclenche une dynamique de changement du traitement judiciaire du contentieux conjugal qui, à partir de la fin des années 2010, devient un contentieux de masse.

I. 2. La massification du contentieux depuis 2017 : des portes d'entrée multipliées vers la judiciarisation

Alors que les violences conjugales comptaient pour 4 % de l'activité correctionnelle en 2017, elles en représentaient 9 % en 2022[48]. Attestée par des statistiques nationales, la massification du contentieux des violences dans le couple ressort aussi des témoignages et des bilans d'activité des acteurs engagés dans la lutte contre ces violences à l'échelle du département enquêté. Si la mobilisation associative y est présente depuis la fin des années 1970, l'attention portée à ces faits par tous les professionnels s'est accentuée depuis la fin des années 2010. Différentes collectivités territoriales se montrent engagées dans la lutte contre les violences conjugales, non, parfois, sans une dose d'activisme pour marquer les esprits des électeurs et électrices, ou installer une autorité territoriale. Le conseil départemental est par exemple très présent à travers les soutiens financiers au

44. François Dieu et Pascal Suhard, *Justice et femme battue. Enquête sur le traitement judiciaire des violences conjugales*, Paris : L'Harmattan, 2008, p. 68.

45. Ce constat est corroboré par les données reprises dans Émilie Chandler et Dominique Vérien, *Plan Rouge VIF. Améliorer le traitement judiciaire des violences intrafamiliales*, rapport parlementaire, 22 mai 2023, p. 84. <https://www.vie-publique.fr/rapport/289498-lutte-contre-les-violences-intrafamiliales-rapport-chandler-verien>

46. Petra Cador, *Le traitement juridique des violences conjugales*, *op. cit.*, p. 283.

47. François Dieu et Pascal Huard, *Justice et femme battue*, *op. cit.*, p. 102.

48. Réponse du ministère de la Justice à une question parlementaire 12 décembre 2023 : <https://questions.assemblee-nationale.fr/q16/16-12020QE.htm>.

secteur associatif, spécifiquement en favorisant les engagements dans les zones peu couvertes par les associations.

Dans le cadre d'un appel à projet existant depuis 2018, « Stoppons les violences faites aux femmes », reconduit en 2021, le conseil départemental a financé deux groupes de parole. Le premier, en milieu rural, est créé par une association spécialisée dans l'information juridique et l'accès aux droits des femmes et se destine « aux femmes victimes de violences au sein du couple, en proposant un lieu sécurisant et de proximité avec des professionnelles formées, afin de leur permettre de sortir d'un isolement psychique et géographique ». Le second, au nord du département, est pensé « à destination des femmes victimes de violences conjugales et intrafamiliales [et] positionné sur un territoire dépourvu d'action ». A également été financé un projet d'équipe mobile visant à « renforcer le maillage territorial pour mieux structurer l'accompagnement des victimes de violences en milieu rural aussi bien en termes de libération de la parole, d'accès aux droits que d'accès à un logement social ». Le conseil départemental a aussi contribué au financement de postes d'intervenantes sociales en commissariat et gendarmerie (au nombre de cinq en 2022 contre deux en 2002), à la création de l'Observatoire départemental des violences faites aux femmes et à la signature d'un protocole départemental de lutte contre les violences faites aux femmes. Le département met également à disposition les espaces départementaux de solidarité (EDS) qui constituent de nouveaux supports et espaces pour accueillir et orienter les victimes. Il est enfin à l'origine de campagnes de communication ou de journées de prévention largement diffusées[49] pour sensibiliser régulièrement professionnels et profanes afin d'inciter les femmes concernées à révéler les faits.

Plusieurs structures associatives généralistes ou spécialisées sont également mobilisées dans la lutte contre les violences conjugales, qu'elles soient engagées dans la cause de la défense des droits des femmes, ou qu'elles interviennent au cours de la procédure judiciaire en accompagnement des victimes ou des auteurs. Ces associations sont parties prenantes dans les dispositifs mis en place sur le département par les institutions pour différents types de prise en charge des victimes. En première ligne de l'accroissement de la révélation des faits, elles constituent aujourd'hui une porte d'entrée vers la judiciarisation. Entre 2017 et 2021, le nombre de situations suivies par les deux principales associations départementales d'aide aux victimes de violences conjugales a plus que doublé (409 situations de violences conjugales en 2017 contre 966 en 2021 pour l'association socio-judiciaire d'aide aux victimes, et 532 en 2017 contre 1 487 en 2021 pour l'association spécialisée dans l'information juridique et l'accès aux droits). Cet accroissement important et rapide du nombre de situations connues et/ou suivies fait l'objet de différentes

49. À titre d'exemple, l'Observatoire départemental des violences faites aux femmes organisait le 30 novembre 2023 une journée de sensibilisation intitulée : « Stratégie de l'agresseur : du contrôle coercitif à l'emprise, repérer et accompagner les femmes victimes de violences dans le couple ». Plus de 400 professionnels issus du secteur associatif, des collectivités territoriales, des forces de l'ordre et du monde judiciaire ont assisté à cette journée.

qualifications (« tsunami », « raz de marée », « lame de fond ») notamment par les responsables d'associations évoquant par là même leurs difficultés à y faire face.

La massification du contentieux des violences conjugales est également constatée par les services enquêteurs. Selon les statistiques nationales du ministère de l'Intérieur restituées dans la figure n° 2 [50], le volume de faits révélés ne cesse de croître, qu'il s'agisse de faits qui viennent de se commettre ou de faits plus anciens portés à la connaissance des services enquêteurs. En 2021, les services de sécurité ont enregistré 208 000 victimes de violences commises par leur partenaire ou ex-partenaire, soit une augmentation de 21 % par rapport à 2020. Le nombre d'enregistrements a pratiquement doublé depuis 2016. La part des faits anciens (commis avant leur année d'enregistrement) est passée de 18 % en 2016 à 28 % en 2021.

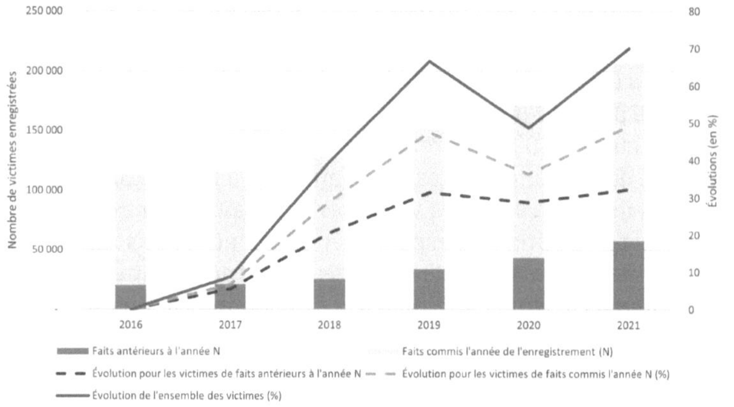

Figure 2. Évolution du nombre de victimes de violences conjugales par année d'enregistrement de 2016 à 2021 (en %)

Note de lecture : En France, en 2021, les services de sécurité enregistraient 149 989 faits de violences conjugales ayant eu lieu la même année et 57 611 datant d'une année antérieure à 2021. Cela représente une augmentation de 21,1 % de l'ensemble des victimes, de 32,7 % des faits antérieurs à l'année d'enregistrement et de 17,2 % des faits commis pendant l'année en cours par rapport à 2020. Champ : France (Métropole + Drom), personnes physiques âgées de 15 ans et plus.

Source : SSMSI, base des victimes enregistrés par la police et la gendarmerie 2016-2021.

En 2023, le ministère de l'Intérieur indiquait que « les violences intrafamiliales[51] sont devenues un contentieux de masse, qui représente 45 interventions par heure pour les services de police ou de gendarmerie. » Aujourd'hui, dans le département enquêté, la pratique policière d'évitement des plaintes et de recours à la main courante repérée dans les années 1990 a laissé la place à un enregistrement

50. « Les violences conjugales enregistrées par les services de sécurité en 2021 », *Interstats Analyse*, 53, décembre 2022.

51. Dont les violences conjugales qui en composent une part importante.

plus systématique des plaintes[52] en conformité avec la politique pénale nationale et le changement de l'organisation du travail et des normes professionnelles. La réorganisation du travail de police judiciaire à partir des années 2000 et l'imposition des normes du *New Public Management* ont entraîné la création de brigades spécialisées dans les infractions de petite et moyenne délinquance, dont les violences conjugales, ce qui a contribué à affaiblir « la capacité des policiers à sélectionner leurs tâches et à choisir leurs affaires »[53]. Un protocole-cadre du 30 décembre 2013 a posé le principe du dépôt de plainte suivi d'une enquête pénale dès qu'une victime de violences au sein du couple se présente, invitant à limiter le recours à la main courante ou au procès-verbal de renseignement judiciaire à des situations exceptionnelles. Le contentieux des violences conjugales, devenu très prégnant sur l'activité des services enquêteurs, a imposé une réorganisation et de nouveaux modes de fonctionnement dans le département étudié. Concernant la police nationale, les deux commissariats enquêtés sont organisés différemment. Pour le commissariat de la ville principale, une brigade de lutte contre les violences conjugales (BLVC) a vu le jour en 2020. Comme l'indique le chef de cette brigade, celle-ci vise à « optimiser » le traitement des procédures de violences conjugales, c'est-à-dire à soutenir la judiciarisation en évitant les classements sans suite.

> Il y a eu une sorte de conjonction des planètes dans le sens où il y a eu le Grenelle des violences conjugales qui a montré que ces questions étaient à la remorque d'une situation constatée et le fait que le directeur départemental de l'époque a donné son feu vert pour la création d'une brigade spécifique. La brigade de lutte contre les violences conjugales est un choix local pour alléger la BPF [brigade de protection des familles]. Quand on a eu le nombre de fonctionnaires possible pour que ce soit viable, on a créé cette brigade... C'est aussi et surtout la volonté d'optimiser les résultats dans ce genre de procédures. On a pu constater qu'on avait plusieurs procédures qui se soldaient par un classement, insuffisamment caractérisées, comportement de la victime qui n'est pas partie prenante dans la procédure... On voulait éviter qu'il y ait des procédures qui ne soient pas traitées ou dans un délai tel qu'elles ne veulent plus rien dire.
>
> — Entretien, chef de la brigade de lutte contre les violences conjugales, tribunal de Trian, 28 juin 2022.

Le contexte du Grenelle, la réceptivité de la hiérarchie pour les orientations nationales et l'investissement de quelques personnes pour améliorer la réponse à ces faits de violences, ont contribué à la création de cette brigade dédiée, composée de six agents qui se consacrent aux dossiers identifiés comme les plus complexes notamment avec des faits réitérés et/ou une victime particulièrement vulnérable.

Dans le commissariat de la deuxième ville du département, les violences conjugales sont traitées au sein du service des atteintes aux personnes, sans équipe spéciale et, selon l'enquêteur interrogé, les interventions sont, pour plus de la moitié des violences conjugales traitées, consécutives à un appel d'urgence à

52. Au niveau du secteur « police » du département étudié, le nombre de situations de violences conjugales connues des services de police a triplé entre 2017 et 2021 (418 en 2017 contre 1 336 en 2021).

53. Élodie Lemaire, « Les usages de la spécialisation dans la police... », art. cité, p. 476. Voir également Id., « Division du travail judiciaire », *in* Jacques de Maillard et Wesley G. Skogan (dir.), *Police et société en France*, Paris : Presses de Sciences Po, 2023, p. 83-102. DOI : 10.3917/scpo.maill.2023.01.0083.

« police-secours » (au 17). L'ensemble des dossiers, quelles que soient la gravité des faits et leur complexité, sont pris en charge par six officiers de police judiciaire qui suivent entre 70 à 100 procédures chacun au moment de l'enquête. Cette charge de travail se traduit par un nombre de gardes à vue croissant dont un tiers à la moitié concerne les violences conjugales.

À la gendarmerie, les dépôts de plainte sont également plus systématiques que par le passé. L'adjoint-chef commandant de la Maison de protection des familles explique avoir introduit sur l'intranet destiné à tous les gendarmes un onglet « MPF-VIF »[54]. Y figurent tous les numéros ressources pour l'orientation des victimes, mais aussi les nouvelles directives : « ouverture d'enquête même sans dépôt de plainte », « pas de main courante pour les cas de VIF ». Les cas dans lesquels la victime ne peut pas rendre compte de faits précis sont orientés vers les intervenantes sociales en commissariat et gendarmerie ou vers le Pôle social du commissariat, qui prendront le temps d'échanger avec la victime et de la préparer au dépôt de plainte. Pour « préparer la plainte », l'intervenante sociale en commissariat et gendarmerie (ISCG[55]) effectue avec la victime un travail de remémoration des faits et de « tri » entre ce qui est interdit ou non par le droit pénal.

> C'est que je fais quand même beaucoup le tri, c'est entre le pénal et le non-pénal [...]. Une dame qui vient me voir, qui me dit : « Oui, mon mari, j'en ai marre. Il ne fait jamais rien. Il ne s'occupe pas des gosses. » Je lui dis : « Ce n'est pas bien. J'avoue que vous êtes malheureuse, vous pouvez partir, vous séparer si vous souhaitez, mais ce n'est pas puni par la loi, ça. » « Ce n'est pas parce que tu ne fais pas le ménage que... » Donc ça aussi, ça correspond à une pré-plainte. C'est à mettre sur papier vraiment tout ce qui est répréhensible. Tout le reste, si vous pouvez en parler, ça alimente le contexte, mais on ne peut pas punir monsieur parce qu'il ne va jamais chercher ses gosses à l'école.
>
> — Entretien, intervenante sociale en commissariat et gendarmerie, Sainte-Marie, 1er juillet 2022.

Par-delà un recueil des plaintes plus systématique, ISCG et gendarmes de la MPF travaillent de concert pour détecter des situations portées à leur connaissance « qui pourraient cacher des VIF » selon les mots du commandant de la MPF. Quand ils soupçonnent l'existence de violences conjugales dans certaines situations ayant nécessité une intervention sur place, gendarmes de la MPF et policiers de la BLVC signalent les personnes concernées aux ISCG et celles-ci se « mettent à disposition », en général aux moyens de textos auprès des personnes victimes : elles leur proposent de leur téléphoner si elles le souhaitent suite à l'intervention des forces de l'ordre. Précisément, le commandant de la MPF constitue chaque matin un tableau à partir de la liste des interventions de la veille. Il sélectionne les situations en lisant les comptes rendus des gendarmes. Quel que soit le motif de l'intervention, s'il est fait par exemple mention de dépression ou de « problèmes à la maison », il enregistre la situation dans le tableau qu'il transmet ensuite aux ISCG en fonction de leur secteur d'intervention. Il leur communique également le nom

54. « Maison de protection des familles-Violences intrafamiliales ».

55. Il s'agit d'assistantes sociales employées et rémunérées par le département ou par une association, mais travaillant au sein de la gendarmerie ou des commissariats.

du militaire qui est intervenu. L'enjeu d'une telle collaboration est de mener « une politique de l'aller vers » (les victimes)[56] et ainsi de permettre le dépôt de plaintes.

> Nous, on s'appuie beaucoup plus sur les ISG, on leur envoie les situations. Et après dans les relations avec les ISG, elles reviennent vers nous s'il y a une problématique particulière. Ou nous, on attire leur attention parce que chacun a son pré carré. Mais quand une situation revient régulièrement, on leur dit : « Là est-ce que vous ne pouvez pas appeler les gens », ne pas les forcer, mais voilà faire une politique de l'aller vers un peu plus importante pour ce cas-là qui revient régulièrement pour les gens de la brigade.
>
> — Entretien, adjudant-chef, MPF, 3 juin 2022.

Cette démarche d'« aller vers » est une des sources de la massification constatée, qu'elle soit mise en œuvre par les forces de l'ordre ou par les associations. Au sein d'un groupement de gendarmerie d'une zone plus rurale du département, les violences intrafamiliales (dont les violences conjugales sont la forme la plus courante) constituent selon le commandant du groupement, depuis longtemps, presque un tiers des dépôts de plainte. Ce qui change ces dernières années, ce sont les moyens et le temps consacrés à traiter le contentieux, que ce soit au niveau des gardes à vue des conjoints violents, de l'accueil des victimes, de leur accompagnement (notamment vers l'institut médico-légal pour faire constater les coups et blessures reçus). Alors que la garde à vue des auteurs est devenue systématique en cas de violences intrafamiliales selon une consigne du parquet, en 2022, les auteurs de violences conjugales représentent un tiers des gardés à vue dans ce groupement de gendarmerie.

I. 3. Le parquet et le siège : la montée des poursuites et des réponses pénales

La massification du contentieux des violences conjugales est également constatée par les services judiciaires dans le département enquêté : le procureur de la République du tribunal judiciaire de Trian indique que « Le nombre de procédures de violences conjugales traitées par le parquet de [Trian] a connu une hausse continue au cours des cinq dernières années (+ 46 % en cinq ans) » (audience solennelle de rentrée 2023 du tribunal judiciaire de Trian). Au sein de ce tribunal, alors qu'une vingtaine d'audiences correctionnelles consacrées aux violences intrafamiliales pouvaient être décomptées en 2020, 54 ont été fixées pour l'année 2023 et 69 sont programmées pour 2024. Les réponses judiciaires plus rapides à travers les comparutions immédiates sont également mobilisées par les juridictions pour traiter les affaires de violences conjugales de plus en plus nombreuses. La juridiction de Trian avait jugé 27 affaires de violences conjugales en comparutions immédiates en 2019 (soit moins de 5 % de l'ensemble des affaires jugées). En 2023, le nombre d'affaires jugées en comparutions immédiates était de 162 (soit 23,1 % des affaires jugées).

56. La Loi n° 2023-22 du 24 janvier 2023 d'orientation et de programmation du ministère de l'Intérieur prolonge cette démarche d'« aller vers » : dans le rapport annexé à la loi, les « victimes de violences intrafamiliales » sont mentionnées plusieurs fois comme figure centrale de cette population peu encline à se déplacer en brigade nécessitant l'implantation de nouvelles brigades mobiles de gendarmerie. Rapport annexé Loi du 24 janvier 2023, JORF du 25 janvier 2023, texte 1 sur 163, p. 27.

Les mêmes types d'information sont fournis par la seconde juridiction enquêtée. La « réserve » à poursuivre dont témoignaient encore les acteurs judiciaires dans la décennie 1990 au nom de la préservation du lien de conjugalité s'efface devant la protection des personnes. La montée de la réprobation sociale des violences conjugales les a fait sortir de l'ordre privé familial, et les autorités de poursuite n'hésitent plus à déclencher l'action publique y compris en l'absence de plainte ou de constitution de partie civile de la victime[57]. Un extrait de nos observations d'audiences suggère l'introduction d'une telle pratique. La présidente, après avoir entendu le prévenu, fait venir la victime à la barre (il s'agit d'un couple d'hommes d'une cinquantaine d'années résidant à Trian) :

> « Vous êtes venu à l'audience, vous n'êtes pas assisté d'un avocat ? »
> L'homme victime : « Je n'ai pas voulu porter plainte ; c'est un commissaire à l'hôpital qui m'a dit de porter plainte pour me protéger. »
> La magistrate : « Vous pouvez retirer votre plainte, mais quand le parquet est saisi de violences graves, ça n'a pas à voir avec le fait que vous déposiez plainte. Plainte ou pas plainte, c'est trop grave pour ne pas être poursuivi. Donc j'en déduis que vous ne vous constituez pas partie civile ? Vous ne voulez pas demander à être partie civile ?
>
> — Audience VIF du 29 septembre 2021, tribunal de Trian.

La pratique de la poursuite en l'absence de plainte, même si elle a toujours été inscrite dans la loi, rompt avec les pratiques judiciaires antérieures et les représentations des justiciables. Elle fait donc ici l'objet d'une explication à l'intention de la victime et du mis en cause et de l'ensemble du public des audiences violences intrafamiliales. Cette tendance à systématiser les poursuites se retrouve dans les chiffres nationaux. En 2021, les parquets des tribunaux judiciaires ont traité 99 510 auteurs présumés impliqués dans des affaires de violences entre partenaires, soit une hausse de près de 7 % par rapport à 2020. À l'issue de l'enquête, après examen par le parquet, 64 % des auteurs présumés ont été impliqués dans une affaire « poursuivable » et seulement 36 % dans des affaires qui se sont avérées « non poursuivables » et classées sans suite, l'infraction n'étant pas ou insuffisamment caractérisée[58].

Cette augmentation des poursuites remonte aux années 2010, selon une enquête statistique longitudinale qui constate que la part d'affaires de violences conjugales classées sans suite a diminué, passant de 76 % en 2016 à 67 % en 2020, avec une baisse très prononcée à partir de 2019, année marquée par le lancement du Grenelle des violences conjugales[59]. Cette tendance à systématiser les poursuites provient aussi de la restriction des voies d'orientation des violences conjugales. Les alternatives aux poursuites sont moins utilisées aujourd'hui avec la disparition

57. Pour un constat similaire dans le cadre d'une enquête menée dans d'autres territoires, voir Marine Delaunay, *Les violences entre partenaires intimes*, *op.cit.*, p. 166.

58. *La lettre de l'observatoire national des violences faites aux femmes*, 18, 2022, p. 10.

59. Maëlle Stricot, « Le traitement judiciaire des violences sexuelles et conjugales en France », note IPP [Institut des politiques publiques], 107, 2024.

du recours à la médiation pénale[60], actée dans la loi. De simples avertissements sous la forme d'un rappel à la loi ne sont plus admis. La composition pénale reste utilisée, car elle est considérée comme une alternative coercitive dont les mesures sont proches des peines prononcées par le tribunal correctionnel et avec inscription au casier judiciaire.

Du côté des magistrats du siège, une audience dédiée aux violences intrafamiliales a été créée en 2018 au sein du tribunal correctionnel de Trian, à l'initiative d'une magistrate, ancienne juge des enfants, qui croit à la « pédagogie de l'audience » dans ce cadre particulier, pour soutenir les victimes et responsabiliser les auteurs. Ces audiences en formation collégiale et à juge unique ont perduré après le départ de cette magistrate et se sont même multipliées, plusieurs audiences étant dorénavant fixées chaque semaine. Dans l'environnement de la deuxième juridiction, plus modeste, les ressources en personnel, magistrats et greffiers, sont plus limitées, l'organisation d'audiences dédiées est plus difficile, même si des audiences regroupent de fait une majorité d'affaires de violences conjugales. Pour assurer le suivi de ces dossiers, une chargée de mission a été recrutée, l'augmentation des procédures imposant ces créations de postes précaires pour suppléer un manque de personnels titulaires dans les juridictions[61].

Aux côtés de la justice pénale, la justice civile est également concernée par l'augmentation de ce contentieux avec le dispositif de l'ordonnance de protection, devenue une pièce maîtresse de la lutte contre les violences au sein du couple[62]. Les juges aux affaires familiales du tribunal de Trian ont ainsi vu les saisines pour ordonnance de protection tripler depuis 2019[63]. Elles sont perçues comme complexes, d'abord parce qu'elles sont à traiter en urgence, perturbant le rythme d'une activité déjà très lourde[64]. Ce sentiment de complexité n'est pas sans liens non plus avec la mission du JAF qui, en principe, recherche le compromis pour l'organisation de la conjugalité et la parentalité. Pour autant, l'ordonnance de protection le contraint à dire s'il y a ou non violences, pour imposer ou non des mesures protectrices pour une des parties et limitatives de droit ou coercitives pour l'autre.

De son côté, le secteur associatif agréé par le ministère de la Justice a été fortement sollicité pour répondre aux orientations de la politique pénale locale. La part de ce contentieux est de plus en plus présente dans leur activité : plus d'un tiers des victimes d'infractions reçues par l'association d'aide aux victimes auprès

60. Jacques FAGET, « Médiation et violences conjugales », art. cité, 2004.

61. Les initiatives prétoriennes comme celle de Trian ont été reprises par le ministère de la Justice qui, par un décret du 23 novembre 2023 (n° 2023-1077), institue des pôles spécialisés de lutte contre les violences intrafamiliales au sein des tribunaux judiciaires et des cours d'appel (et circulaire d'application du 24 novembre 2023 n° JUSB2332178C).

62. Voir notamment Solenne JOUANNEAU et Anna MATTEOLI, « Les violences au sein du couple au prisme de la justice familiale. Invention et mise en œuvre de l'ordonnance de protection », *Droit et Société*, 99 (2), 2018, p. 305-321. DOI : 10.3917/drs1.099.0305.

63. 42 ordonnances de protection avaient été traitées au premier semestre 2022.

64. Le temps de traitement des affaires familiales est évalué à quinze mois pour statuer.

du tribunal judiciaire de Trian sont des victimes de violences conjugales, avec une augmentation significative entre 2017 et 2021 (voir *supra*).

> Même si on est généraliste et non spécialisé, on est compétent pour accompagner les victimes de violences conjugales et on intervient sur ce champ-là depuis toujours, mais de plus en plus… Nous recevons la victime pour évaluer ses besoins en matière de protection donc c'est à 95 % dans du contexte de violences conjugales qu'on reçoit des EVVI[65].
>
> — Entretien, directrice de l'association d'accompagnement et d'aide aux victimes d'infractions pénales, 11 Mai 2021.

Cette association recrutera alors, en quelques mois, deux juristes supplémentaires pour assurer les missions confiées sur réquisitions par le parquet de la juridiction, et installer une « permanence VIF » afin d'être disponible à tout moment de la journée.

I. 4. Une répression accrue des auteurs, une protection accrue des victimes

Suite à la réforme du Code pénal en 1992, on l'a vu, l'essor de la répression des auteurs de violences conjugales fut d'abord limité. Par contraste, comme le montre le graphique ci-dessous (figure 3), l'intensification de la répression est très significative depuis le milieu des années 2000 : moins de 10 000 condamnations en 2004 (figure 1), près de 44 000 en 2021, avec une augmentation de 99 % entre 2017 et 2021, la circonstance de conjugalité étant entendue plus largement aujourd'hui en incluant toute forme de relation de couple, cohabitant ou non.

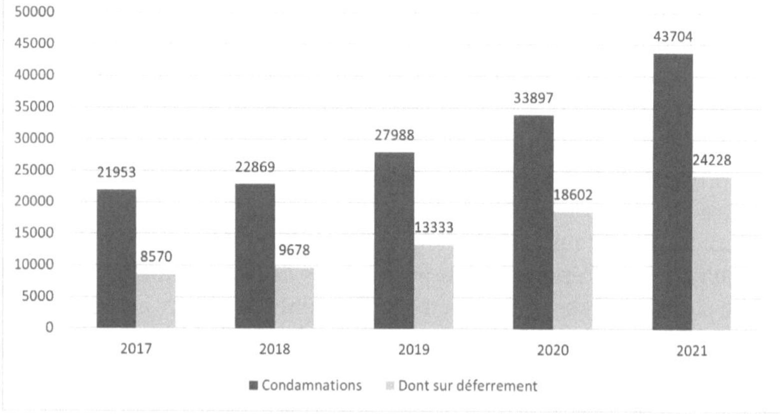

Figure 3. Nombre de condamnations pour violences conjugales de 2017 à 2021

Source : SID-Cassiopée, traitement PEPP/DACG (données) – Données extraites le 8 novembre 2021. Rapport de politique pénale du garde des Sceaux, janvier 2022.

65. EVVI : instrument d'évaluation personnalisée des besoins de la victime consacré par la directive 2012/29/UE du Parlement européen et du Conseil du 25 octobre 2012, transposée en France par la Loi n° 2015-993 du 17 août 2015.

Une jeune magistrate, sortie de l'École nationale de la magistrature en 2016, compare son expérience du traitement judiciaire des violences conjugales dans une juridiction francilienne de 2016 à 2019 à son expérience au tribunal de Trian depuis trois ans, où elle exerce comme substitute du procureur, référente « violentes conjugales ».

> Je me souviens qu'à X […] c'était du rappel à la loi à tour de bras quoi. Il lui a mis un coup de poing, elle a un œil comme ça, elle veut rester avec lui : rappel à la loi. C'était à tour de bras. Alors que maintenant jamais on ne ferait ça, jamais ! Même le collègue le moins sensibilisé ne fera pas ça. Il y a un monde franchement en cinq ans, c'est hallucinant. Et pourtant je n'ai pas l'impression qu'à Monceau en région parisienne on était arriérés, qu'on était un parquet complètement des années 1940. On était quand même une équipe jeune, de femmes.
>
> — Entretien, substitute du procureur, tribunal de Trian, 29 juin 2021.

Parallèlement, l'association socio-judiciaire a vu ses interventions se multiplier auprès des personnes mises en cause, notamment dans le cadre de la convocation par procès-verbal accompagnée d'un contrôle judiciaire, procédure d'orientation préconisée en matière de violences conjugales afin d'audiencer rapidement les affaires (dans les six mois), tout en contrôlant le comportement de la personne prévenue. L'association constatait qu'en 2021, 33 % des mesures de contrôle judiciaire socio-éducatif qui lui étaient confiées concernaient des faits de violence conjugale, contre 14 % en 2019[66]. Les rapports de contrôle judiciaire socio-éducatif demandent à l'association un investissement en personnel important. Par ailleurs, celle-ci s'est mobilisée sur le volet responsabilisation de l'auteur dans le cadre de stages (84 mesures de stage en 2021, 273 en 2022 et 326 sur les dix premiers mois de 2023). Le stage à l'attention des auteurs a été mis en place à la demande du procureur de la République en 2013 dans la juridiction de Trian[67] et en 2015 dans la seconde juridiction.

Le corpus d'affaires constitué à partir d'observations d'audiences à Trian permet d'accéder au détail des peines par-delà cette tendance à l'augmentation des condamnations que l'on retrouve à l'échelle du tribunal. Sur les 35 affaires où une décision a été prononcée[68], on compte 23 peines de prison avec sursis allant de quatre à vingt mois (avec majoritairement des quantums de quatre et six mois), une peine de prison ferme, deux peines mixtes, deux amendes, quatre relaxes. Le sursis est le plus souvent probatoire avec obligation de soin et de suivi d'un stage de responsabilisation. Les tribunaux observés répriment aujourd'hui plus systématiquement les auteurs de violence conjugale. Comme dans la plupart des contentieux, les peines infligées s'avèrent inférieures aux maximums prévus par

66. Note d'actualités SPSJ [Service pénal socio-judiciaire], 14 Avril 2022, Comité social et économique.

67. Un tel stage de responsabilisation pour la prévention et la lutte contre les violences au sein du couple a été créé par la Loi n° 2014-873 du 4 août 2014 pour l'égalité réelle entre les femmes et les hommes (art. 50).

68. Sur les 17 affaires pour lesquelles la décision n'est pas connue, il s'agit principalement d'affaires non jugées sur le fond et renvoyées à d'autres audiences. Pour deux affaires, le prévenu a été déclaré pénalement irresponsable et pour deux autres affaires, la décision n'a pas été enregistrée dans le compte rendu d'enquête.

la loi[69]. L'enquête statistique longitudinale déjà citée confirme cet accroissement de la répression pour l'ensemble des juridictions en France et montre que les peines sont plus sévères que par le passé, la durée des peines d'emprisonnement prononcées au tribunal correctionnel à l'encontre des auteurs de violences conjugales ayant pratiquement doublé sur la période, passant de 5,4 mois en moyenne en 2012 à 8 mois en 2021[70].

De même, l'administration pénitentiaire a construit un indicateur pour identifier le contentieux, et souligner le nombre de condamnés incarcérés pour violences par conjoint ou concubin[71]. À titre d'exemple, en 2018, 45 hommes étaient incarcérés au centre de détention de la ville de Trian pour des faits de violences conjugales contre 209 à l'automne 2023.

Ainsi, la prise en charge des violences conjugales graves ou légères par les forces de l'ordre et la justice s'est-elle faite par étapes à partir de 1992. On note un premier essor limité de la répression et l'expérimentation des alternatives aux poursuites, lequel peut s'expliquer par la permanence pratique d'une réserve des professionnels de la chaîne pénale à intervenir dans la sphère conjugale. On assiste depuis le milieu des années 2000 à une inflation importante des révélations, des poursuites et des condamnations. S'appuyer sur la persistance de l'existence de faits non révélés aux autorités par les victimes pour dénoncer l'inaction de la justice face à ces brutalités conjugales revient à occulter cette transformation institutionnelle d'ampleur.

II. Faire face à l'augmentation du contentieux : de la mobilisation des agents aux contraintes et tensions professionnelles

L'étude des différents effets de la massification du contentieux conjugal sur le travail des divers acteurs intervenant dans son traitement nécessiterait des enquêtes monographiques approfondies portant sur chacun des acteurs impliqués. Pour autant, l'enquête transversale par entretiens auprès de l'ensemble des acteurs permet de proposer de premiers résultats.

69. Selon l'article 222-13 du Code pénal, les violences au sein du couple ayant entraîné une ITT inférieure ou égale à huit jours ou n'ayant pas entraîné d'ITT sont punies de trois ans d'emprisonnement et de 45 000 euros d'amende, tandis que les violences au sein du couple ayant entraîné une ITT supérieure à huit jours sont punies de cinq ans d'emprisonnement et de 75 000 euros d'amende (art. 222-12 du Code pénal).

70. Maëlle Stricot, « Le traitement judiciaire des violences sexuelles et conjugales en France », art. cité.

71. Service statistique ministériel de la justice, « 50 000 personnes condamnées et en prison en fin 2021 », *Infostat justice*, 190, 2022.

II. 1. Des praticiens de la police et de la justice « sous pression »

Les évolutions de la politique pénale, la formation des agents, à l'échelle nationale comme dans le territoire enquêté, et la réorganisation de la division du travail judiciaire ont contribué à un enregistrement et un traitement routinisés des plaintes pour violences conjugales[72]. Si ces affaires restent dépréciées par rapport à d'autres[73], imposées comme prioritaires, elles font désormais plus systématiquement l'objet d'enquêtes et de procédures par les agents subalternes des brigades et commissariats. Cette massification du contentieux suscite toutefois de nouvelles réserves. Celui-ci n'est en effet plus seulement problématique aux yeux des policiers et gendarmes parce qu'il déboucherait sur des classements sans suite, mais parce qu'il expose à des erreurs d'appréciation. L'augmentation rapide et massive du nombre d'affaires traitées et l'indistinction entre les divers types de violences conjugales dénoncées est au cœur des préoccupations des services qui ressentent la « pression » (terme récurrent dans les entretiens) du risque de mal apprécier le danger d'une situation, comme lors de l'affaire de Mérignac en 2021 ayant donné lieu à une sanction disciplinaire des policiers n'ayant pas pris la mesure des plaintes déposées par la femme victime avant que celle-ci soit assassinée par son conjoint. Or, les conditions de travail des enquêteurs rendent difficile l'évaluation du danger pour un contentieux qui se massifie, comme le souligne ce policier :

> Donc on ne peut pas gérer, on est obligé de prioriser. J'ai fait un rapport dans ce sens-là parce qu'il y a quelque temps de ça, je crois que c'est mes collègues à Libourne qui avaient été inquiétés suite à l'assassinat de la femme. Il lui avait tiré dessus, il l'avait brûlée ensuite, je crois. Et elle était venue [auparavant] au commissariat de police déposer plainte. Et les policiers avaient été inquiétés et envoyés devant la commission de discipline. Quand j'ai vu ça, j'ai fait un rapport, un rapport de deux pages, où j'ai expliqué mon point de vue au directeur départemental. Je lui ai dit que je ne peux pas être… Je lui mets toutes les stats, je lui explique la population [de Sainte-Marie], le nombre de procédures qu'on a et que l'administration devrait nous mettre les moyens nécessaires que j'estime à au moins six autres fonctionnaires, à doubler la capacité. Tant que je n'aurai pas ça, je ne peux pas être tenu responsable. L'administration ne peut pas se reporter sur nous puisqu'ils ne nous donnent pas les moyens de travailler. Si ça devait arriver, je pense que ça ne servirait pas à grand-chose. On croule tous et les gendarmes croulent.
>
> — Entretien, policier, Sainte-Marie, 30 juin 2022.

72. Notre enquête ne permet pas de nuancer l'analyse en fonction des types de violence conjugale. Selon Océane Pérona, qui a mené une enquête sur le traitement des viols conjugaux dans un service de Police judiciaire (PJ) en 2014, les viols conjugaux sont des affaires dévalorisées par rapport aux viols non conjugaux parce qu'ils ne permettent pas à ces officiers de police judiciaire de déployer leur savoir-faire d'investigation, mais aussi parce que ceux-ci anticipent une décision judiciaire de classement : « La difficile mise en œuvre d'une politique du genre par l'institution policière : le cas des viols conjugaux », *Champ pénal / Penal Field*, XIV, 2017. DOI : 10.4000/champpenal.9546. Les évolutions ici mises en évidence appellent à de nouvelles enquêtes en service de PJ, mais aussi en commissariat et en brigade de gendarmerie, la diminution des classements sans suite en matière de violences conjugales ayant pu contribuer à transformer les pratiques policières.

73. Élodie Lemaire, « Spécialisation et distinction dans un commissariat de police », art. cité.

En effet, la médiatisation de la violence conjugale comme la diversification des voies d'accès à sa judiciarisation ont conduit une grande diversité de professionnels ou de citoyens à s'emparer de ce problème, à alerter sur diverses situations appréhendées comme des violences conjugales et à orienter les victimes vers le dépôt de plainte. Il en résulte un accroissement considérable de la charge de travail des forces de sécurité (« On croule tous et les gendarmes croulent »). L'accueil et l'orientation des victimes entraînent ensuite au sein des services un délicat travail de tri et de priorisation pour les enquêteurs, comme pour les ISCG. À ces dernières revient la tâche d'éclaircir avec la victime ce qui relève de violences conjugales avec ou sans situation d'emprise ou encore de conflits de couple.

> Très souvent les professionnels (assistantes sociales de secteur) portent [le contentieux des violences conjugales] en disant aux personnes : « il faut déposer plainte, il faut y aller, vous êtes victime de violence conjugale ». [...] Alors très souvent, on reprend la notion de violence conjugale, parce qu'en fait tout est mis sur la notion de violence conjugale alors que quelques fois on est sur du conflit de couple, où la notion d'emprise n'est pas là. Moi c'est ce que je perçois. Ou très souvent mes collègues assistants sociaux de secteur disent : « Oui, Madame est victime de violence conjugale », mais en fait quand on évalue plus en profondeur la situation, des fois on n'est pas là-dedans. Quand je dis à Madame : « Qu'est-ce que vous ressentez envers Monsieur, est-ce que vous avez peur de Monsieur ? », elle répond « Ah non non non pas du tout, moi quand on se prend la tête, je réponds derrière ».
>
> — Entretien, intervenante sociale en gendarmerie, 4 novembre 2022.

Les gendarmes soulignent également la pression que ce contentieux fait peser sur les enquêteurs. Au sein de la communauté de brigades de Forton, qui intervient à la fois dans une petite ville de 12 000 habitants et dans les territoires ruraux ou périurbains qui la séparent de Trian, une gendarme sous-officier, maréchal des logis-chef, référente VIF depuis seize ans, y fait allusion : « [les violences conjugales sont] un contentieux risqué pour l'enquêteur » ; « Chaque jour amène sa brouette... On prend tout ce qui vient et après on va au tri » ; « Être référent VIF, c'est s'exposer à des problèmes ».

Relancée sur son souhait de ne plus être référente VIF à l'avenir, cette gendarme raconte avoir fait à deux reprises, dans sa précédente affectation en banlieue de Trian, l'objet de réclamations de la part de plaignantes (dans un cas, car, selon elle, les faits n'étaient pas caractérisés, ce qui a été perçu comme un « refus de plainte » par la plaignante, et dans l'autre, la plaignante a très mal vécu sa demande d'un nouveau certificat médical par un médecin légiste, car elle avait déjà fourni un certificat médical de son médecin traitant).

La substitute du procureur référente violences conjugales au tribunal de Trian utilise cette même notion de « risque » pour qualifier l'appréhension du contentieux par les magistrats du parquet.

> C'est presque un peu automatique. Maintenant violence conjugale, on défère quoi. Il y a tellement d'exemples, soit ici, soit ailleurs, où on se dit : on ne veut pas prendre de risque, dans le doute, on défère.
>
> — Entretien, substitute du procureur référente violences conjugales, tribunal de Trian, 29 juin 2021.

La systématicité du déferrement répond ici à l'éventualité du féminicide, crainte qui, même si elle n'est pas établie comme critère explicite, s'est imposée dans les esprits comme moteur de l'action. Loin d'être positivement réfléchi et revendiqué, le déferrement apparaît comme un pis-aller face à la masse des affaires à traiter dans un temps contraint, avec en arrière-plan la crainte du décès de la victime, de l'erreur professionnelle, de la réprobation politique et médiatique[74].

II. 2. Un accompagnement associatif des victimes soutenu, mais transformé

Du côté des acteurs socio-judiciaires, la proactivité des institutions bouscule leurs pratiques. Alors que l'association locale d'accompagnement des victimes d'infractions pénales, qui anime au sein des deux tribunaux enquêtés le bureau d'aide aux victimes, s'est historiquement positionnée sur une posture de respect de l'autonomie des victimes, laissant aux personnes l'initiative de la prise de contact, elle se trouve aujourd'hui réquisitionnée par le parquet pour contacter d'elle-même les victimes. Cette délégation qui lui est faite par l'État d'une mission de service public l'oblige à réorienter pour partie son projet social, comme y sont contraintes nombre d'associations dans le cadre des recompositions contemporaines de leur relation contractualisée avec la puissance publique[75].

> On est agréé par le ministère de la Justice et on travaille par le biais de réquisitions du ministère public [...] On va donc avoir des réquisitions par rapport à ce que l'on appelle des EVVI : recevoir la victime pour évaluer ses besoins en matière de protection, donc c'est à 95 % dans du contexte de violences conjugales qu'on reçoit des EVVI et après on va lui proposer bien sûr l'accompagnement et l'aide que l'on peut apporter. Mais aussi des audiences quand il y a des CPVCJ [convocation par procès-verbal avec contrôle judiciaire]. Donc on a un délai d'audience de deux à quatre mois, parfois six, mais il y a un contrôle judiciaire et du coup c'est quelque chose qui est très utilisé en matière de violences conjugales sur Trian et là c'est pareil on a la réquisition, les coordonnées de la victime à charge pour nous de prendre attache avec elle. Après on peut gérer ça aussi en comparution immédiate [CI] parce que pour des faits graves cela peut passer en CI directement.
>
> — Entretien, directrice de l'association d'accompagnement des victimes, Trian, 11 mai 2021.

De même, l'association Femmes Entraide qui propose un accompagnement aux femmes victimes de violences conjugales depuis plus de trente ans sur le territoire a fait du respect de l'autonomie des femmes un principe clef de son intervention.

> Et le dépôt de plainte n'est pas pour nous systématique [...] on va travailler cette démarche avec les femmes, mais on adaptera le dépôt à sa situation, et à là où elle en est et uniquement si elle est prête aussi à porter plainte, parce qu'il faut aussi prendre en compte que certaines

74. Pour une autre analyse des réserves policières face à ce contentieux conjugal autour de l'idée d'un sentiment d'« instrumentalisation » voir la thèse de Marine Delaunay, 2019, citée. Voir par ailleurs Yoann Demoli et Laurent Willemez, « Chapitre 6. Un métier sous tension », *Sociologie de la magistrature. Genèse, morphologie sociale et conditions de travail d'un corps*, in Id. (dir.), Paris : Armand Colin, 2023, p. 173-202.

75. Voir notamment à ce sujet Simon Cottin-Marx, Mathieu Hély, Gilles Jeannot et Maud Simonet, « La recomposition des relations entre l'État et les associations : désengagements et réengagements », *Revue française d'administration publique*, 163 (3), 2017, p. 463-476. DOI : 10.3917/rfap.163.0463.

> femmes ne sont aujourd'hui pas prêtes à porter plainte parce qu'elles ne veulent pas qu'il aille en prison, parce qu'il y a des enfants, enfin voilà il y a mille et une situations. On accompagne, on travaille avec elles et puis le cheminement se fait vraiment avec elles. Donc il y a des femmes qui peuvent mettre plusieurs mois avant d'aller porter plainte, ça fait partie du processus.
>
> — Entretien, coordonnatrice départementale Femmes Entraide, 18 juin 2021.

Or la proactivité des institutions pénales et des nouveaux acteurs qui se positionnent dans la lutte contre les violences conjugales, tel un centre d'accueil municipal très récemment implanté dans la ville de Trian, tend à remettre en cause ce principe d'autonomie en proposant un « parcours » uniforme aux victimes. La coordinatrice de Femmes Entraide résume ces tensions au sein du secteur associatif en affirmant : « Très clairement nous on fait avec, on ne fait pas à la place ». Tout comme Magali Robelet l'analyse concernant le champ du handicap, « les opérateurs nouent entre eux de nouvelles relations [...] reposant moins sur des solidarités militantes que sur le partage d'une expertise ou sur des problématiques économiques communes. Une première forme de coopération concerne les flux d'usagers entre associations.[76] » Dans le cas de la prise en charge des violences conjugales, les associations bénéficient de la mobilisation de l'État et des collectivités locales *via* des appels à projets et des délégations de service public qui les placent dans une nécessité de répondre à la demande massive des usagers, quitte à revoir au moins partiellement leur principe d'action.

Dans le même temps, le secteur associatif demeure très dépendant des financements des pouvoirs publics. Les subventions ont été largement remplacées, à partir du début des années 2000, par les financements par appel à projets, plus fragiles, car suspendus au renouvellement des fonds, eux-mêmes dépendant des évaluations des actions antérieures et de la plus ou moins grande concurrence des associations entre elles sur un même projet. Ainsi, les associations œuvrant dans la lutte contre les violences conjugales et/ou l'accompagnement des victimes bénéficient à la fois d'une mise à l'agenda de cette question sociale et des budgets qui y sont associés, mais pâtissent du même coup de la mise en concurrence liée à l'intérêt que peuvent trouver certaines structures à se positionner sur des dispositifs inédits[77].

> On a une partie de notre activité qui est avec des conventions annuelles, mais on n'a aucune convention pluriannuelle donc tout se refait chaque année. Et si avant c'était 100 % de subventions, maintenant on est rendu à 70 % de subventions et 30 %, c'est des appels à projets, parce que voilà il n'y a pas d'augmentation par rapport au financement. Et tout est chaque année à redemander, à reformuler. Il n'y a pas de pérennisation.
>
> — Entretien, coordonnatrice départementale Femmes Entraide, 18 juin 2021.

Le recours aux appels à projets pour financer les actions des associations est mal vécu par les structures qui estiment qu'il s'agit « d'une débauche d'énergie » au détriment de la continuité des interventions pertinentes.

---

76. Magali ROBELET, « Les transformations des modes de contrôle croisés entre associations et autorités publiques dans le secteur du handicap », *Revue française d'administration publique*, 163 (3), 2017, p. 599-612. DOI : 10.3917/rfap.163.0599.

77. Pascale MOULÉVRIER, « Économie solidaire », *in* Didier FASSIN (dir.), *La société qui vient*, Paris : Le Seuil, 2022, p. 960-976.

> J'ai l'impression de passer mon temps à répondre aux appels à projets. Ça me prend plus de la moitié de mon année. Je la passe à demander des subventions, en comptes rendus de subventions, en analyse de tout ça. Ça va faire plus de dix ans que je suis à ce poste, ce n'était pas du tout la réalité au départ.
>
> — Entretien, coordonnatrice départementale Femmes Entraide, 18 juin 2021.

> Je trouve que ce qu'ils nous demandaient pour répondre à cet appel à projets pour une dotation « que » de 150 000€ c'est complètement dingue et démesuré. [à propos de l'appel à projets pour le centre d'accueil des auteurs de violences conjugales].
>
> — Entretien, directeur du service pénal de l'association départementale socio-judiciaire, 28 mai 2021.

L'association socio-judiciaire décide alors de créer un poste de technicien dédié à cette recherche de financements pour l'ensemble de ses secteurs d'intervention, dont celui des violences conjugales.

La massification du contentieux et leur sur-sollicitation ont conduit les associations à revoir leur organisation du temps de travail et de leurs effectifs dans un contexte très contraint financièrement. La pression sur les équipes de direction et les personnels est tangible et plusieurs associations font part d'un risque de saturation, d'épuisement professionnel, le travail sur les violences conjugales étant émotionnellement difficile. La coordinatrice de Femmes Entraide explique la diversité du travail accompli auprès des femmes bénéficiant d'un TGD et exprime son inquiétude à voir le nombre de TGD accompagnés augmenter encore.

> Parce que si vous voulez l'année dernière, si on prend au 1er janvier 2022, on était avec 13 téléphones grave danger pour le parquet de Trian. Aujourd'hui, on est à 35. Donc c'est une augmentation importante et sachant qu'on nous a dit il n'y a pas si longtemps qu'il y avait 15 TGD dans les placards du parquet qui attendaient. Donc il faut pouvoir répondre, parce que l'accompagnement qu'on réalise au niveau du TGD, c'est un accompagnement complet par rapport aux violences conjugales. Et donc ça prend énormément de temps.
>
> — Entretien, coordonnatrice départementale Femmes Entraide, 18 Juin 2021.

Le secteur associatif fait ainsi surtout face à des sollicitations toujours plus nombreuses et doit réajuster ses conditions de fonctionnement pour répondre à l'ensemble des actions définies sur le territoire. Il en résulte une dégradation des conditions d'accueil que regrettent les professionnels.

> Concrètement, on nous demande d'en faire plus, mais les moyens ne sont pas là. Très concrètement aujourd'hui on a été obligé de réduire notre plage d'écoute. Si on veut faire tout ce qu'on nous demande de faire, on n'a plus les moyens d'avoir l'écoute tous les jours de 9 heures à 17 heures. C'est quelque chose qui est intolérable pour nous, mais un moment donné si on veut accueillir les femmes dans de bonnes conditions...
>
> — Entretien, coordonnatrice départementale Femmes Entraide, 18 juin 2021.

Ainsi, la massification du contentieux conjugal affecte l'intervention des partenaires associatifs soit en augmentant leur activité sans moyens supplémentaires, ce qui entraîne une dégradation des conditions de travail des personnels et d'accueil des victimes, soit en contrevenant au principe de respect de l'autonomie des femmes.

II. 3. Standardiser par défaut : une protection professionnelle source d'insatisfaction

L'activité d'enquête est d'abord tournée vers la caractérisation de l'infraction et la recherche des auteurs des faits[78], mais une attention accrue est aujourd'hui portée à la situation des victimes de violences conjugales afin, d'abord, de redonner confiance en l'institution policière et judiciaire.

> Et dans ce service public, il y a la prise en compte de la victime. Et ça, c'est essentiel. Si vous n'avez pas une bonne prise en compte de la victime, vous n'avez pas une confiance qui s'instaure dans le système on va dire, parce que vous représentez un système.
>
> — Entretien, policier, Sainte-Marie, 30 juin 2022.

Les conditions de cet accueil sont ensuite perçues comme une phase importante voire déterminante du déroulement de la procédure.

> S'il n'y a pas la confiance, on ne pourra pas aller au bout des choses avec la victime. Et ça, c'est vraiment primordial.
>
> — Entretien, policier, Sainte-Marie, 30 juin 2022.

La victime fait aujourd'hui l'objet d'une évaluation dès le début de la procédure en vue de sa protection si celle-ci s'avère nécessaire. Dès son dépôt de plainte, la victime est soumise à un questionnaire permettant d'évaluer le danger qu'elle encourt après les faits commis, la répétition des faits étant une donnée prévalente[79]. Cette grille d'évaluation, instaurée dans une perspective de rationalisation de la procédure pour recueillir les informations sur le contexte des violences, sur l'attitude de l'auteur, l'existence d'armes, etc., a été imposée dans les services. À côté de cette grille, a aussi été introduite une nouvelle trame de procès-verbal d'audition. Ces outils destinés à faire face à un contentieux de masse viennent en même temps modifier les conditions du travail des enquêteurs qui peuvent avoir l'impression de perdre la maîtrise de leur travail en direction de la victime. Si cet outil permet de ne rien oublier lors de l'audition (notamment la diversité des violences qui peuvent être psychologiques, économiques, administratives et pas seulement physiques), en revanche, la trame du procès-verbal d'audition systématise un canevas d'audition peu adapté.

> Des questions sont déjà préétablies. On a obligation de se servir de ce procès-verbal. C'est une ineptie. Je ne comprends pas comment on a pu en arriver là. Je suis enquêteur depuis quatorze ans. Pour moi, lorsqu'on prend en charge une victime, la première chose à faire, c'est de lui laisser la parole libre, c'est-à-dire qu'elle puisse dire ce qu'elle a envie de dire. Et ensuite on revient sur les points et on essaie d'approfondir. Pour moi, c'est le premier pas de l'audition. Là avant d'entendre la personne libre, vous avez douze questions dont son numéro de sécurité sociale. C'est vrai que c'est super important de connaître le numéro de sécurité sociale avant de savoir quels coups a pu lui infliger son mari. Qu'on pose ce genre de questions à la fin, juste avant le dépôt de plainte, pourquoi pas. Mais on n'a pas la parole libre. Mais nous, on a obligation d'utiliser ce procès-verbal. Et derrière, on doit remplir avec la victime une

78. Cf. article 14 du Code de procédure pénale.

79. 70 % des femmes victimes de violences physiques ou sexuelles par partenaire ont subi des violences répétées, Cf. *Panorama des violences en France métropolitaine*, enquête Genese 2021, Service statistique ministériel de la sécurité intérieure, novembre 2022, p. 23.

> grille d'évaluation des violences. Et en fonction du nombre de croix qu'il y aura dans la case de gauche ou dans la case de droite, c'est comme un constat amiable de bagnole quoi, c'est en fonction du nombre de croix et on dira : « c'est urgent » ou « ce n'est pas urgent ». Grosso modo c'est un peu ça. C'est n'importe quoi.
>
> — Entretien, policier, Sainte-Marie, 30 juin 2022.

Sous l'effet de la massification du contentieux, s'impose une forme de standardisation du travail d'enquête qui n'est pas toujours perçue comme efficiente pour appréhender au mieux les faits ou les relations interpersonnelles entre les protagonistes. Pour ce policier interviewé, la standardisation et la bureaucratisation de l'accueil des victimes risquent de fragiliser le climat de confiance qui lui apparaît nécessaire pour voir la victime collaborer à l'enquête.

> Une audition ne se passe pas comme ça, c'est contraire à la formation reçue car trop impersonnel... Je laisse la personne parler, je commence par l'histoire du couple, la naissance des enfants, l'ambiance dans le couple.
>
> — Entretien, gendarme référente VIF, Forton, 13 juillet 2022.

Les réserves de cette gendarme portent moins sur la trame d'audition en elle-même que sur l'automaticité de son utilisation. La trame peut conduire certains enquêteurs à limiter et dénaturer le travail d'audition. Alors qu'il s'agit d'une trame pour orienter l'audition, elle est parfois comprise « comme un questionnaire à remplir » : on s'en contente « sans vraiment faire un travail en profondeur. »

La massification du contentieux des violences conjugales favorise également une tendance à la standardisation de la réponse pénale, d'autant que les alternatives aux poursuites ne sont plus de mise dans la juridiction enquêtée à l'exception de la composition pénale. Malgré les précautions oratoires utilisées par la magistrate (« il n'y a rien de mathématique »), une forme de standardisation de l'orientation des violences conjugales y a aujourd'hui cours afin de « sécuriser » leur traitement, c'est-à-dire de protéger par anticipation les professionnels en cas de problème.

> Sur la décision, [...] ça a été un travail que moi j'ai mené et que je trouvais indispensable, [...] de poser au clair, noir sur blanc, des critères qu'il faut prendre en compte pour choisir la réponse pénale adaptée. Alors évidemment il n'y a rien de mathématique. Le magistrat de permanence a une latitude assez importante quand même dans chaque situation, mais l'idée c'était qu'on ne soit pas démuni au téléphone en disant : « Qu'est-ce que je fais ? Je ne sais pas ». On a quand même posé des critères. Le procureur a signé, est d'accord, c'est ces critères-là. Et l'idée, c'est aussi que quand on prend une décision, après s'il y a un souci, si c'était finalement rétrospectivement pas la bonne décision, que nous on puisse dire aussi : « Écoutez, nous on a appliqué la politique pénale. Dans telle situation, j'ai pris en compte tous les critères. Il était préconisé de faire soit telle, soit telle, soit telle réponse et maintenant, derrière, il a recommencé, il n'y avait aucun élément qui pouvait laisser penser qu'il y avait un risque de réitération plus important dans ce dossier que dans d'autres. » Donc voilà l'idée c'est aussi de prendre des décisions dans un contexte un peu plus sécurisé, d'avoir aussi un guide.
>
> — Entretien, substitute du procureur, tribunal de Trian, 29 juin 2021.

Les explications de la magistrate relativement à ce qu'elle qualifie de « mémento » ou de « guide » à appliquer pour orienter les violences conjugales au niveau du parquet révèlent une standardisation assez poussée de la décision (avec objectivation et mise à l'écrit de critères détaillés) et une relative limitation du recours à la composition pénale au profit du déferrement.

> [...] Le premier cran c'est la composition pénale et donc là c'est très clairement écrit dans ce mémento des violences conjugales qui ne contient pas que ça, mais il y a cette partie sur la réponse pénale. Ça doit être réservé aux faits de violences qui sont des faits isolés. Donc un fait de violence isolé et non pas un processus ou des violences habituelles avec emprise, etc. [...] Des faits qui sont reconnus et pleinement reconnus. [...] On est très vigilant avec le contexte, soit alcool, soit trouble psychiatrique, soit séparation. Ça ne veut pas dire qu'on ne fait pas de composition pénale dans ces cas-là, mais c'est quand même un élément qu'on prend en compte et sur lequel on est vigilant. [...] On a aussi des cas où on a clairement posé que par exemple, en cas de récidive de violence conjugale, [...] on demande aux collègues de systématiquement déférer la personne au tribunal, pour soit une comparution immédiate, soit une convocation devant le tribunal avec placement sous contrôle judiciaire.
>
> — Entretien, substitute du procureur, tribunal de Trian, 29 juin 2021.

Si dans cet extrait, la magistrate interviewée paraît pleinement assumer cette forme de standardisation de la réponse pénale, à d'autres moments de l'entretien, elle semble prendre ses distances avec la politique qu'elle doit appliquer, replaçant au centre de sa mission la nécessité d'un ajustement entre les faits et les modalités de leur traitement judiciaire.

> Moi mon but ce n'est pas de tout renvoyer à l'audience les yeux fermés. Ce n'est pas notre rôle. Notre rôle c'est quand même de diriger des enquêtes, de ramener des éléments de preuve et quand il n'y en a pas, avoir le courage de classer sans suite. Moi je trouve que ça fait partie de notre métier. C'est de plus en plus dur honnêtement. Même la hiérarchie a tendance à nous dire « dans le doute, vous renvoyez à l'audience ». S'il y a un problème derrière, ce n'est pas vous qu'on viendra trouver comme responsable.
>
> — Entretien, substitute du procureur, tribunal de Trian, 29 juin 2021.

La massification du contentieux, combinée aux pressions déjà rencontrées dans les services enquêteurs, conduit à revisiter, au sein des juridictions pénales, les schémas d'orientation construits depuis la fin des années 1990 pour diversifier et accélérer les procédures. La nature du contentieux des violences au sein du couple et le risque de réitération et d'intensification de la violence perturbent les modalités de la réponse pénale. Cette dernière se fait plus monolithique afin de donner à voir une politique pénale plus répressive de la part du parquet. Ces choix d'orientation ne font pas nécessairement l'objet de discussion avec les juridictions de jugement qui devront audiencer de plus en plus d'affaires dans un contexte d'encombrement déjà avéré. Les propos rapportés laissent entendre les difficultés à élaborer une politique de juridiction de l'orientation au jugement, pour traiter le plus sereinement possible, avec les moyens dévolus, ces violences conjugales.

Conclusion

L'analyse proposée dans cet article permet de compléter l'histoire du traitement judiciaire des violences conjugales en France en mettant en lumière, du côté de l'arène pénale, un phénomène d'essor de la répression, d'abord mesuré à partir de 1992, puis massif, de 2004 jusqu'à nos jours. Confrontés à un nombre croissant de révélations, mais aussi de poursuites et de condamnations, policiers et gendarmes, magistrats, et acteurs associatifs consacrent désormais une part importante de leur temps de travail à ces affaires. Certes, on est loin de l'ampleur atteinte, par exemple, par la conduite sous l'emprise de l'alcool qui représentait dans les juridictions de l'Ouest entre 45 % et 50 % des délits au début des années 2000[80], mais la tendance à la hausse est bel et bien avérée, à toutes les étapes de la chaîne pénale, à l'échelle locale comme nationale.

Cette augmentation du contentieux et les pressions subies de la part du pouvoir politique et de leurs hiérarchies, ou de l'opinion publique, questionnent aujourd'hui les professionnels et suscitent parfois une forme de découragement qui n'a pas les mêmes ressorts que les réticences face aux affaires de couple qui étaient de mise dans la période antérieure à la réforme de 1992. Aujourd'hui, des préoccupations se font jour quant à la qualité du travail d'investigation, d'accompagnement, de jugement sur ce contentieux complexe et en augmentation rapide. Les policiers et gendarmes craignent de passer à côté d'une affaire mettant en danger la vie de la victime parmi un flux d'affaires de divers degrés de gravité, quand des parquetiers expriment des réticences face à l'injonction de renvoyer « dans le doute » toute affaire au tribunal. Quant aux acteurs associatifs historiques, ils s'inquiètent de voir l'autonomie des femmes victimes remise en cause. D'autres recherches seront nécessaires pour approfondir l'analyse du devenir de cette massification comme de ses effets concrets sur le travail et les représentations des professionnels. Contrairement à d'autres contentieux de masse relatifs à des atteintes aux biens, le contentieux conjugal s'accommode mal de la standardisation ou du traitement accéléré. Chronophage, il requiert également des moyens humains conséquents dont les services publics de la police et de la justice comme les associations sont dépourvus.

La question de ce que ce traitement judiciaire massifié et proactif fait aux femmes victimes de violences – celles-ci représentant une large majorité des victimes – se pose. Des travaux anglophones ont souligné combien la détention systématique des auteurs pouvait déstabiliser les familles américaines précaires et susciter la désapprobation des femmes victimes[81] ou encore que la judiciarisation pouvait à la fois aviver les attentes de sanction et les décevoir du fait de la nature des

80. Jean-Noël Retière et Camille Trémeau, « La répression de l'alcool au volant », art. cité, p. 623.

81. François Bonnet, « Violences conjugales, genre et criminalisation : synthèse des débats américains », *Revue française de sociologie*, 56, 2015 p. 357-383. DOI : 10.3917/rfs.562.0357.

condamnations[82]. L'absence d'enquête poussée sur la façon dont, dans le contexte français actuel, des femmes ayant subi des violences conjugales reçoivent par exemple les classements sans suite, alors qu'ils sont moins nombreux que dans le passé, ou alors appréhendent le maintien des poursuites et l'incarcération de leur conjoint violent malgré leur retrait de plainte, empêche malheureusement de répondre en toute généralité. On peut néanmoins émettre l'hypothèse qu'en fonction des types de violences concernées, physiques ou psychologiques notamment, et des propriétés sociales de ces femmes, leur expérience de la judiciarisation diffère grandement. Entre la figure du rendez-vous manqué avec la police et la justice et l'idéal d'une procédure linéaire et réparatrice, cette expérience peut prendre diverses formes qui restent à explorer[83].

82. Sonia GAUTHIER et Danielle LABERGE, « Entre les attentes face à la judiciarisation et l'issue des procédures : réflexion à partir d'une étude sur le traitement judiciaire des causes de violence conjugale », *Criminologie*, 33 (2), 2000, p. 31-53. DOI : 10.7202/004723ar.

83. Nous venons d'engager une nouvelle recherche intitulée « Les violences dans le couple au XXIème siècle en France. Quel rapport des victimes à la judiciarisation ? », IERDJ, 2024-2027.

■ Les auteurs

Marie Cartier est enseignante-chercheuse au Centre nantais de sociologie (Cens, Nantes Université, CNRS), spécialiste de de la socio-histoire des petits fonctionnaires, du travail et des classes populaires. Elle a participé au programme de recherche Altvic (Approche localisée du traitement des violences conjugales, IERDJ) et poursuit une recherche sur l'histoire des recompositions du travail policier face aux violences dans le couple des années 1950 à nos jours. Parmi ses récentes publications :

— « Workers on Welfare Markets and the Appropriation of Their Rights: The Case of Mothers' Assistants in France Since 1977 », *in* Clémence Ledoux, Karen Shire et Franca von Hooren (eds.), *The Dynamics of Welfare Markets. Private Pensions and Domestic/CareServices in Europe*, Basingstoke : Palgrave Macmilan, 2021.

Sylvie Grunvald est enseignante-chercheuse, juriste au Laboratoire Droit et changement social (DCS, Nantes Université, CNRS). Ses travaux portent sur les évolutions de la justice pénale, l'étude des violences (violences et femmes, violences et mineurs, violences et santé) en croisant les regards juridiques et sociologiques. Elle a notamment été membre du groupe de recherche et d'exploitation de l'enquête Virage (Violence et rapport de genre, dirigée par Elizabeth Brown, Alice Debauche, Magaly Mazuy, publiée en 2020, Ined). Elle a également participé à la recherche Repeso dirigée par Virginie Gautron ainsi qu'au programme Altvic. Ses récentes publications incluent :

— « Les soins pénalement ordonnés. Des finalités et des conceptions professionnelles plurielles » (avec Virginie Gautron et Ivana Obradovic) et « Entre confrontation et articulation des pratiques. Des tensions inévitables ? » (avec Missiva Medjkane, Enora Pollet et Virginie Gautron), *in* Virginie Gautron (dir.), *Réprimer et soigner*, Rennes : Presses universitaires de Rennes, 2023).

Estelle d'Halluin est enseignante-chercheuse au Cens (Nantes Université, CNRS), spécialiste de la sociologie du droit, de l'immigration et des mobilisations. Elle a participé à la recherche Altvic et est actuellement engagée dans une recherche sur l'accueil des bénéficiaires de la protection temporaire en France (projet Corriref). Parmi ses récentes publications :

— *L'accueil des demandeurs d'asile et des réfugiés aux portes de l'Europe*, 2022, Paris : Mare et Martin, coll. « Droit et sciences politiques » (dir. avec Carole Billet et Bérangère Taxil).

Pascale Moulévrier est enseignante-chercheuse au Cens (Nantes Université, CNRS), spécialiste des conduites, des institutions et des professions économiques. Ses travaux portent notamment sur l'économie sociale et solidaire et le travail associatif. Engagée dans le programme Altvic, elle a contribué aux analyses, d'une part, des rapports professionnels entre agents des forces de l'ordre et intervenantes sociales dans le traitement du contentieux des violences conjugales et, d'autre part, des conditions associatives de la prise en charge des victimes. Ses récentes publications incluent :

— « Économie solidaire », *in* Didier Fassin (dir.), *La société qui vient*, Paris : Le Seuil, 2022.

Nicolas Rafin est maître de conférences en sociologie au Cens (Nantes Université, CNRS). Ses travaux portent sur le traitement judiciaire des contentieux familiaux et conjugaux tant devant les juridictions civiles que les juridictions pénales. Il a participé à différents programmes de recherche (Justines, Sanphed et Altvic) en contribuant notamment aux réflexions sur les inégalités territoriales face à la justice. Ses récentes publications incluent :

— « La classe, le genre, le territoire : les inégalités procédurales dans la justice familiale », *Droit et Société*, 106 (3), 2020, p. 547-566. (avec Émilie BILAND, Sibylle GOLLAC, Hélène OEHMICHEN et Hélène STEINMETZ). DOI : 10.3917/drs1.106.0547.

— « Sanctions physiques éducatives et saisine des institutions judiciaires en contexte de séparation », *Informations sociales*, 207 (3), 2022, p. 116-125 (avec Marie CARTIER, Marion DAVID, Estelle D'HALLUIN et Sylvie GRUNVALD). DOI : 10.3917/inso.207.0116.

Pression anomique de la numérisation et stratégies juridiques

Anomic Pressure from Digitalization and Legal Strategies

Catherine Prébissy-Schnall*, Éric Pezet**

*Université Paris Nanterre, Centre de recherches en droit public (CRDP, EA 381), UFR Droit et Science politique, 200 avenue de la République, 92001 Nanterre. catherine.prebissy-schnall[at]parisnanterre.fr

**Université Paris Nanterre, Centre d'études et de recherches sur les organisations et la stratégie (Ceros, EA 4429), UFR SEGMI (Sciences Économiques, Gestion, Mathématiques, Informatique), 92001 Nanterre. eric.pezet[at]parisnanterre.fr

Résumé L'expansion continue de la numérisation crée sur la norme juridique une pression qui vient affaiblir sa normativité. Nous l'appelons « pression anomique », dans le prolongement des approches de Durkheim et Merton sur l'anomie. En réponse à cette pression anomique, l'État met en œuvre une stratégie d'appropriation du numérique en évoluant vers un « État plateforme ». Par ailleurs, la réaction à la pression anomique prend la forme de stratégies de résistances juridiques qui visent à accompagner et à encadrer le développement du numérique. Trois stratégies sont à ce titre mobilisées : l'approche par les risques, la vigilance démocratique et la mise en place d'une politique de révision régulière des textes. L'ensemble de ces stratégies sont autant de voies de construction du droit qui permettent de comprendre comment se développe le droit du numérique sous l'effet d'une pression exercée par la numérisation.

Anomie – Écriture du droit – État plateforme – Normativité – Risque – Vigilance démocratique

Summary The continuing expansion of digitalization is creating a pressure on the legal norm thereby weakening its normativity. We call this phenomenon "anomic pressure," in line with Durkheim and Merton's approach to anomie. In response to anomic pressure, the State implements a strategy of digital appropriation, evolving towards a "platform State." In addition, the reaction to anomic pressure takes the form of legal strategies aimed at accompanying and framing digital development. Three strategies are thus mobilized: the risk-based approach, democratic vigilance and the implementation of a policy of text revision. These strategies, which are ways of constructing the law, show how digital law is developing under the pressure of digitization.

Anomie – Democratic vigilance – Legal writing – Normativity – Platform state – Risk

Le 29 mars 2023[1], dans une lettre ouverte, plus de mille acteurs du numérique[2] ont appelé à la création d'un moratoire en matière de développement de la numérisation en demandant à « tous les laboratoires d'intelligence artificielle d'interrompre immédiatement pour une durée d'au moins six mois, la formation de systèmes d'intelligence artificielle [IA] plus puissants que GPT-4 » pour réfléchir à l'encadrement tant institutionnel (création de nouvelles autorités de régulation dédiées à l'IA) que normatif de son développement (mise en œuvre de protocoles de sécurité partagés). Pour les signataires[3], en l'absence de pause volontaire de la part des acteurs du secteur de l'IA eux-mêmes, « les gouvernements doivent intervenir et instaurer un moratoire ». Le 23 mai suivant, l'ONG Center for safety AI a prolongé cet appel en lançant une pétition, *Statement on AI Risk*[4]. Pourtant, l'objectif recherché par les grands acteurs de l'Internet n'est pas de ralentir les recherches liées à l'IA[5] : elles sont en effet toujours menées à un rythme rapide tant le marché est concurrentiel[6]. On peut alors se demander si les peurs ainsi véhiculées autour de l'IA ne sont pas celles de « pompiers pyromanes »[7] nous expliquant que l'IA est très dangereuse, mais qu'ils sont en mesure d'éteindre l'incendie qu'ils ont eux-mêmes allumé. Nonobstant les effets de la pétition sur le climat actuel de la recherche sur l'IA, les risques pour la société sont bien réels étant donné l'augmentation de la surface d'attaque des nouveaux systèmes d'IA qui introduisent de nouvelles et nombreuses vulnérabilités attentatoires à nos

1. Lettre ouverte du 29 mars 2023, *Pause Giant AI Experiments: An Open Letter*, <https://futureoflife.org/open-letter/pause-giant-ai-experiments/>.

2. Dans cet article, le terme de « numérique » couvre à la fois les outils, les contenus et les usages. Pour une définition approfondie du numérique : Didier Dubasque, « Qu'est-ce que le "numérique ?" Regard lexical sur le champ qui l'accompagne », *in* Id. (dir.), *Comprendre et maîtriser les excès de la société numérique*, Rennes : Presses de l'EHESP, 2019, p. 17-22 ; Milad Doueihi, « Qu'est-ce que le numérique ? » *in* Id., *Qu'est-ce que le numérique ?*, Paris : Presses universitaires de France, 2013. p. 5-55 ; Olivier Bomsel, « Qu'est-ce que le numérique ? », *Entreprises et histoire*, 43 (2), 2006, p. 5-14. DOI : 10.3917/eh.043.0005.

3. Elon Musk (Tesla et X), Steve Wozniak (cofondateur d'Apple), Yoshua Bengio (Université de Montréal), Stuart Russell (Université de Californie) ou encore Gary Marcus (fondateur de *Robust AI and Geometric AI*, acquis par Uber).

4. <https://www.safe.ai/statement-on-ai-risk>

5. David Brenet, *L'intelligence artificielle expliquée. Des concepts de base aux applications avancées de l'IA*, Paris : Éditions ENI, 2024.

6. La France a été l'un des premiers pays dans le monde à se doter d'un plan en faveur de l'IA, principalement axé sur la recherche (Cour des comptes, *La stratégie nationale de recherche en intelligence artificielle*, Paris, 2023).

7. Expression utilisée par le chercheur Jean-Gabriel Ganascia, Président du comité d'éthique du CNRS, pour désigner les grands acteurs de l'Internet : *Le mythe de la singularité. Faut-il craindre l'intelligence artificielle ?*, Paris : Le Seuil, 2017.

droits et libertés[8]. Les progrès techniques ont ceci d'ambivalent[9] qu'ils conduisent à un accroissement de la désinformation par la génération de fausses images ou vidéos et leur propagation par des trolls non humains. Ces effets négatifs de l'IA générative[10] sur l'information, reconnus par les entreprises de médias[11], sont d'autant plus inquiétants que les entreprises du numérique détiennent un monopole sur la numérisation des informations, à l'image de l'entreprise Open IA sur le fonctionnement de ChatGPT[12]. D'autres projets des Gamam[13] menacent également la démocratie et les libertés publiques comme le projet abandonné, sous la pression démocratique, du quartier numérique à Toronto ou celui de la mise à disposition avérée de données à caractère personnel par le réseau social Facebook ou encore la menace faite au gouvernement canadien par Meta s'il met en application la loi C-18 obligeant les entreprises du Web à négocier un accord financier avec les médias dont ils diffusent les contenus[14].

L'expansion continue de la numérisation crée sur la norme juridique une pression qui vient affaiblir sa normativité, que nous nommons pression anomique. La pression anomique est maintenue par un contexte de compétition dans la création de normes (techniques, managériales, éthiques...) qui interroge sur la robustesse de la normativité juridique. Dans un milieu numérisé, la force de la pression anomique exercée sur les sociétés, c'est-à-dire l'affaiblissement de la normativité juridique existante et le manque de normes juridiques nouvelles, présente un danger pour la société au regard des enjeux démocratiques et sécuritaires générés par la numérisation.

Les acteurs du numérique sont conscients de ce phénomène, mais adoptent un comportement opportuniste à l'égard de la pression anomique qui s'exerce sur la norme juridique. Tantôt ils s'inquiètent de l'affaiblissement de la normativité

8. Shoshana Zuboff, T*he Age of Surveillance Capitalism: The Fight for a Human Future at the New Frontier of Power*, Londres : Profile Books, 2019. Tr. fr. par Bee Formentelli et Anne-Sylvie Homassel : *L'Âge du capitalisme de surveillance*, Paris : Zulma, 2020.

9. Jacques Ellul, « Réflexions sur l'ambivalence du progrès technique », *La Revue administrative*, 106, 1965, p. 389.

10. En réponse à des requêtes, les IA génératives sont capables de générer du texte, des images, des vidéos ou de la musique. À la différence de l'IA traditionnelle qui permet de faire des calculs complexes, difficilement réalisables par l'intelligence humaine, l'IA générative génère des contenus que les humains savent déjà produire. Philippe Nadeau et Kathleen Jobin, *Intelligence artificielle. Génération générative ChatGPT, Midjourney... S'approprier les nouvelles IA qui révolutionnent le monde professionnel*, Paris : Dunod, 2024.

11. Brice Laemle, « Plusieurs médias internationaux demandent un "cadre juridique" pour l'usage de l'intelligence artificielle », *Le Monde*, 11 août 2023.

12. L'exemple de ChatGPT est en effet très illustratif puisqu'il démontre la rapidité de la numérisation et l'expansion de son champ.

13. L'acronyme Gafam (Google, Apple, Facebook, Amazon et Microsoft) est devenu Gamam à la suite du changement de nom de Facebook en Meta.

14. « Meta commence officiellement à bloquer les médias canadiens sur Facebook et Instagram », *Le Monde*, 2 août 2023.

juridique et appellent à davantage d'encadrement juridique pour faire face aux nouveaux enjeux normatifs que pose le développement trop rapide de l'IA. Tantôt ils défient les normes juridiques en place, en contredisant certaines d'entre elles ou en exploitant les vides juridiques créés par la numérisation. En la matière, les travaux sur l'anomie, développés en sociologie, rendent compte des causes et des effets de celle-ci sur la société. En revanche, ils abordent peu la question de la montée de l'anomie dans la société sous l'effet de la technologie, c'est-à-dire comment la pression qui s'exerce sur le cadre normatif existant le fragilise.

Le droit est particulièrement intéressant pour étudier la pression anomique parce qu'il est un domaine où s'exerce une vigilance normative et parce qu'il constitue un procédé de résistance à cette pression. Dès lors, deux questions de recherche sont ainsi soulevées : la pression anomique exercée par la numérisation est-elle perçue par les institutions ? Et, le cas échéant, quelles sont, en réponse, les stratégies juridiques adoptées ?

Pour y répondre, nous procéderons en deux temps. Dans un premier temps, nous montrerons en quoi la perspective de la pression anomique est complémentaire aux approches dominantes sur l'anomie, tout en analysant comment deux institutions majeures en droit du numérique, le Conseil d'État et la Commission nationale de l'informatique et des libertés (Cnil), perçoivent la pression anomique exercée par la numérisation sur la norme juridique (I.). Dans un second temps, nous montrerons que ce contexte de pression anomique permet l'expression de stratégies juridiques dans le but de s'approprier le numérique, de l'accompagner et l'encadrer (II.).

I. La pression anomique, perspective complémentaire aux approches dominantes sur l'anomie

Anomie vient du grec *anomia* et renvoie à *anomos* qui signifie « sans loi »[15]. L'anomie est donc un concept qui renvoie à l'absence de normes. Ce concept, présent dans la philosophie grecque du Ve siècle avant Jésus-Christ, se trouve également dans les traductions grecques de la Bible où il désigne l'injustice, le pécher, l'impiété, le non-respect de la loi de Divine. Dans l'Angleterre du XVIIe siècle, le concept d'anomie est au cœur du débat entre anglicans, catholiques et puritains sur la nature du pécher[16]. En sociologie, le concept d'anomie est mobilisé à partir du milieu du XIXe siècle pour traiter du rapport entre les normes sociales et le comportement individuel et collectif des individus, ce qui inclut les normes sociales et les normes juridiques. L'anomie désigne alors « l'affaiblissement et l'extinction de la normativité des normes structurant la vie sociale[17] ». La question de la pression anomique

15. <https://dictionnaire-academie.fr/article/A9A1861>

16. Marc Orru, *L'anomie. Histoire et sens d'un concept*, Paris : L'Harmattan, 1998.

17. Noëlle Burgi, « Societies without citizens: The anomic impacts of labor market restructuring and the erosion of social rights in Europe », *European Journal of Social Theory*, 17 (3), 2014, p. 290-306.

qui s'exerce sur les normes et provoque leur affaiblissement est une interrogation complémentaire aux perspectives adoptées par Durkheim et Merton, parce qu'elle permet d'insister sur un processus qui conduit à l'anomie.

Par référence aux travaux de Durkheim et de Merton, il convient tout d'abord d'examiner les effets anomiques de l'industrialisation et des normes culturelles (I. 1.). Puis il conviendra de démontrer, par l'analyse thématique de deux rapports institutionnels, que la pression anomique de la numérisation sur la norme juridique est perçue par les institutions (I. 2.).

I. 1. Les effets anomiques de l'industrialisation et des normes culturelles

Le concept d'anomie est principalement connu en sciences sociales et en droit par référence aux travaux de Durkheim et de Merton.

Pour Durkheim, l'anomie est provoquée par l'avènement de la révolution industrielle, laquelle détruit les normes structurant la société, les normes les plus importantes étant celles qui ont une dimension morale : « Est moral, peut-on dire, tout ce qui est source de solidarité, tout ce qui force l'homme à compter avec autrui, à régler ses mouvements sur autre chose que les impulsions de son égoïsme, et la moralité est d'autant plus solide que ces liens sont plus nombreux et forts[18] ». La solidarité suppose la conscience d'appartenir à un collectif, conscience qui, au travail, est donnée par la perception de l'interdépendance des fonctions : « le jeu de chaque fonction spéciale exige que l'individu ne s'y enferme pas étroitement, mais se tienne en rapport constant avec les fonctions voisines, prenne conscience de leurs besoins, des changements qui y surviennent[19] ». En supprimant la complémentarité des fonctions, la division du travail issue de la révolution industrielle a supprimé le lien entre les individus. Le développement de la société industrielle a exercé une pression anomique en détruisant les normes de solidarité à partir desquelles les individus règlent leur comportement au travail. L'anomie naît ainsi de la disjonction entre un système économique et les groupes professionnels organisant la solidarité[20].

La révolution industrielle n'est pas le seul facteur d'anomie. Tout contexte de transformation et de dynamisme économique est propice à l'anomie : « quand la société est troublée, que ce soit par une crise douloureuse ou par d'heureuses, mais trop soudaines transformations, elle est provisoirement incapable [de contenir les passions individuelles][21] ». Le contexte anomique généré par la prospérité économique est un contexte où de multiples opportunités existent, mais où les sollicitations sont si nombreuses, variées et incessantes, que l'individu ne parvient pas à obtenir ce qu'il entrevoit, c'est-à-dire à élaborer les stratégies qui conviendraient.

18. Émile DURKHEIM, *De la division du travail social*, Paris : Presses universitaires de France, 1998 [1893], p. 394.

19. *Ibid.*, p. 365.

20. Philippe BESNARD, *L'anomie, ses usages et ses fonctions dans la discipline sociologique depuis Durkheim*, Paris : Presses universitaires de France, 1987, p. 36.

21. Émile DURKHEIM, *Le suicide*, Paris : Presses universitaires de France 2013, p. 280.

Parce que la nature humaine « ne peut assigner aux besoins cette limite variable qui leur serait nécessaire[22] », l'individu sursollicité ne parvient pas à s'arrêter sur une fin particulière. Le suicide anomique survient quand la société ne parvient pas à régler les passions individuelles et à borner les désirs des individus, ceux-ci ne percevant pas de raison d'être dans leur vie. Le suicide anomique est donc dû à l'incapacité des normes morales à assurer le contrôle social. Dans la division du travail, il s'agit de l'inadaptation ou de l'absence de procédure d'interaction entre les individus dans l'organisation du travail[23].

Les travaux de Merton portent sur la relation entre anomie et normes culturelles. Dans une société, pour un individu, le choix des moyens est limité par les normes institutionnelles et c'est l'écart entre une norme sociale et la capacité des individus et des groupes à agir en accord avec cette norme qui crée un contexte anomique[24]. C'est suivant cette approche de l'anomie que Merton s'intéresse à la société américaine qui est « supposée offrir des possibilités d'ascension sociale aux agents libres, forts et égoïstes, qui sont prêts à adopter une solide éthique du travail et à saisir les opportunités offertes par un marché libre qui offre aussi une garantie d'efficience maximale parce que sa main invisible récompense les plus forts et les plus méritants qui réussissent grâce à leurs propres efforts.[25] » Dans ce contexte, l'ascension sociale est valorisée, mais les normes sociales ne permettent pas cette ascension pour tous. La pression anomique s'exerce à la fois sur les individus et les groupes sociaux et il existe pour eux quatre stratégies de comportement possibles : le conformisme, l'innovation, le retrait ou la rébellion[26].

Dans un contexte social donné, les chances de succès ne sont pas les mêmes pour tous[27] et la distance qui existe entre un groupe social et la norme crée une situation d'anomie qui suscite une déviance visant à pallier l'insuffisance des normes. Cette déviance est observable à différents niveaux. Au niveau de la société, les groupes créent leurs propres normes et tendent vers l'ethnocentrisme au risque de s'isoler du reste de la société. Dans le cadre d'une organisation, les managers sont plus en mesure de tirer avantage du respect de la norme que leurs collaborateurs[28]. Saini[29] montre à ce titre qu'un environnement organisationnel anomique favorise

22. *Ibid.*, p. 273.

23. Marvin E. Olsen, « Durkheim's Two Concepts of Anomie », *The Sociological Quarterly*, 6 (1), 1965, p. 37-44. DOI : 10.1111/j.1533-8525.1965.tb02260.x.

24. Robert K. Merton, « Social Structure and Anomie », *American Sociological Review*, 3 (5), 1938, p. 672-682. DOI : 10.2307/2084686.

25. Phil Johnson et Joanne Duberley, « Anomie and Culture Management: Reappraising Durkheim », *Organization*, 18 (4), 2010, p. 570-571. DOI :10.1177/1350508410392435.

26. Robert K. Merton, « Social structure and anomie », art. cité.

27. Richard A. Cloward, « Illegitimate Means, Anomie, and Deviant Behaviour », *American sociological review*, *24* (2), 1959, p. 164-176. DOI : 10.2307/2089427.

28. Chen Chung-Wen, « Are Workers More Likely to be Deviant than Managers? A Cross-National Analysis », *Journal of Bus Ethics*, 123 (2), 2014, p. 221-233. DOI : 10.1007/s10551-013-1810-3.

29. Amit Saini, Mike Krush et Jean L. Johnson, « Anomie and the Marketing Function: The Role of Control Mechanisms », *Journal of Business Ethics*, 83, 2008, p. 845-862. DOI :10.1007/s10551-007-

des comportements marketing non éthiques. En effet, lorsque les règles ne guident pas suffisamment l'intégration des individus, le danger est celui de l'utilisation de moyens qui menacent l'ordre social. Ainsi, la pression anomique qui s'exerce sur les individus en vient à s'exercer sur la société elle-même.

Toutefois, les travaux classiques sur l'anomie ne portent pas sur la pression anomique en train de s'exercer, mais sur l'état d'anomie d'une société. Or, s'agissant de la numérisation de la société contemporaine, il ne s'agit pas de constater un état d'anomie de la société, mais plutôt d'observer une pression qui s'exerce sur la norme juridique. Dans ce contexte, ce phénomène de pression anomique sur la norme juridique est cependant perçu par les spécialistes du droit eux-mêmes.

I. 2. La perception de la pression anomique par la Cnil et le Conseil d'État

La perception de la pression anomique est visible à travers les éléments de langage de deux rapports rédigés respectivement par la Cnil et le Conseil d'État. Le premier, rédigé par la Cnil en décembre 2017, s'intitule *Les enjeux éthiques des algorithmes et de l'intelligence artificielle : comment permettre à l'Homme de garder la main ?* Le second, publié en septembre 2017 par le Conseil d'État, s'intitule quant à lui *Puissance publique et plateformes numériques : accompagner « l'ubérisation »*. Ces deux rapports ont permis d'alimenter la réflexion sur la disruption créée par le numérique, ainsi que sur le besoin d'un activisme juridique fort pour équilibrer les avantages et les inconvénients que les nouvelles technologies apportent à notre société.

Le choix de l'analyse de ces deux rapports s'explique par le poids des institutions dont ils émanent. La Cnil, institution ayant pour mission la régulation des données personnelles, « accompagne les professionnels dans leur mise en conformité et aide les particuliers à maîtriser leurs données personnelles et exercer leurs droits[30] ». Depuis la Loi pour une République numérique du 7 octobre 2016[31], elle a également pour mission de conduire une réflexion prospective sur les enjeux éthiques soulevés par les innovations technologiques. Ses rapports bénéficient alors d'une ouverture médiatique significative permettant notamment une prise de conscience du public et pouvant influencer les débats au niveau européen. La Cnil participe en effet de façon *ad hoc* aux travaux du Rapporteur spécial des Nations unies sur le droit à la vie privée et du Parlement européen.

Quant au Conseil d'État, il est, par ses missions, « l'un des piliers de l'État de droit[32] ». D'une part, en tant que juge administratif suprême, il tranche les litiges qui opposent les citoyens, entreprises et associations aux administrations. D'autre part, en tant que conseiller juridique du Gouvernement, de l'Assemblée nationale et du Sénat, il propose à l'exécutif et au Parlement des améliorations pour sécuriser

9660-5.

30. <https://www.cnil.fr/fr/les-missions>

31. Loi n° 2016-1321 du 7 octobre 2016 pour une République numérique, *JORF* du 8 octobre 2016.

32. <https://www.conseil-etat.fr/qui-sommes-nous/le-conseil-d-etat/missions>

les lois et réglementations, avant qu'elles ne soient votées ou entrent en vigueur. Il veille à cet effet à ce que ces projets respectent la Constitution, le droit européen et national, à ce qu'ils soient cohérents, compréhensibles et applicables dans la vie quotidienne. Il est en mesure de proposer des diagnostics pour améliorer le droit et les politiques publiques, dans l'intérêt général. Ainsi, le Conseil d'État a, sur le thème du numérique, pas moins de six études annuelles (de 1997 à nos jours[33]), les deux derniers rapports en la matière, sur « l'IA et action publique » et « les réseaux sociaux », ayant été publiés à un mois d'intervalle seulement.

En suivant une méthode thématique, la lecture du rapport de la Cnil puis celle du Conseil d'État va permettre d'identifier la perception d'une pression anomique exercée sur le droit.

Cnil, Les enjeux éthiques des algorithmes et de l'intelligence artificielle : Comment permettre à l'Homme de garder la main ?, *2017*

Le premier rapport est un rapport de synthèse du débat public que la Cnil a animé sur les enjeux éthiques des algorithmes et de l'IA en décembre 2017. Le titre même de ce rapport, *Comment permettre à l'Homme de garder la main ?*, décrit la pression anomique puisque la réglementation actuelle certes permet aux utilisateurs de contrôler l'utilisation de leurs données personnelles, mais ne semble pas garantir la conception des technologies de manière à respecter les droits fondamentaux des individus. La Cnil perçoit cette pression et, dès la préface du rapport (p. 2), lance l'alerte en appelant à désamorcer « les présentations sensationnalistes des nouvelles technologiques », sans pour autant ignorer les avancées déjà provoquées par les différents cas d'usages effectifs de l'IA (p. 16). L'hypothèse de l'avènement d'une IA forte est même dénoncée (en France par Jean-Gabriel Ganascia) comme un moyen « d'éluder de plus sérieux problèmes – éthiques voire tout simplement juridiques – que posent déjà et à brève échéance les progrès effectifs de l'IA faible et son déploiement croissant » (p. 19). Par ailleurs, les citoyens perçoivent aussi cette pression anomique, comme le montre l'enquête réalisée (p. 24) dans le cadre du débat public par la CFE-CGC[34] auprès de 1 263 de ses adhérents (essentiellement issus des fédérations « Métallurgie » et « Finance et Banque ») : les trois craintes les plus partagées sont la perte de contrôle humain (63 % des répondants), la normativité et l'enfermement à travers l'uniformisation des recrutements (56 %) et la collecte disproportionnée de données personnelles (50 %).

En partant d'exemples de cas d'usages des algorithmes (tableau p. 22), ce rapport admet que « l'irruption dans nos vies quotidiennes de ces assistants ou outils

33. *Internet et les réseaux numériques* (1997), *Mise en œuvre des téléprocédures dans la juridiction administrative* (2002), *Le numérique et les droits fondamentaux* (2014), *Puissance publique et plateformes numériques : accompagner « l'ubérisation »* (2017), *Intelligence artificielle et action publique : construire la confiance, servir la performance* (août 2022), *Réseaux sociaux : placer l'utilisateur au centre* (septembre 2022).

34. Confédération française de l'encadrement-Confédération générale des cadres.

d'un nouveau type génère des bouleversements multiples et des défis nouveaux » et que face à cela, le premier devoir de la puissance publique est de cartographier « de façon claire et lucide » les enjeux éthiques et juridiques posés par la numérisation afin de proposer des réponses adaptées. Face à l'affaiblissement normatif provoqué par les nouvelles technologies, le rapport identifie comme première étape d'élaboration du droit une réflexion éthique : « Dans ce cadre, l'éthique apparaît comme une éclaireuse du droit, la norme éthique une préfiguration de la norme juridique » (p. 24). La norme juridique doit être élaborée en cohérence avec des normes éthiques à définir, puis à construire, pour pouvoir préserver l'autonomie de la décision humaine face aux machines[35], détecter les discriminations générées par des systèmes, sauvegarder les logiques collectives parfois érodées par la puissance de personnalisation du numérique et maintenir la logique de minimisation de la collecte et de la conservation des données personnelles.

Lors de la concertation citoyenne organisée par la Cnil avec la Ville de Montpellier le 14 octobre 2017, les citoyens ont perçu la pression anomique en évoquant comme conséquences préjudiciables à l'autonomie des machines : « une "gestion des incertitudes" jugée inefficace chez la machine comparativement à ce dont est capable l'homme ; une incapacité à "gérer les exceptions" ou encore la "perte du sentiment d'humanité"[36] ».

Pour éviter « de se passer d'une normativité humaine et de préférer une normativité algorithmique » (p. 30) et se demander « si les algorithmes et l'intelligence artificielle ne conduisent pas à une forme de dilution de figures d'autorité traditionnelles, de décideurs, de responsables, voire de l'autorité même de la règle de droit », la place prise par la machine ne doit pas s'analyser en une délégation de compétence du pouvoir réglementaire. Ce serait notamment le cas si l'humain ne maîtrisait pas le fonctionnement de l'algorithme d'une part et/ou si, d'autre part, il se fondait exclusivement sur le résultat proposé par l'IA, ce qu'Antoinette Rouvroy et Thomas Berns appellent la « gouvernementalité algorithmique[37] ». Pour se prémunir d'une telle dérive, le Conseil constitutionnel a ainsi rappelé l'interdiction de fonder une décision administrative individuelle exclusivement sur un algorithme autoapprenant, puisque son fonctionnement échappe à ses concepteurs. Le Conseil considère en outre que dans cette même hypothèse, l'utilisation d'algorithmes « classiques » est possible, dès lors que l'appréciation de l'administration repose sur des « règles et critères définis à l'avance par le responsable du traitement », qui « n'ont ni pour objet ni pour effet d'autoriser l'administration à adopter des décisions sans base légale, ni à appliquer d'autres règles que celles du droit en

35. Emmanuel Netter, « La part de l'Homme et celle de la machine dans les décisions automatisées. Propositions pour une réécriture de l'article 22 du RGDP », *in* Vanessa Barbé (dir.), *Vers un droit de l'algorithme ?*, Paris : Mare et Martin, 2022.

36. Propos notamment évoqués à propos de l'absence de recours sur « APB » (logiciel d'Admission Post-Bac), p. 25.

37. Antoinette Rouvroy et Thomas Berns, « Gouvernementalité algorithmique et perspectives d'émancipation. Le disparate comme condition d'individuation par la relation ? », *Réseaux*, 177 (1), 2013, p. 163 -196. DOI : 10.3917/res.177.0163.

vigueur ». Il n'en résulte, selon le Conseil constitutionnel, « aucun abandon de compétence du pouvoir réglementaire[38] ».

Conseil d'État, Puissance publique et plateformes numériques : accompagner « l'ubérisation », *2017*

Le second rapport porté à l'analyse est une étude annuelle 2017 du Conseil d'État. Le titre même de ce rapport, *Puissance publique et plateformes numériques : accompagner l'« ubérisation »* part du constat selon lequel il n'est pas possible de lutter contre le phénomène de plateformisation de l'économie et d'empêcher l'ébranlement des modèles sociaux traditionnels par la numérisation. La première partie « Quelque chose est en train de se passer... », démontre que les institutions ouvrent enfin les yeux sur le « saut technique » qui « perturbe, bouleverse, crispe », mais qui « nourrit aussi des attentes et de formidables perspectives de développement » (p. 33). Les entreprises à succès de la nouvelle économie jouent « en dehors des règles du jeu » et « se développent sur des failles ou des vides de la règlementation existante, qui sont en eux-mêmes souvent les révélateurs d'une demande insatisfaite des utilisateurs » (p. 41) : si une plateforme privée fait mieux ou beaucoup mieux, est-il nécessaire de maintenir le service public correspondant ? (voir l'exemple de la mort du Bison futé, p. 17 du rapport).

Cet aveu d'impuissance conduit l'État à se préparer à ployer sans casser en décidant d'accompagner l'ubérisation : « Il est de la mission du conseil de l'État de suggérer des voies pour y répondre, pour aller de l'avant, changer, se transformer... pour être plutôt que ne pas être. Adapter notre organisation et nos modes de pensée, non pour se soumettre mais, en s'appropriant les voies et méthodes du nouveau monde, pour y occuper notre place » (p. 142). Le Conseil d'État préconise ainsi de revoir la cohérence et la pertinence de différentes législations et d'élaborer les projets de loi ou de décrets selon des modalités inspirées des méthodes dites « agiles[39] » pour éviter que cette nouvelle économie soit indifférente aux structures institutionnelles existantes, notamment aux règles juridiques. Le phénomène d'ubérisation est donc un bel exemple de pression anomique exercée par la numérisation sur le droit, car si l'« ubérisation » ne se réduit pas à la numérisation, « elle s'en nourrit fondamentalement » (p. 50) et « met en lumière les vides et les incohérences juridiques existants au sein des secteurs règlementés par la puissance publique ou leur inadéquation avec les évolutions technologiques » (p. 44).

À titre d'illustration, l'économie des plateformes remet en cause des concepts du droit économique comme le prix, la distinction classique entre « professionnel » et « non professionnel » (p. 77), ou encore la territorialisation des relations juridiques

38. Conseil constitutionnel, 12 juin 2018, Décision n° 2018-765 sur la Loi relative à la protection des données personnelles, §69.

39. Cette méthode repose sur la capacité d'adaptation des développeurs et le dialogue permanent qu'ils entretiennent avec leurs clients pour que chaque difficulté soit détectée et contournée le plus tôt possible.

entre les parties (p. 82). L'ubérisation soulève en outre des nouveaux défis en droit du travail[40] comme la classification des travailleurs (travail salarié ou travail indépendant). Ce rapport du Conseil d'État fait ainsi écho au rapport de mars 2017 adressé au ministère de l'Économie par Jean Cueugniet et Philippe Louviau :

> L'État a été appelé à la rescousse par les acteurs traditionnels et a procédé à plusieurs modifications législatives et réglementaires, sans pour autant enrayer l'essor de ces innovations portées par des acteurs du numérique qui répondent à une demande des consommateurs ou qui s'engouffrent dans l'espace laissé par les acteurs traditionnels. Les fractures provoquées par Airbnb ou Uber dans leur secteur pourraient se reproduire dans d'autres où des rigidités, notamment réglementaires, freinent les innovations, comme les secteurs de l'éducation, de la santé, de la banque ou de l'assurance[41].

L'analyse de ces deux rapports permet d'observer la perception d'une pression anomique créée par la numérisation sur le droit. Cette pression est exercée par ceux qui conçoivent la numérisation de la société et la mettent en œuvre (géants du numérique, administrations, et législateur lui-même s'il n'y prend pas garde). Sous l'effet de désirabilité sociale, une normativité nouvelle s'est ainsi développée dans des secteurs d'activités non visés par les règles de droit.

Ces rapports ont eu un impact significatif sur l'élaboration de stratégies visant à contenir cette pression anomique et à restaurer une normativité juridique appropriée. En effet, le Conseil d'État, dans une étude de mars 2022, a souligné que les « promesses attachées aux systèmes d'IA publics, qui, lucidement évalués, n'ont rien d'un effet de mode, plaident pour la conduite d'une stratégie de conception et de déploiement résolument volontariste, au service de la performance publique et, à travers elle, de l'intérêt général[42] ». La Cnil a, quant à elle, adopté un plan d'action pour un déploiement de systèmes d'IA respectueux de la vie privée des individus (16 mai 2023) dans lequel elle explique que son nouveau service d'IA sera dédié à anticiper et à répondre aux défis posés par ses différents cas d'usage. Ses travaux permettront également de mieux préparer l'entrée en application du règlement européen sur l'IA, l'*IA Act*.

II. Les stratégies juridiques en réponse à la pression anomique

Face à la vélocité de la technologie qui crée une pression anomique, le droit peut se sentir piégé : s'il peut permettre l'innovation en garantissant une liberté d'innover[43], il peut également contrarier son évolution technologique. Toutefois, si

40. Ces risques sociaux produits par la numérisation étaient également dénoncés dans un rapport rédigé sous la direction de Jean-Yves FROUIN remis au Premier ministre le 1er décembre 2020 et intitulé *Réguler les plateformes numériques de travail*.

41. Jean CUEUGNIET et Philippe LOUVIAU, *Rapport étudiant la possibilité de créer un commissariat à la souveraineté numérique*, mars 2017, p. 24.

42. Conseil d'État, *Intelligence artificielle et action publique : construire la confiance, servir la performance*, 31 mars 2022, p. 6.

43. Marie CARTAPANIS, *Innovation et droit de la concurrence*, Paris : Institut universitaire de Varenne, 2018, p. 11 ; sur les stratégies politiques publiques qui choisissent délibérément de laisser l'innovation

le droit s'abstient de réglementer, il se condamnera à l'obsolescence. Comme le soulignait en effet l'ancien secrétaire général du Conseil national du numérique, « la réponse à ce paradoxe oblige à redéfinir les termes du débat pour redonner une place centrale à la stratégie juridique, car c'est elle qui libère le développement des usages, les pérennise, garantit leur légitimité, et transforme l'innovation en progrès[44] ».

La notion de stratégie juridique renvoie à l'art de coordonner des ressources juridiques pour atteindre un but. En ce sens, plusieurs stratégies juridiques peuvent être mobilisées suivant les domaines normatifs concernés, leur urgence et la force de la pression anomique, parmi lesquelles la stratégie d'appropriation du numérique par l'État qui consiste à transformer l'État en plateforme (I. 1.). Par ailleurs, la réaction à la pression anomique prend la forme de stratégies de résistances juridiques qui visent à accompagner et à encadrer le développement du numérique (I. 2.).

I. 1. La stratégie d'appropriation du numérique : la conception d'un « État plateforme »

Comme l'observe Cloward[45], l'organisation de l'économie n'est pas le seul facteur d'anomie. Le changement technologique, qui suscite la transformation de l'organisation des modes de production, de distribution et de l'organisation du travail, est un facteur de perturbation de l'ordre social en ce qu'il affaiblit les fonctions régulatrices de l'ordre social. L'expansion continue de la numérisation crée sur la norme juridique une pression qui vient menacer sa normativité en rendant la règle de droit inopérante, insuffisante, inintelligible, obsolète, voire même en créant un vide juridique. Parallèlement, la numérisation génère sa propre normativité à travers des architectures techniques, des logiciels, des protocoles ou des normes de sécurité, qui déterminent ce qui est possible et ce qui ne l'est pas en régulant ainsi le comportement des utilisateurs. En imposant des normes et des contraintes sur la manière dont les individus peuvent interagir avec la technologie, un code informatique possède une force normative. Ainsi, les protocoles Internet (comme TCP/IP[46]) ou les paramètres de confidentialité sur les réseaux sociaux,

---

se développer avant de la réguler *ex post*, voir Ernest BRAUN, « Promote or Regulate: The Dilemma of Innovation Policy », Georg AICHHOLZER et Gerd SCHIENSTOCK (eds.), *Technology Policy: Towards an Integration of Social and Ecological Concerns*, Berlin, New York : De Gruyter, 1994, p. 95-124. DOI : 10.1515/9783110846256.95.

44. Jean-Baptiste SOUFRON, « La stratégie juridique au cœur de l'innovation numérique », *La Revue des juristes de Sciences Po*, 10, 2015.

45. Richard A. CLOWARD, « Illegitimate Means, Anomie, and Deviant Behaviour », *American sociological review*, *24* (2), 1959, p. 164-176.

46. Le protocole TCP/IP est un ensemble de règles qui permet aux ordinateurs de communiquer entre eux sur un réseau, comme Internet. Il est composé de deux parties : Transmission Control Protocol (TCP) divise les données en petits morceaux appelés « paquets », les envoie, vérifie qu'ils arrivent

ou encore les algorithmes de recommandation sur les plateformes de *streaming*, définissent les règles du jeu pour les internautes. Comme ces prescriptions, commandements ou recommandations peuvent limiter, autoriser ou auto-exécuter certaines actions, elles ont un impact sur les libertés individuelles. La technique déploie donc sa normativité en imposant de respecter des modes opératoires, et en requérant une acculturation pour la mobiliser[47]. Par ailleurs, pour Patrick Pharo[48], les outils numériques donnent aux utilisateurs une illusion de liberté parce qu'ils semblent offrir des choix alors qu'en réalité, l'ergonomie des plateformes oriente les décisions des utilisateurs[49].

Cette pression anomique touche tous les aspects de la vie sociale et va jusqu'à susciter une transformation de la figure de l'État lui-même en « État en réseau [50] » ou en « État plateforme[51] ». Le concept d'État plateforme suggère que les gouvernements devraient adopter une approche de plateforme pour fournir des services publics de manière plus efficace et innovante et pour stimuler les partenariats entre le Gouvernement et le secteur privé. L'idée de l'État plateforme repose sur la capacité de l'État à capter la puissance d'une « multitude » de petits acteurs outillés et connectés (individus ou petites entreprises) susceptibles de rivaliser avec les grandes institutions et entreprises traditionnelles grâce à l'accès facilité à l'information et aux outils numériques. Mais la forme du réseau qu'incarne la plateforme est aussi le symbole fort d'une remise en cause de la forme juridique traditionnelle de l'État, selon laquelle l'État n'est plus représenté sous la forme pyramidale avec un fonctionnement très hiérarchisé qui va du haut vers le bas. Dans une quête d'alignement sur la stratégie des Gamam, l'État va tenter de modifier le rapport de force imposé par les géants du numérique en adoptant une logique de plateformisation. Cette mutation de l'État a des effets sur le langage de communication entre l'État et les citoyens[52]. Les citoyens communiquent avec l'administration par le biais d'IA conversationnelles (*chatbot*), ou les réseaux sociaux (présence de l'administration sur WhatsApp ou Facebook). Cette nouvelle forme

correctement, et les réassemble à l'arrivée. Internet Protocol (IP) s'occupe de l'adressage et de l'acheminement des paquets pour qu'ils atteignent la bonne destination.

47. Éric LABBÉ, « La technique dans la sphère de la normativité : aperçu d'un mode de régulation autonome », *Juriscom.net*, 8 novembre 2000.

48. Patrick PHARO, *Les data contre la liberté*, Paris : Presses universitaires de France, 2022.

49. Karine GALLOPEL-MORVAN et Dominique CRIÉ, *Marketing social et nudge*, Caen : Éditions EMS, 2022.

50. Gilles J. GUGLIELMI et Luca BELLI (dir.), *L'État digital : numérisation de l'administration publique et administration publique du numérique*, Boulogne-Billancourt : Berger-Levrault, 2022, p. 14.

51. Tim O'REILLY, « Government as a Platform », *Innovations: Technology, Governance, Globalization*, 6 (1), 2011, p. 13-40 ; Jacques CHEVALLIER, « Vers l'État-plateforme ? », *Revue française d'administration publique*, 167 (3), 2018, p. 627-637. DOI : 10.3917/rfap.167.0627 ; Nicolas COLIN et Henri VERDIER, *L'âge de la multitude. Entreprendre et gouverner après la révolution numérique*, deuxième édition, Paris : Armand Colin, 2015 [2012].

52. Danièle BOURCIER et Primavera DE FILIPPI, « Les algorithmes sont-ils devenus le langage ordinaire de l'administration ? », *in* Geneviève KOUBI, Lucie CLUZEL-MÉTAYER et Wafa TAMZINI (dir.), *Lectures critiques du Code des relations entre le public et l'administration*, Paris : LDGJ, 2018, p. 202.

de communication exclut cependant les citoyens non outillés, non connectés et génère une fracture numérique qui conduit l'État à mettre en place des politiques d'inclusion numérique[53], à développer des programmes d'accompagnement et de formation visant à renforcer les compétences numériques des individus[54], ou à mettre en place des régulations propres à garantir le respect du principe de neutralité du Net[55].

La plateformisation de l'État n'a pas que des effets sur le la communication avec les citoyens. Elle a aussi des effets dans les domaines liés à la souveraineté, en particulier : l'identité numérique, le contrôle fiscal numérique et la justice numérique.

L'identité numérique

La numérisation bouscule également l'identité numérique par la création d'un bouton d'identification à un site tiers *via* le réseau social *Facebook* : Facebook Connect est ainsi venu menacer la souveraineté de l'État, qui doit pourtant rester le seul garant de notre identité par son inscription dès la naissance dans un registre d'État civil. La pression anomique s'est ainsi exprimée par la crainte de voir les citoyens se tourner d'abord vers cette solution d'identité numérique attractive en provenance d'un grand industriel du numérique et déstabilisant ainsi la puissance publique : « D'autant qu'aucun outil proposé par l'État ne saura s'imposer s'il n'est pas au moins aussi facile d'utilisation, aussi efficace et aussi pratique que ceux proposés par les entreprises du numérique », peut-on lire dans le rapport du Sénat (p. 59)[56] sur *Le devoir de souveraineté numérique*. Le Sénat « alerte » ainsi sur l'émergence d'acteurs économiques capables de rivaliser avec les États et appelle à « reconquérir [...] sans naïveté ni résignation » (p. 15) les champs fondamentaux de notre souveraineté numérique en adaptant la réglementation aux défis du numérique (recommandation 4).

Le vide juridique ainsi créé sous la pression anomique a non seulement conduit l'État à s'adapter avec la création d'une identité FranceConnect[57], mais l'a également

53. Trois ans après la publication de son rapport *Dématérialisation et inégalités d'accès aux services publics* où le Défenseur des droits alertait sur les risques et dérives de la transformation numérique, il dresse un bilan sur les inégalités d'accès aux droits engendrées par la dématérialisation des procédures administratives. Défenseur des droits, *Dématérialisation des services publics : trois ans après, où en est-on ?*, 2022 ; voir également Caroline Lequesne (dir.), « La digitalisation du service public. Pour une éthique numérique inclusive », livre blanc de l'Observatoire de l'éthique publique, 1er octobre 2021.

54. Pour les particuliers, on peut citer les aidants numériques, la stratégie numérique pour l'éducation 2023-2027 ; Pour les agents publics, on peut citer les programmes de formation sur le numérique *via* le Campus du numérique public, <https://campus.numerique.gouv.fr/>.

55. Voir l'action de l'Autorité de régulation des communications électroniques, des postes et de la distribution de la presse (Arcep) qui a pour objectif le développement des réseaux comme bien commun et qui veille au respect de la neutralité de l'internet en France.

56. Rapport du Sénat, *Le devoir de souveraineté numérique*, octobre 2019.

57. Catherine Prébissy-Schnall, « L'identité numérique des usagers d'un service public : de France-Connect à la carte nationale d'identité électronique », *in* Lucie Cluzel, Catherine Prébissy-Schnall et Arnaud Sée (dir.), *La transformation numérique du service public : une nouvelle crise ?*, Paris : Mare et Martin, 2022, p. 49.

poussé à enfin adopter la Carte nationale d'identité électronique[58], six mois avant la date limite d'application du Règlement européen 2019/1157[59] et avec donc un grand retard par rapport à ses voisins européens.

Le contrôle fiscal numérique

L'architecture du système fiscal de l'État a également dû évoluer en architecture de plateforme dans l'objectif de lutter plus efficacement contre la fraude fiscale qui dégrade le lien de confiance entre le citoyen et l'impôt. L'affaiblissement du civisme fiscal[60] a en effet conduit l'État à mettre en place un contrôle fiscal algorithmique basé sur une masse de données enrichies par des données externes utiles, telles que les données personnelles librement accessibles en provenance des plateformes en ligne[61]. Cette appropriation des algorithmes aux fins de contrôle fiscal a réellement permis un meilleur repérage de la fraude et l'afflux continu de données utiles pour l'administration impose désormais le concours permanent de l'intelligence artificielle pour les exploiter[62]. La nécessité de restaurer l'égalité devant l'impôt et la confiance des contribuables a ainsi justifié la conception de cette traque fiscale numérique par profilage des citoyens.

La justice numérique

L'accès au droit et à la justice a été notamment bouleversé par la mise en place de nouvelles modalités de saisine électronique des juridictions et par la création de plateformes de résolutions à l'amiable des litiges. L'IA a aussi permis le développement de logiciels spécifiques pour la pratique juridique afin de favoriser la « *smart*

58. Par le Décret n° 2021-279 du 13 mars 2021 portant diverses dispositions relatives à la carte nationale d'identité et au traitement de données à caractère personnel dénommé « titres électroniques sécurisés » (TES), *JORF* du 14 mars 2021.

59. Le Règlement (UE) 2019/1157 du Parlement et du Conseil du 20 juin 2019 oblige les États membres à mettre en circulation des cartes d'identité comportant des données biométriques, empreintes digitales et photographies, dans un composant électronique hautement sécurisé. Voir également le Règlement européen eIDAS n° 910/2014 du 23 juillet 2014 qui prévoit l'interopérabilité des systèmes nationaux d'identification électronique entre les États membres de l'UE, et modifié par le Règlement 2024/ 1183 (eIDAS V2) du 11 avril 2024 qui introduit le portefeuille européen d'identité numérique qui permettra, en 2026, aux citoyens européens, d'authentifier leur identité, en ne divulguant que les détails nécessaires (comme l'âge), tout en retenant des données personnelles supplémentaires (ce qui n'est pas possible en utilisant les documents officiels).

60. Qui se définit comme l'accomplissement volontaire des obligations fiscales déclaratives : OCDE, *Quels sont les déterminants du civisme fiscal ?*, document de consultation publique, 10 avril-10 mai 2019.

61. La Loi n°2019-1479 du 28 décembre 2019 de finances pour 2020 a élargi ces bases informatiques aux données rendues publiques par les internautes sur les sites internet des opérateurs de plateformes en ligne comme les réseaux sociaux et les marketplaces (Amazon, Vinted ou encore Airbnb) ; Conseil constitutionnel, 27 décembre 2019, Décision n° 2019-796 DC relative à la loi de finances pour 2020.

62. Lucie Cluzel et Catherine Prebissy-Schnall, « La mutation du contrôle fiscal par le numérique : l'exemple français », in Gilles J. Guglielmi et Luca Belli (dir.), *L'État digital*, *op. cit.*, p. 241.

justice », au sens de justice intelligente, mais aussi de justice astucieuse[63]. Pour ce faire, des applications qualifiées de *legaltechs* permettent notamment d'aider à la rédaction des jugements, d'évaluer les risques contentieux en réduisant l'aléa judiciaire, d'analyser les contrats, de prédire l'issue d'un litige en se basant sur une grande quantité de décisions de justice déjà rendues[64]. De même, afin de diminuer les convocations non honorées des personnes placées sous-main de justice, les intrapreneurs du ministère de la Justice ont conçu la solution numérique « Mon suivi Justice ». Il s'agit d'un outil de gestion des sorties d'audience permettant d'organiser les convocations dès la condamnation. Reposant sur le même principe que Doctolib, le système repose sur l'envoi de SMS de convocation, de rappels et d'informations[65].

La mise en œuvre de la justice numérique témoigne ainsi de l'appropriation par l'État des différents outils de modernisation de l'appareil judiciaire pour en pallier les carences tout en faisant preuve d'efficacité et d'économie.

En réponse à la pression anomique, d'autres stratégies juridiques sont adoptées pour anticiper ou contenir les effets anomisants, comme le montrent notamment les textes adoptés au niveau européen depuis l'adoption du RGPD en 2016[66].

II. 2. Les stratégies juridiques d'accompagnement et d'encadrement du numérique

En réponse à la pression anomique, trois stratégies se dessinent : l'approche par les risques qui s'est imposée comme la principale modalité de régulation des activités numériques, le maintien d'une vigilance démocratique et la mise en place d'une politique de révision régulière des textes.

L'approche par les risques

Cette stratégie est fondée sur le risque, c'est-à-dire sur une mesure de l'incertitude[67]. La gestion du risque vise à anticiper la survenance d'un dommage par la réduc-

63. Antoine GARAPON et Jean LASSÈGUE, *Justice digitale. Révolution graphique et rupture anthropologique*, Paris : Presses universitaires de France, 2018.

64. Loi n° 2019-222 du 23 mars 2019 de programmation 2018-2022 et de réforme pour la justice et son décret d'application du 29 juin 2020 ainsi que le Décret n° 2021-1276 du 30 septembre 2021 encadrent le régime de l'ouverture des données jurisprudentielles.

65. Expérimentation lancée au printemps 2021 par Madame Félicie CALLIPEL, secrétaire générale adjointe de la présidence au tribunal judiciaire de Nanterre et aujourd'hui directrice du programme Portalis ayant pour but la dématérialisation des démarches judiciaires au sein du ministère de la Justice, et Delphine Deneubourg, directrice adjointe du Service pénitentiaire d'insertion et de probation (SPIP) des Hauts-de-Seine.

66. Raphaël GELLERT, *The Risk-Based Approach to Data Protection*, Oxford : Oxford University Press, 2020, introduction, p. 1 : « Le concept d'une approche de la protection des données basée sur les risques a été mis en avant lors du processus de refonte du règlement général sur la protection des données (RGPD) de l'UE ».

67. David LE BRETON, *Sociologie du risque*, Paris : Presses universitaires de France, 2022 [1995]. DOI : 10.3917/puf.lebre.2022.01.

tion de sa gravité ou de sa probabilité de réalisation. Elle suppose donc de définir une stratégie de gestion (éviter le risque, l'accepter, le réduire...)[68] et de faire un choix normatif de prévention en fonction des conséquences négatives avérées ou suspectées des activités numériques. Cette gestion des risques n'est pas nouvelle[69] et elle offre, dès à présent, des outils et méthodes de *soft law* comme la *compliance* (mise en conformité), la corégulation ou l'autorégulation[70] qui consistent à laisser les utilisateurs eux-mêmes normer le numérique. Mais le recours à ces méthodes n'a pas semblé suffisant, car pour parler de risque en matière de numérique, il faut avoir une expertise ou *a minima* une expérience du contexte numérique (du risque cyber). En effet, le risque est bâti sur un savoir qui est le plus souvent un savoir pratique. C'est cette approche pragmatique à partir des cas d'usage des techniques numériques qui sera celle retenue par l'Union européenne. Elle consiste à mettre à contribution, puis en relation, les utilisateurs du numérique, les experts, les juristes pour identifier les enjeux de la numérisation, en évaluer les effets et proposer des mesures. Le concepteur devient un interlocuteur du juriste pour que la norme juridique soit en accord avec la norme technique et qu'elle interagisse avec elle. L'approche par les risques crée un contexte de compétition dans la création de normes (normes techniques, managériales, éthiques...), qui interroge la robustesse de la normativité juridique. Faire évoluer le droit en fonction de la perception du risque numérique est en effet une fonction normative originale : elle permet une stratégie de *containment* du développement par l'interdiction des développements trop risqués ou non évalués, mais elle est aussi une méthode productrice de droit en permettant d'encadrer la numérisation innovante de la société : « ce sont les perceptions à l'égard des dangers et risques d'une activité, d'un comportement ou d'un état de fait qui contribuent à construire les arguments et les justifications au nom desquelles on trouve légitime d'édicter et appliquer des règles de droit ou d'autres normativités [...]. Les "demandes" de droit sont généralement articulées dans des argumentaires tendant à démontrer l'existence de risques[71] ».

En réponse à la pression anomique, le droit produit alors des méthodes de vigilance numérique qui permettent de percevoir la destruction normative provoquée par le développement rapide de la numérisation. Ces méthodes de vigilance, qui anticipent aussi l'obsolescence des normes, ont des dimensions préventives

68. Damien GOY, « La rencontre entre la philosophie et le management : l'exemple d'un projet de contrôle interne et de gestion des risques », *Revue Diotime*, 41, 2009.

69. Ulrich BECK, *La société du risque*, Paris : Flammarion, 2008 ; François EWALD, *L'État providence*, Paris : Grasset, 1986.

70. COM (2019) 250 final, 19 mai 2019, article 4 : « Approches autorégulatrices soutenant le libre flux des données ».

71. Pierre TRUDEL, « Le risque, fondement et facteur d'effectivité du droit », *in* Karim BENYEKHLEF, *Gouvernance et risque. Les défis de la régulation dans un monde global*, Montréal : Éditions Thémis, 2013, p. 242-271.

et résilientes[72]. Elles sont notamment présentes dans le RGPD ainsi que dans le Règlement sur l'IA[73], mais aussi dans le Règlement européen DSA (*Digital Services Act*)[74], le Règlement européen DORA[75] (*Digital Operational Resilience Act*) et la Directive SRI 2 (Sécurité des réseaux et des systèmes d'information) sur le renforcement de la cybersécurité. L'ensemble de ces textes s'inscrit dans la politique publique européenne et dans cette dynamique de l'approche des risques qui mobilise le concept de résilience[76].

Dans le RGPD, l'utilisation de la méthode du *Privacy by design* (art. 25), qui est une des manifestations du principe de précaution mais dans le champ des données personnelles, est symptomatique d'une pression anomique. Cette méthode intègre en effet les caractéristiques clés en matière de sécurité et d'efficacité de la technologie dès le processus de conception initiale de celle-ci et sanctionne les concepteurs qui n'ont pas correctement minimisé les risques d'un non-respect du traitement des données personnelles conformément au RGPD. Or, les cas d'usages évoluent sans cesse et l'utilisateur est libre, par exemple, de détourner un outil numérique de son usage initial. La numérisation ne se développe pas en fonction de catégories à partir desquelles s'organiserait le monde, plutôt dans une créativité de catégories ce qui rend difficile la fabrication de normes adaptées : comment combler le vide juridique en adoptant une norme conservatoire propre à empêcher la réalisation d'un risque inconnu, un risque qu'on ne peut pas imaginer ?

Face au besoin d'anticipation des nouveaux risques, un autre mode de stratégie consiste à mobiliser le concept de résilience pour faire évoluer l'approche centrée sur la prévention des risques vers une approche plus large et proactive. En ce sens, encadrant la résilience opérationnelle numérique, le Règlement européen DORA exige que les entités financières signalent aux autorités de surveillance et aux acteurs du marché, rapidement et de manière exhaustive, les incidents majeurs liés aux technologies, afin que le système financier de l'Union européenne puisse réagir rapidement et de manière appropriée aux perturbations et maintenir la résilience du système. Applicable à partir du 17 janvier 2025 directement dans tous les États membres de l'UE, ce règlement invite à analyser les écarts de conformité avec le Règlement DORA puis à estimer l'effort nécessaire pour combler ces écarts.

72. *EU-NATO Task force on the resilience of critical infrastructure*, juin 2023 : le rapport de l'Équipe spéciale Otan-UE met en exergue l'importance de la résilience dans les secteurs de l'énergie, des transports et des infrastructures numériques ainsi que dans le domaine spatial.

73. Règlement (UE) 2024/1689 du Parlement européen et du Conseil du 13 juin 2024 sur l'intelligence artificielle, *JOUE* L, 2024/1689, 12 juillet 2024.

74. Règlement (UE) 2022/2065 du Parlement européen et du Conseil du 19 octobre 2022, *JOUE* L 249, 14 juillet 2023.

75. Règlement (UE) 2022/2554 du Parlement européen et du Conseil du 14 décembre 2022 sur la résilience opérationnelle numérique, entré en vigueur le 16 janvier 2023, *JOUE* L 333, 27 décembre 2022, p. 1-79.

76. Giovanni De Gregorio et Pietro Dunn, « The European Risk-Based Approaches: Connecting Constitutional Dots in the Digital Age », *Common Market Law Review*, 59 (2), 2022, p. 473-500. DOI : 10.2139/ssrn.4071437 ; Arnaud Latil, *Le droit du numérique, une approche par les risques*, Paris : Dalloz, 2023, avant-propos.

Le concept de résilience est également mobilisé dans sa version cyber (cyber-résilience) dans la Directive SRI 2 (l'occurrence « résilience » apparaissant quinze fois dans le texte de la directive) pour répondre avec efficacité aux attaques informatiques dans la mesure où « le nombre, l'ampleur, la sophistication, la fréquence et l'impact des incidents ne cessent de croître et représentent une menace considérable pour le fonctionnement des réseaux et des systèmes d'information[77] ».

L'objectif de résilience est également visé par le Règlement européen DSA (§96) : « Les enquêtes menées par des chercheurs sur l'évolution et la gravité des risques systémiques en ligne sont particulièrement importantes pour corriger les asymétries d'information et établir un système résilient d'atténuation des risques ».

L'Union européenne a également retenu une approche par les risques pour réguler les systèmes d'intelligence artificielle. Le Règlement européen sur l'IA n'encadre pas la technologie en elle-même, mais ses cas d'usages : il normalise les comportements par l'institution de quatre niveaux de risques, à savoir : les systèmes d'IA présentant un risque inacceptable (comme l'interdiction d'utiliser le *scoring* social), ceux présentant un haut risque (comme le tri de CV par l'IA), ceux présentant un risque limité (comme le *deep fake*) et ceux présentant un risque minimal (comme les filtres anti-spam alimentés par l'IA). Il convient de noter que les systèmes d'IA à haut risque seront autorisés sur le marché européen sous réserve du respect de nombreuses exigences obligatoires et d'une évaluation *ex ante* de la conformité[78]. Par ailleurs, la méthode de construction de ce premier droit de l'IA est une méthode coopérative en ce sens que l'évaluation du risque est confiée aux acteurs, mais que la soutenabilité du risque est évaluée par le juge.

Maintenir une vigilance démocratique

La vigilance démocratique se fait par l'association du citoyen à la fabrication de la norme. Cette stratégie met en avant les technologies citoyennes (les *Civic Techs*) dont l'objet est de renouveler les formes de démocratie participative. Elle s'inscrit dans le climat de défiance vis-à-vis de la décision politique et dans le contexte de reconstruction du lien de confiance entre l'État et les citoyens. Cette stratégie, instaurée lors de la production de la Loi pour une République numérique, a pour objectif d'associer les citoyens à l'écriture des textes juridiques pour que la norme soit plus accessible et mieux acceptée. La Loi pour une République numérique a en effet fait l'objet d'un « légithon » numérique le 26 septembre 2015[79] qui consistait à

77. Considérant 3 de la Directive (UE) 2022/2555 du Parlement européen et du Conseil du 14 décembre 2022 relative à des mesures visant à assurer un niveau commun élevé de cybersécurité dans l'ensemble de l'Union, *JOUE* L 333 du 27 décembre 2022.

78. Mélanie GORNET et Winston MAXWELL, « Normes techniques et éthique de l'IA », CNIA 2023, conférence nationale en intelligence artificielle, Strasbourg, 3-7 juillet 2023.

79. Nous avons participé, à l'hôtel Matignon, sur invitation du Premier ministre Manuel Valls et de Madame la ministre Axelle Lemaire, au lancement de ce Fab Lab numérique, accompagnés de l'ensemble de la nouvelle promotion du Master 2 de Droit des technologies numériques de l'Université Paris Nanterre.

mettre en place une discussion publique ouverte et interactive sur un site internet pendant quelques semaines : toute personne pouvait ainsi donner son opinion, proposer des modifications de la loi, etc. Cette dynamique collaborative repose sur la logique de l'État plateforme puisqu'elle invite la « multitude » des individus à co-construire la décision, la norme juridique devant d'abord être pensée pour les personnes qu'elle vise. Dans un contexte de pression anomique, cette stratégie permet donc de « retisser » la loi qui était défaillante ou inintelligible.

Mais qu'en est-il lorsqu'on se retrouve dans un domaine où on ne sait pas comment faire du droit (vides juridiques ou trous noirs) ? Ou lorsque la pression anomique conduit à une surabondance de textes ? Dans la première hypothèse, le travail du citoyen serait précisément de repérer les domaines où un codage normatif apparaît nécessaire. À titre d'exemple, un dispositif de vigilance collective pourrait être mis en place au sein des organisations de travail pour détecter les situations nouvelles créées par le numérique et qui appellent l'adoption de nouvelles normes. Dans la seconde hypothèse, la pression vers l'anomie peut conduire à l'adoption de textes excessivement exigeants comme c'est le cas pour la mise en œuvre du Règlement européen DSA qui vise notamment à lutter contre la diffusion de contenus illicites[80].

La mise en place d'une politique de révision régulière des textes

À l'instar de ce qui existe, en France, pour la loi bioéthique[81], la révision régulière du texte est un mécanisme permettant de résister à l'innovation technologique. Ainsi, la Directive SRI de 2016 relative à la cybersécurité a fait l'objet d'une révision pour laisser place à la Directive SRI 2 de 2022[82], conformément à la clause de révision de son article 23[83] qui imposait à la Commission européenne un réexamen du texte. La dynamique de numérisation suppose en effet un accompagnement normatif juridique tout aussi pragmatique et dynamique, au risque de voir les réglementa-

80. Lors d'une conférence d'Éric Pezet à l'Université de Montréal sur « la strate contemporaine de l'anomie », le Professeur Vincent Gautrais indiquait percevoir une pression anomique dans l'adoption du Règlement européen DSA dans la mesure où les injonctions d'agir adressées aux plateformes face à des contenus illicites sont peu précises et conduisent donc très largement à des censures non justifiées pour éviter les sanctions ; Éric PEZET, « Les arts de gouverner : la strate contemporaine de l'archéologie de l'anomie », Conférence au Centre de recherche en droit public, Université de Montréal, Québec-Canada, 6 décembre 2023.

81. Christian BYK, « Loi sur la bioéthique : révision et changement de cap de la politique publique », *La Semaine Juridique Edition Générale*, 39, 27 septembre 2021, doctr. 1000 ; Jean-Gabriel GANASCIA, « Lois de bioéthique : les ressorts d'une révision programmée », *La Recherche*, octobre-décembre 2021.

82. Directive (UE) 2022/2555 du Parlement européen et du Conseil du 14 décembre 2022 concernant des mesures destinées à assurer un niveau élevé commun de cybersécurité dans l'ensemble de l'Union, *JOUE* L 333 du 27 décembre 2022.

83. Art. 23 : « Au plus tard le 9 mai 2019, la Commission présente au Parlement européen et au Conseil un rapport évaluant la cohérence de l'approche adoptée par les États membres pour identifier les opérateurs de services essentiels. La Commission réexamine périodiquement le fonctionnement de la présente directive et en rend compte au Parlement européen et au Conseil ».

tions actuelles vite dépassées. À ce titre, on se souvient que, lors des débats relatifs à la Loi Informatique et Libertés de 1978, Alain Peyrefitte reconnaissait que « la loi que nous proposons a un caractère expérimental ». On pense également à la Loi du 21 juin 2004 pour une confiance dans l'économie numérique qui transpose avec deux années de retard et au bout d'un délai total de quatre années la Directive européenne 2000/31/CE du 8 juin 2000 sur le commerce électronique ; on se souvient du RGPD du 27 avril 2016, entré en vigueur en mai 2018, dont les travaux de réflexion puis de rédaction avaient commencé dès 2012[84] soit quatre années pendant lesquelles les technologies n'ont cessé d'évoluer. On peut enfin citer la loi de juin 2023[85] qui a fait de la France l'un des premiers États européens à encadrer l'activité d'influenceur. Six mois à peine après son entrée en vigueur, la réécriture du texte était déjà annoncée[86].

La révision régulière des textes suppose d'exercer une veille sur l'évolution des termes qui permettent de nommer l'évolution technique en question. Pour cela, le législateur utilise également une stratégie linguistique en se gardant de viser trop précisément une technologie particulière ou d'ériger en notion juridique une technologie qui va changer de nom ou être remplacée par une autre[87]. « Le législateur français utilise par exemple l'expression de "dispositifs d'enregistrement électronique partagé permettant l'authentification des opérations[88]" *pour nommer les blockchains*[89] ». De son côté, dans son Règlement sur l'IA, le législateur européen a choisi une définition très large du système d'intelligence artificielle pour pouvoir donner aux règles applicables un caractère plus générique[90], et ainsi inclure tous les types d'IA à venir sans qu'il soit nécessaire de modifier le texte.

Les stratégies juridiques de réponses à la pression numérique sont multidimensionnelles. Leurs dimensions d'anticipation et d'accompagnement ont été explorées par le législateur (national et européen) pour essayer de produire un droit plus pragmatique, plus efficace et plus adapté aux évolutions technologiques.

En conclusion, cette recherche permet de comprendre la logique de construction du droit du numérique. Elle montre comment ce droit se développe sous l'effet d'une pression anomique. Il s'agit en effet d'un droit particulièrement complexe en raison de son caractère foisonnant, pluridisciplinaire et technique. Transcendant

84. <https://edps.europa.eu/data-protection/data-protection/legislation/history-general-data-protection-regulation_fr>

85. Loi n° 2023-451 du 9 juin 2023 visant à encadrer l'influence commerciale et à lutter contre les dérives des influenceurs sur les réseaux sociaux, *JORF* n° 0133, 10 juin 2023.

86. Le gouvernement veut réécrire partiellement la loi sur les influenceurs (*lemonde.fr*, 17 novembre 2023), car certaines dispositions de la loi semblent contredire le *Digital Services Act*.

87. Vincent Gautrais, *Neutralité technologique : rédaction et interprétation des lois face aux technologies*, Montréal : Éditions Thémis, 2012.

88. Art. L. 223-12 du code monétaire et financier.

89. Exemple cité par Arnaud Latil, *Le droit du numérique, op. cit.*, p. 30.

90. <https://eur-lex.europa.eu/content/techleg/FR-guide-de-redaction-legislative.pdf>

les frontières des disciplines juridiques, il doit non seulement intégrer la normativité technique, organiser les usages nouveaux que permettent les innovations technologiques, mais aussi protéger la vie privée des individus, fragilisée par les incidents de cybersécurité et par la surveillance numérique. Les stratégies juridiques abordées sont donc autant de voies de construction de ce droit qui en facilitent son appropriation.

Le concept de pression anomique que nous proposons offre une nouvelle approche pour la recherche juridique sur la formation du droit dans un contexte de dynamisme technologique : en résistant à la pression, la normativité juridique se régénère. L'examen de cette résistance juridique permet ainsi d'étudier comment évolue la norme juridique dans les secteurs où la numérisation exerce une pression : secteur de la défense et de la sécurité, de l'éducation, des transports, de l'énergie… Parmi ces domaines, celui de la santé est prioritaire pour des recherches futures, car la pression anomique y est particulièrement forte, notamment en raison de l'exploitation multiéchelles et multiacteurs des données de santé qui rend la maîtrise de ces données difficile, créant dès lors un contexte de pression anomique qui interroge désormais l'efficacité même des stratégies juridiques de réponse.

■ Les auteurs

Catherine Prébissy-Schnall est maître de conférences et habilitée à diriger les recherches en droit public. Elle co-dirige, avec Éric Pezet, la Chaire *Governing digital Organizations* (GoDO). Ses recherches portent sur les évolutions innovantes du droit public, la commande publique, la compliance et le droit du numérique. Parmi ses publications :

— « La propriété des données publiques : une question pertinente ? », *in* Clémentine Bories, Sabine Boussard, Anne Danis-Fatôme et Béatrice Parance (dir.), *Les biens communs saisis par le droit : quelles perspectives ?,* Paris : Société de législation comparée, 2024, p. 213 (avec Sophie Harnay) ;

— « Les atteintes à la probité dans la commande publique olympique », *in* Sabine Boussard, Laurence Folliot Lalliot et Franck Latty, *L'organisation des Jeux olympiques et paralympiques de Paris 2024 : questions de droit public,* Dalloz, 2024, p. 45 ;

— « Les marchés publics resteront-ils le domaine privilégié de la corruption politico-administrative ? », *Revue française d'administration publique,* 175 (3), 2020, p. 693-705. DOI : 10.3917/rfap.175.0693.

Éric Pezet est professeur de sciences de gestion à l'Université Paris Nanterre. Il est co-directeur, avec Catherine Prébissy-Schnall, de la Chaire G*overning digital Organizations* (GoDO). Il développe ses travaux en théorie des organisations, notamment sur la responsabilité sociétale de l'entreprise. Ses recherches s'inscrivent dans une perspective critique du management, ainsi que dans une perspective interdisciplinaire sur le thème de l'internormativité entre droit et management. Parmi ses publications :

— « Gouvernementalité. Émergence et prospérité d'un État attentif », *in* Vincent Gautrais (dir.), *Dictionnaire de la norme. Formaliser l'informel, Lex Electrica*, 29 (3), 2024. <https://www.lex-electronica.org/articles/volume-29-volume-29-volume-29numero-3/gouvernementalite>

— « Governing and Knowledge: Everyday Diplomacy in Tata Steel, 1907-1925 », *Business History,* 66 (6), 2024 [2023] (avec Alan McKinlay et Swapnesh Masrani). DOI : 10.1080/00076791.2022.2155142 ;

— *Foucault and managerial governmentality. Rethinking the management of populations, organizations and individuals,* Oxon : Routledge, 2017 (avec Alan McKinlay).

Le pouvoir normatif des fonctionnaires. L'exemple de la création du régime d'enregistrement des installations classées pour la protection de l'environnement

The Normative Power of Civil Servants. The Creation of the Registration System of Classified Industries for Environmental Protection as a Case Study

Laure Bonnaud*, Emmanuel Martinais**

Montpellier Interdisciplinary Center on Sustainable Agri-Food Systems, Université de Montpellier, Centre de coopération internationale en recherche agronomique pour le développement, International Center for Advanced Mediterranean Agronomic Studies, Institut national de la recherche agronomique et de l'environnement, Institut Agro, Place Viala, 34060 Montpellier. <laure.bonnaud[at]inrae.fr>

UMR Environnement, Ville, Société – Laboratoire Ville, Espace, Société, Université de Lyon, École de l'aménagement durable des territoires, 3 rue Maurice-Audin, 69518 Vaulx-en-Velin Cedex. <emmanuel.martinais[at]entpe.fr>

Résumé

Cet article a pour objectif l'analyse de l'activité administrative d'écriture des lois et règlements en s'appuyant sur la littérature en sciences sociales envisageant la production du droit comme une œuvre collective. En prenant pour exemple les textes instaurant un régime d'autorisation simplifié pour les installations industrielles dangereuses ou polluantes, cela permet de caractériser le travail des fonctionnaires dans ce processus d'écriture, et de montrer que leur activité va au-delà de la simple formulation des problèmes, souvent décrite dans la littérature. Les fonctionnaires interviennent en effet en séquençant le processus d'écriture et en délimitant des espaces pertinents, dans lesquels ils sélectionnent et coordonnent les interlocuteurs qui contribuent à l'activité rédactionnelle.

Administration – Écriture du droit – Fonctionnaires – Industries – Intermédiaires du droit – Pollution industrielle – Protection de l'environnement – Textes réglementaires

Summary

Drawing on the social science literature that views the production of law as a collective work, this article analyzes the administrative activity of writing laws and regulations. It describes the work of civil servants in the process of writing texts introducing a simplified authorization regime for hazardous or polluting industrial facilities. The article shows that the civil servants go beyond the formulation of problems often described in the literature. In fact, they sequence the writing process and delimit relevant spaces, in which they select and coordinate the interlocutors who contribute to the drafting activity.

Civil servants – Environmental policy – Industries – Industrial pollution – Legal documents – Legal intermediaries – Legal writing – Public administration

> Au Conseil d'État, le président a commencé son rapport en disant : « Vous êtes en train de bousculer une vieille dame ». En parlant de la législation des installations classées. En réalité, l'objectif de cette réforme est surtout procédural. On ne touche pas aux grands principes et aux intérêts protégés par la loi. Il s'agit seulement de créer une nouvelle procédure d'autorisation.

Dans ce court extrait[1], ce fonctionnaire de la Direction générale de la prévention des risques (DGPR) du ministère de l'Environnement témoigne de son audition au Conseil d'État en tant que rédacteur du projet d'ordonnance relatif à « l'enregistrement de certaines installations classées pour la protection de l'environnement [ICPE] ». En évoquant une simple évolution procédurale, il minimise volontairement la portée de cette réforme législative qui vise pourtant à la création d'une nouvelle catégorie d'installations classées, en position intermédiaire entre les installations les plus dangereuses soumises au régime de l'autorisation et celles présentant des risques plus faibles relevant du régime de la déclaration. Plus ou moins contrôlé, ce propos renvoie à une représentation ordinaire de la production normative, parfois véhiculée par les fonctionnaires eux-mêmes, qui cantonne l'administration à un rôle de simple exécutante, dépourvu de toute emprise sur les textes qu'elle contribue à écrire et dont l'intervention se limiterait finalement à éclairer les choix du pouvoir politique dont elle dépend ainsi qu'à traduire ses volontés dans les catégories juridiques appropriées[2].

Même si elle continue d'être mise en avant par certains fonctionnaires, cette vision restrictive de la production administrative du droit est aujourd'hui fortement remise en cause par l'accumulation de différents témoignages d'acteurs sur le sujet[3], mais surtout par les travaux de sciences sociales qui, depuis deux décennies, cherchent à documenter cette activité particulière de la bureaucratie, très peu étudiée jusque-là[4]. Bien qu'encore peu nombreuses, ces recherches contribuent néanmoins à relativiser l'idée d'une emprise exclusive du pouvoir politique sur la production du droit et, ce faisant, à révéler l'administration comme le véritable centre de fabrication des lois et règlements[5]. Une partie de ces travaux montre que

1. Entretien, Paris, mars 2017.

2. Emily Grabham, « The crafty power of text: methods for a sociology of legislative drafting », *Journal of Law and Society*, 49 (1), 2022, p. S1-S15. DOI : 10.1111/jols.12369.

3. Voir par exemple Jérôme Goellner, « Quelle place pour une réglementation nationale des installations classées, à l'heure de l'Europe ? », *Annales des Mines – Responsabilité et environnement*, 62, 2011, p. 73-78. DOI : 10.3917/re.062.0073 ; Claude Durand-Prinborgne, « L'administration centrale de l'Éducation nationale et la fabrication des normes », *Droit et Société*, 79 (3), 2011, p. 611-622. DOI : 10.3917/drs.079.0611.

4. Voir notamment Jean-Pierre Le Crom (dir.), « Le rôle des administrations centrales dans la fabrication des normes », dossier, *Droit et Société*, 79 (3), 2011.

5. André J. Hoekema, « La production des normes juridiques par les administrations », *Droit et Société*, 27 (2), 1994, p. 303-321. DOI : 10.3406/dreso.1994.1274 ; Jean-Marie Delarue, « Les limbes textuels ou la fabrication des textes normatifs par l'administration centrale », *in* Ronny Abraham, Pierre Bon, Paul Cassia et Jean-Claude Bonichot (dir.), *Juger l'administration, administrer la Justice. Mélanges en l'honneur de Daniel Labetoulle*, Paris : Dalloz, 2007, p. 219-256.

cette activité bureaucratique repose le plus souvent sur les services opérationnels des ministères, notamment les bureaux compétents techniquement. Ils mettent également en évidence que ce travail s'inscrit en général dans des processus de décision longs et sinueux, nécessitant des interactions avec un grand nombre d'acteurs, spécifiquement des supérieurs hiérarchiques, des homologues d'autres ministères, des représentants de groupes d'intérêts, des membres du gouvernement et, pour les lois et ordonnances, des parlementaires des deux assemblées[6]. Parmi cet ensemble d'approches envisageant la production normative comme une œuvre collective, quelques travaux s'intéressent plus particulièrement aux échanges entre les services producteurs et les autorités politiques dont ils dépendent. Dans un article portant sur les ministères de la Défense et des Affaires étrangères, Hélène Dufournet met ainsi en lumière la façon dont la dimension juridique de cette activité permet aux fonctionnaires de s'affranchir, en partie, des objectifs définis par le politique[7]. Dans ce même registre, Edward C. Page montre, à partir d'une analyse comparée de cinq pays européens (dont la France), que les acteurs politiques n'interviennent ni de façon continue ni de façon active dans le processus d'écriture des textes réglementaires, sans que cela signifie pour autant qu'une complète liberté soit laissée aux services administratifs. En effet, deux mécanismes de contrôle encadrent leur action : la nécessité d'obtenir une validation politique pour chaque décision qui implique une évolution significative des textes qu'ils produisent d'une part, la prise en compte permanente des réactions de leur hiérarchie d'autre part[8]. De même, Jacques Chevallier constate que si le rôle de l'administration dans l'écriture des lois et règlements est conçu comme strictement subordonné, les fonctionnaires disposent en pratique de ressources multiples qui leur permettent d'agir en relative autonomie vis-à-vis du pouvoir politique et leur assurent de fait une emprise sur cette production normative[9].

6. Edward C. Page, « The Civil Servant as Legislator: Law Making in British Administration », *Public Administration*, 81 (4), 2003, p. 651-679, DOI : 10.1111/j.0033-3298.2003.00366.x ; Jean-Luc Bodiguel et Jean-Pierre Le Crom, « L'administration du travail et la production du droit du travail (1906-1960) », *Revue française des affaires sociales*, 2, 2007, p. 157-165. DOI : 10.3917/rfas.072.0157 ; Laure Bonnaud et Emmanuel Martinais, *Les leçons d'AZF. Chronique d'une loi sur les risques industriels*, Paris : La Documentation Française, 2008 ; Emmanuel Martinais, « L'écriture des règlements par les fonctionnaires du ministère de l'écologie. La fabrique administrative du Plan de prévention des risques technologiques », *Politix*, 90 (2), 2010, p. 193-223. DOI : 10.3917/pox.090.0193 ; Didier Torny, « L'écriture administrative des circulaires : autorégulation professionnelle, produit d'expertise technique ou norme juridique ? L'exemple des risques iatrogènes liés aux prions », *in* Christian Bessy, Thierry Delpeuch et Jérôme Pélisse (dir.), *Droit et régulations des activités économiques : perspectives sociologiques et institutionnalistes*, deuxième édition, Paris : LGDJ, coll. « Droit et Société – Classics », 2022 [2011], p. 285-300.

7. Hélène Dufournet, « "Sauver les meubles" en "sauvant la face" : faire la norme "à l'ombre" de la communication politique », *Droit et Société*, 92 (1), 2016, p. 33-51. DOI : 10.3917/drs.092.0033.

8. Edward C. Page, *Policy without politicians. Bureaucratic influence in comparative perspective*, Oxford : Oxford University Press, 2012. DOI : 10.1093/acprof:oso/9780199645138.001.0001.

9. Jacques Chevallier, « La place de l'administration dans la production des normes », *Droit et Société*, 79 (3), 2011, p. 623-636. DOI : 10.3917/drs.079.0623.

L'objet de cet article est de prolonger et d'approfondir ces analyses à partir du cas de la création du régime d'enregistrement, considéré par beaucoup comme une réforme majeure du droit des installations classées[10]. Pour cela, on propose de s'immerger dans le processus de fabrication des différents textes destinés à concrétiser cette réforme de la procédure d'autorisation (une ordonnance, un décret, une circulaire et des arrêtés de prescriptions), de façon à rendre compte de la réalité concrète du travail administratif d'écriture de la règle de droit. Dans le même temps, il s'agira d'identifier et de caractériser l'ensemble des ressources bureaucratiques que les fonctionnaires mobilisent concrètement pour assurer leur emprise sur les textes qu'ils sont chargés de mettre en forme. Autrement dit, l'objectif est d'ouvrir la « boîte noire » de la production normative, de pénétrer au cœur de la machinerie administrative, pour en révéler la mécanique interne (les étapes successives, les acteurs sollicités lors de chacune d'elles, les formes de coopération et les boucles de décision associées), mais également de mettre en lumière les ressorts, pour partie invisibles, du pouvoir normatif des fonctionnaires ministériels investis dans cette activité bureaucratique.

Pour mener à bien cette analyse immersive de la fabrique administrative du droit, l'article s'appuie sur deux types de sources assez classiquement mobilisés dans les approches ethnographiques des fonctionnaires au travail[11]. Les premières correspondent aux documents supports et moyens de la production normative (notes internes à la DGPR, rapports administratifs, versions successives des textes qui donnent progressivement forme au projet réformateur, etc.). Assez volumineux, ce matériau documentaire comprend également les comptes rendus du Conseil supérieur de la prévention des risques technologiques (CSPRT), une instance consultative du ministère de l'Environnement sollicitée à diverses reprises au cours du processus d'écriture, à savoir lors de la phase d'élaboration des projets d'ordonnance et de décret, puis au moment de la mise en forme des arrêtés de prescriptions qui, à partir de 2010, organisent, rubrique par rubrique, le basculement des installations classées dans le nouveau régime d'enregistrement. Les autres sources, complémentaires de ce matériau documentaire, sont constituées de seize entretiens semi-directifs réalisés majoritairement en 2017, puis repris et complétés en 2021 et 2022. Les enquêtés sont des fonctionnaires de la DGPR ayant contribué à l'écriture des textes étudiés, sur la période allant de 2003 à 2012, mais également certains de leurs interlocuteurs privilégiés, notamment des représentants d'associations de protection de l'environnement et de fédérations patronales comme France Chimie et la Fédération nationale des syndicats d'exploitants agricoles (FNSEA). Les femmes étant minoritaires parmi

10. Henri Kaltembacher, « Une réforme majeure du droit des installations classées : le régime de l'enregistrement », *Annales des Mines – Responsabilité et environnement*, 62, 2011, p. 89-96. DOI : 10.3917/re.062.0089.

11. François Buton, « Ce que nous apprend l'observation historique du travail administratif », *in* Jean-Michel Eymeri-Douzans et Geert Bouckaert (dir.), *La France et ses administrations. Un état des savoirs*, Bruxelles : Bruylant, 2013, p. 151-165.

les personnes enquêtées, nous avons choisi d'attribuer l'ensemble des extraits cités au fil de l'article à des hommes pour ne pas compromettre leur anonymat.

Croisant l'ensemble des sources à disposition (entretiens et matériaux documentaires), l'analyse suit la chronologie du processus de réforme conduisant à la création du régime d'enregistrement, depuis la formalisation de l'idée initiale au début des années 2000 jusqu'à son opérationnalisation une dizaine d'années plus tard. Notre propos, organisé en deux parties, portera successivement sur les deux grandes étapes de ce processus (*cf.* figure 1) : la phase amont, relativement fermée, consacrée au cadrage et à l'écriture des avant-projets d'ordonnance et de décret, puis la phase aval, plus ouverte, qui impose aux rédacteurs plusieurs types de consultation et prises d'avis avant d'atteindre les versions projet des deux textes et les étapes ultimes de la signature ministérielle (pour le décret) et d'approbation en Conseil des ministres (pour l'ordonnance). La première partie montre comment les fonctionnaires de la DGPR prennent l'initiative de cette réforme en réponse à des enjeux professionnels et comment ils opèrent concrètement pour l'inscrire à l'agenda gouvernemental selon des orientations qu'ils contribuent très largement à définir. La seconde partie permet ensuite de constater que si les fonctionnaires de la DGPR à l'origine du régime d'enregistrement maintiennent leur emprise sur le contenu des textes jusqu'au bout du processus d'écriture, ce cadrage administratif de la production normative reste relatif et toujours susceptible d'être contrarié par les autres parties prenantes.

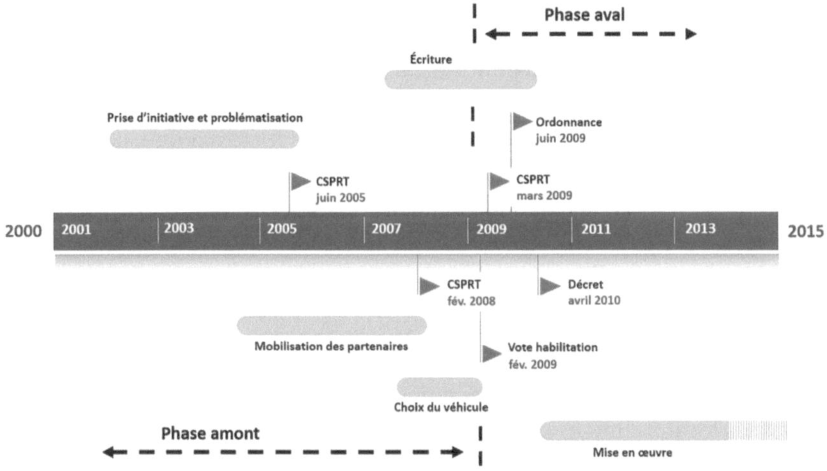

Figure 1

Schéma simplifié de la réforme du régime de l'enregistrement (2000-2015)

I. Une phase amont fortement cadrée par l'administration

En matière de production normative, deux configurations peuvent être distinguées[12]. Dans la première, qui est aussi la moins fréquente, les fonctionnaires de l'administration centrale sont sollicités et mis à contribution par les pouvoirs politiques dont ils dépendent, parfois avec des homologues d'autres ministères, pour mettre en forme des textes dont ils n'ont pas l'initiative. Beaucoup plus courante, la seconde situation correspond à tous les autres textes qui ne trouvent pas leur origine dans une impulsion gouvernementale. Dans cet autre cas de figure, l'initiative revient aux services ministériels, le plus souvent dans le but de résoudre des problèmes d'application de la règle existante, de répondre à des demandes des groupes d'intérêt, voire de légaliser des pratiques déjà bien ancrées[13]. Dans le domaine de la régulation des pollutions et risques industriels, Pierre Lascoumes rappelle ainsi que le droit s'impose moins en se diffusant du centre vers la périphérie qu'il ne se crée en remontant du terrain : « C'est en effet en très grande partie l'état préexistant des normes secondaires territorialisées et leurs problèmes de mise en cohérence générale qui oriente le renouvellement des normes centrales[14] ». La création du régime d'enregistrement correspond précisément à ce cas de figure, puisque c'est bien le service ministériel compétent, en l'occurrence la DGPR du ministère de l'Environnement, qui propose de faire évoluer la législation existante en réaction à un problème spécifique qui tend à limiter ses capacités d'action et à contrarier l'exécution des programmes d'action publique dont il a la charge. Dans cette première partie, il s'agira donc de montrer comment les fonctionnaires de la DGPR procèdent pour faire reconnaître l'opportunité d'un tel projet de réforme, le légitimer et le faire endosser par toute la chaîne hiérarchique, jusqu'au sommet du ministère, pour finalement obtenir son inscription à l'agenda législatif du gouvernement, tout en décidant du véhicule juridique qui permettra *in fine* de le concrétiser.

I. 1. Un travail préalable de problématisation et de mobilisation

Les fonctionnaires à l'origine du régime d'enregistrement sont des cadres intermédiaires de la DGPR, chefs et chefs adjoints de bureau, investis dans le pilotage des services locaux chargés du suivi administratif et du contrôle des installations classées. En prise directe avec le terrain, ils sont idéalement placés pour reconnaître

12. À ce propos, voir notamment Claude DURAND-PRINBORGNE, « L'administration centrale de l'Éducation nationale et la fabrication des normes », art cité.

13. Edward C. PAGE, « France: A Cross-Pressured Bureaucracy », *in* ID., *Policy without politicians, op. cit.*, p. 26-46. DOI : 10.1093/acprof:oso/9780199645138.001.0001.

14. Pierre LASCOUMES, « La technocratie comme extension, cumul et différenciation continus des pouvoirs. Le cas des politiques d'environnement », *in* Vincent DUBOIS et Delphine DULONG (dir.), *La question technocratique*, Strasbourg : Presses universitaires de Strasbourg, 1999, p. 195.

les difficultés rencontrées par ces unités déconcentrées dans l'exécution de leurs missions et, dans le même temps, envisager des solutions susceptibles d'atténuer ces problèmes. À leur niveau, ils n'ont toutefois pas la capacité de prendre seuls l'initiative de tels changements, surtout s'ils nécessitent une révision de la législation existante. Pour pouvoir agir, ils ont besoin de soutiens hiérarchiques et politiques, ce qui suppose un travail préalable de problématisation et de mobilisation.

Dans le cas du régime d'enregistrement, la problématisation correspond à la toute première étape du processus de réforme initié par les fonctionnaires de la DGPR. Elle est le produit de discussions internes, menées en comité restreint, qui permettent à la fois de préciser le constat justifiant l'intention réformatrice et, en même temps, de s'accorder sur les orientations et principes susceptibles de résoudre le problème. Progressivement détaillé dans des documents de travail, ce cadrage associe la création du régime d'enregistrement à trois motifs principaux : premièrement, si les services d'inspection bénéficient d'effectifs supplémentaires depuis la catastrophe de l'usine AZF de 2001[15], ces renforts ne suffisent pas à faire face à l'alourdissement progressif des tâches qui leur sont confiées (du fait notamment de la multiplication des directives européennes visant les installations classées) ; deuxièmement, dans ce contexte, les inspecteurs sont de plus en plus occupés à instruire les demandes d'autorisation et de moins en moins sur le terrain à contrôler les exploitants ; troisièmement, cette tendance, jugée contraire aux finalités du métier, contribue à fortement dégrader les actions de l'inspection en faveur de la sécurité industrielle. C'est ce qu'explique ce chef adjoints du bureau en revenant sur les origines de la réforme :

> La raison de fond était quand même qu'on n'en pouvait plus. [...] Parce qu'on se retrouvait dans un système où on appliquait toutes les directives européennes à l'ensemble des installations qui relevaient du régime d'autorisation. Du coup, il n'était plus question de proportionnalité. [...] Alors que pour beaucoup de petites entreprises, finalement, on connaissait les prescriptions à l'avance, on connaissait les impacts. Parce qu'on avait beaucoup de recul et quand on analysait les arrêtés, on avait toujours le même type de prescriptions. Mais pour arriver à ce résultat connu d'avance, il fallait quand même prendre tout un tas d'arrêtés sur mesure avec la grosse artillerie. Il fallait à chaque fois tout réétudier, avec étude d'impact et étude de dangers. On trouvait que ça n'avait plus beaucoup de sens.

Fondé sur ce constat, le régime d'enregistrement est donc conçu comme une procédure d'autorisation simplifiée destinée à recentrer l'inspection sur son cœur de métier, en redonnant du sens et de l'efficacité à ses interventions. Plus précisément, l'objectif est de rétablir une plus grande proportionnalité dans l'instruction des demandes d'autorisation pour réallouer le temps gagné sur les dossiers à faible enjeu vers l'instruction des dossiers à fort impact et, parallèlement, retrouver des

15. Survenue le 21 septembre 2001, cette catastrophe industrielle résulte de l'explosion de plusieurs dizaines de tonnes de nitrate d'ammonium stockées dans un hangar de l'usine Azote Fertilisant (AZF) de Toulouse. Extrêmement violente, la déflagration fait de nombreuses victimes (dont trente morts) et des dégâts considérables, pour un coût global évalué à près de deux milliards d'euros. Sur les suites législatives et réglementaires de cet événement marquant de l'histoire récente des risques industriels, voir Emmanuel MARTINAIS, *La fabrique administrative des lois et règlements. Enquête au ministère de l'Environnement après la catastrophe d'AZF*, Berne : Peter Lang, 2024.

moyens pour renforcer le contrôle des installations considérées comme prioritaires (notamment les sites classés Seveso)[16].

Défini dans l'entre-soi des bureaux de la DGPR au début des années 2000, ce cadrage préalable fixe le cap de la réforme à venir et permet en parallèle de mobiliser la ligne hiérarchique directe, car, comme l'a bien noté Edward Page à travers ses nombreuses enquêtes sur la fabrication administrative du droit, aucun fonctionnaire de ce niveau ne peut aller très loin dans l'élaboration d'une réglementation sans le soutien de ses supérieurs[17]. Un des chefs de bureau à l'initiative du projet de réforme l'explique :

> Dès 2002-2003, on a des débats en interne, où on se dit qu'on ne s'en sort pas, qu'on a du mal à prioriser, qu'on passe trop de temps sur des tout petits dossiers pour faire des instructions qui sont longues et lourdes administrativement. On a des délais qui sont exagérés. On a ce constat-là en interne, on en discute… et peu à peu, je porte la discussion au niveau du chef de service et puis du directeur. Carrément. Et je les convaincs qu'il faut qu'on ait une réflexion sur ce sujet de la simplification. Parce que je pense qu'il y a beaucoup de gaspillage d'énergie et de temps pour arriver finalement à des arrêtés pratiquement identiques en plus.

Une fois les supérieurs hiérarchiques mobilisés, l'étape suivante concerne le cabinet qu'il faut à son tour convaincre du bien-fondé de cette idée d'autorisation simplifiée. En ce début de processus, une validation politique est en effet un point de passage obligé. Pour les fonctionnaires de la DGPR à l'origine du projet, et grâce à une ligne hiérarchique désormais mobilisée, l'enjeu est donc de forcer l'attention des membres du cabinet, de solliciter des rencontres avec les conseillers concernés et de produire des argumentaires susceptibles de les intéresser. Il s'agit concrètement de « politiser » le cadrage préalable, c'est-à-dire de le présenter sous un jour qui le rende ou le fasse paraître compatible avec la feuille de route ministérielle et les orientations gouvernementales du moment. C'est ce qu'illustre cette note interne, insistant sur la visée simplificatrice du projet de réforme, notamment *via* la réduction des délais d'instruction, en écho au plan de modernisation des autorisations administratives porté au milieu des années 2000 par les gouvernements Raffarin et de Villepin[18] :

> Le régime d'autorisation simplifiée est une mesure d'efficacité économique et administrative. […] L'objectif est de rendre la procédure d'autorisation plus simple, plus rapide et plus lisible pour tous les acteurs. […] Au-delà de la simplification, l'enjeu de la réforme proposée est une meilleure proportionnalité de l'action publique, pour concentrer l'action de l'État sur d'une part les dossiers à fort enjeu, et d'autre part sur les contrôles des installations. La contrepartie de ce renforcement des contrôles sera, pour toutes les installations qui seront soumises à l'autorisation simplifiée, une accélération forte des délais d'instruction des demandes (plus d'un an aujourd'hui, 4 ou 5 mois avec la procédure simplifiée)[19].

---

16. Sur ce point, voir par exemple Jean-Pierre Boivin, « Le régime de l'enregistrement des installations classées : les fruits passeront-ils la promesse des fleurs ? », *Actualité Juridique Droit Administration (AJDA)*, 19, 2010, p. 1070-1078.

17. Edward C. Page, *Policy without politicians*, *op. cit.*

18. Sur le sujet, voir notamment Daniel Fixari et Frédérique Pallez, « L'insoutenable légèreté de l'État. Une histoire de simplification administrative », *Politiques et management public*, 25 (3), 2007, p. 83-100. DOI : 10.3406/pomap.2007.2379.

19. Cette note interne (non datée) nous a été transmise par un enquêté de la DGPR.

Dans le cas du régime d'enregistrement, ce travail de mobilisation ne s'arrête toutefois pas aux supérieurs hiérarchiques et aux membres du cabinet. Il vise également les partenaires extérieurs, en particulier les groupes d'intérêts industriels, les associations de protection de l'environnement comme France Nature Environnement (FNE) et les autres ministères susceptibles d'interférer avec le projet de réforme. Pour une modification législative de cette importance, la stratégie consiste en effet à solliciter ces parties prenantes le plus tôt possible, pour évaluer le caractère plus ou moins consensuel du cadrage initial, anticiper d'éventuels blocages et, surtout, constituer une base solide de soutiens externes qui facilitera le franchissement des étapes suivantes du processus, notamment la mise à l'agenda gouvernemental.

La réunion du CSPRT du 21 juin 2005 illustre bien cette stratégie d'enrôlement qui permet aux représentants de l'administration de trouver des appuis au-delà du cercle restreint des acteurs ministériels. Consacrée à l'examen d'un projet de relèvement des seuils de la nomenclature, cette séance est en effet l'occasion d'ouvrir un débat sur les difficultés croissantes des services d'inspection dans leurs missions d'instruction des dossiers d'autorisation et de faire reconnaître aux partenaires membres du CSPRT[20] la nécessité de réformer les principes de cette activité réglementaire. La solution proposée pose cependant problème pour une partie du Conseil, car si le relèvement des seuils réduit mécaniquement le nombre de dossiers à traiter en basculant une partie des établissements soumis à autorisation dans le régime de la déclaration, il affaiblit d'autant les capacités d'action de l'inspection dans la mesure où les établissements soumis à déclaration ne sont quasiment jamais contrôlés. Dans le cadre de cette discussion, certains participants font part de leurs inquiétudes quant au devenir des plus petites installations que le relèvement des seuils conduirait à déclasser, donc à placer sous la responsabilité de collectivités locales qui, la plupart du temps, ne sont pas dimensionnées pour assurer correctement cette mission de suivi administratif. Ces objections, plus ou moins prévisibles, créent finalement l'ouverture attendue permettant aux représentants de la DGPR de soumettre une solution alternative, celle du régime d'enregistrement, et d'inviter le Conseil à prendre position sur cette réforme de plus grande ampleur qui, contrairement au relèvement des seuils, présente le double avantage de maintenir la possibilité d'un contrôle sur les établissements basculant dans le nouveau régime et d'éviter les déclassements et reports de charge sur les collectivités locales. C'est ce dont atteste cette intervention consignée au compte rendu de la séance :

20. À l'époque, le CSPRT est encore le Conseil supérieur des installations classées (CSIC). Le changement de nom interviendra en 2010, suite à une réforme des instances consultatives du ministère de l'Environnement. Sa composition et son fonctionnement ont en revanche peu évolué ces deux dernières décennies. Consulté sur tous les projets de textes relatifs au droit des installations classées, le Conseil regroupe les principaux interlocuteurs de la DGPR, notamment les fédérations patronales du secteur, les associations de protection de l'environnement positionnées sur cet enjeu (FNE, Robin des bois, Eau et rivière de Bretagne), les représentants des collectivités locales concernées et enfin, les ministères avec lesquels elle doit régulièrement composer (Industrie et Agriculture).

> Mme [le chef du service de l'environnement industriel] a le sentiment qu'une logique, un système, arrivent actuellement à leurs termes. Le but n'est pas de ne plus réglementer les installations qui seraient exclues du régime de l'autorisation, mais bien de les réglementer autrement. Elle rappelle que le gouvernement a fixé des objectifs de modernisation administrative et de simplification. Les pressions pour une simplification de la législation des installations classées sont fortes et de multiples provenances. Il est clair qu'il sera impossible d'aller très loin dans une réforme de la nomenclature sans réfléchir aux procédures. L'environnement et les personnes pourraient être protégés avec des procédures plus simples et plus efficaces. L'approfondissement de cette question exige du temps et une étude sur ce point sera confiée à l'inspection générale de l'environnement. En revanche, il est nécessaire qu'un avis soit émis par le Conseil au cours de cette séance sur le décret présenté[21].

Préparée en amont, cette proposition de la DGPR a finalement produit l'effet escompté. Jugée préférable au relèvement des seuils par la plupart des parties prenantes, elle conduit à une prise de position consensuelle du Conseil qui, dans son avis, recommande « qu'une réflexion soit engagée sur l'opportunité de la création d'un régime de classement intermédiaire pour les activités qui ne relèveraient plus des régimes de l'autorisation et de la déclaration ». Une fois cette proposition validée au CSPRT[22], notamment par les fédérations patronales du secteur, la DGPR peut alors engager les discussions avec tous les acteurs gouvernementaux qu'il faut également mobiliser à ce stade, en vue des arbitrages politiques précédant la mise à l'agenda du projet de réforme. C'est ce que précise ce chef de bureau impliqué dans la coordination de ces échanges interministériels :

> Le régime de l'enregistrement, on l'a revendu à tout le monde. On l'a revendu aux audits Copé[23], on l'a revendu à la direction générale de la modernisation de l'État. Le fait d'être appuyé par un mouvement global de simplification des procédures administratives, c'était vraiment une opportunité. C'est comme ça qu'on a eu le ministère de l'Économie et des Finances à nos côtés. Ça aide !

En ce tout début de processus, le pouvoir normatif de l'administration repose donc en grande partie sur ces ressources spécifiques que sont la problématisation et la mobilisation, qui lui permettent à la fois d'élargir progressivement le cercle de ses soutiens et d'obtenir l'adhésion de tous les acteurs susceptibles d'interagir avec le projet. La réforme est inscrite à l'agenda gouvernemental sans trop de changements par rapport aux objectifs de départ en bénéficiant la validation politique nécessaire au lancement de l'étape suivante de mise en écriture des textes législatifs et réglementaires supports de la réforme.

21. Compte rendu de la séance du CSIC du 21 juin 2005.

22. Comme l'explique un enquêté de la DGPR, « On en a parlé au CSIC et après, on pouvait dire que c'était le CSIC qui nous avait dit que... Même si tout le monde sait que ce genre d'instance n'invente rien. Ce sont des instances qui nous aident surtout à valider. »

23. Engagés fin 2005 sous la direction de Jean-François Copé, ministre délégué au Budget et à la Réforme de l'État, les audits de modernisation ont couvert une centaine de domaines d'intervention de l'État. Daté d'avril 2006, le rapport de la mission d'audit qui identifie la création d'un régime d'autorisation simplifiée comme une mesure prioritaire de réduction des charges administratives est relatif au contrôle des installations soumises à déclaration. Françoise Barthelemy, André Manfredi, Emmanuel Longeaux et Jean Roigt, *Rapport sur le contrôle des installations classées soumises à déclaration*, 2006.

I. 2. Le choix stratégique des modalités de mise en droit

Dans la phase amont du processus de production normative, l'emprise de l'administration ne s'exerce pas uniquement sur la définition du problème et le cadrage de la solution retenue. Elle se manifeste également dans le choix de la procédure législative destinée à concrétiser la réforme. S'agissant de la création du régime d'enregistrement, deux dispositifs législatifs sont envisageables : soit un texte de loi, soit une ordonnance[24]. Même si dans les deux cas le résultat est le même (la promulgation d'une règle codifiable), pour les fonctionnaires de la DGPR, les deux options ne sont pas équivalentes. À leur niveau, la procédure par ordonnance est en effet nettement préférable parce qu'elle est potentiellement plus rapide et surtout, parce qu'elle n'implique pas de confier la finalisation du texte au Parlement, contrairement à la procédure législative ordinaire. En optant pour l'ordonnance, la DGPR fait donc l'économie de cette étape ultime de l'examen parlementaire et, ce faisant, limite *a priori* les possibilités d'amendements susceptibles de détourner le projet réformateur de ses objectifs initiaux ou pire encore, de conduire à la promulgation d'un texte inapplicable. Un des deux chefs de bureau à l'origine de ce choix stratégique l'explique :

> Pourquoi une ordonnance plutôt qu'un projet de loi ? Parce qu'on avait assez peur des amendements parlementaires téléguidés par les uns ou par les autres, qui auraient pu venir du Medef [Mouvement des entreprises de France], pour réduire la portée du projet initial et transformer petit à petit cet enregistrement en déclaration pure et simple. Ou des associations de protection de l'environnement, pour rajouter des garanties un peu partout qui nous auraient fait perdre 80 % de l'effet de simplification qu'on visait. L'ordonnance nous permettait de faire un peu ce qu'on voulait. Donc assez vite, on s'est dit que s'il y avait une opportunité de passer par ordonnance, ça nous irait bien.

Pour imposer leurs vues en la matière, les représentants de la DGPR en charge de la réforme ne peuvent toutefois pas compter que sur eux-mêmes. Il leur faut là encore l'appui du cabinet et du ministre. Dans le cas du régime d'enregistrement, deux raisons favorisent toutefois ce soutien politique. La première est que la procédure par ordonnance est un mode d'action rapide et efficace plutôt bien perçu par le gouvernement de l'époque. Comme l'indique un des rédacteurs du texte, « Les ordonnances étaient à la mode pendant le quinquennat de M. Sarkozy. Politiquement, ça plaisait bien ». L'autre raison est que sur un sujet technique comme le suivi administratif des ICPE, la procédure par ordonnance permet de préserver le ministre et ses équipes, en leur évitant de subir les contraintes du processus classique d'élaboration de la loi, ce dont témoigne cet autre rédacteur :

24. Agissant comme la loi, l'ordonnance permet d'éviter la procédure législative ordinaire, notamment l'examen du texte par l'Assemblée nationale et le Sénat. Cette procédure « accélérée » nécessite cependant une autorisation préalable du Parlement sous la forme d'un article dit d'habilitation, le plus souvent intégré à une loi portant sur une thématique proche. *Cf.* Marc Guillaume, « Les ordonnances : tuer ou sauver la loi ? », *Pouvoirs*, 114 (3), 2005, p. 117-129. DOI : 10.3917/pouv.114.0117.

> Il faut reconnaître que pour un ministre, passer au banc pour discuter de dizaines d'amendements qui portent sur la tambouille de la nouvelle procédure, ce n'est pas ce qu'il y a de plus passionnant. Est-ce que la recevabilité d'un dossier d'enregistrement c'est plutôt deux ou trois semaines ? Est-ce que la demande comprend telle ou telle pièce ? Bon des questions comme ça... Alors quand on leur a dit qu'on pouvait faire autrement, qu'il suffisait d'un article d'habilitation et qu'ensuite l'administration se débrouillait toute seule avec le Conseil d'État, ils n'ont pas trouvé ça désagréable. Ce qui ne veut pas dire qu'ils se sont ensuite désintéressés du truc et qu'ils n'ont plus regardé ce qu'on faisait. Ils ont continué à suivre. Et quand l'ordonnance est sortie, on a même eu les félicitations du jury. Ils étaient évidemment très reconnaissants.

Dès lors que le principe d'une ordonnance est acté, il convient ensuite de trouver le véhicule législatif qui permettra de faire voter l'article d'habilitation autorisant le gouvernement à légiférer par ordonnance. Le principal texte porté à ce moment-là par le ministère de l'Environnement est la loi Grenelle, qui concrétise la consultation du même nom organisée juste après l'élection de Nicolas Sarkozy[25]. Elle aurait pu constituer un support idéal pour la création du régime d'enregistrement si les questions liées à l'environnement industriel avaient été discutées lors des débats, ce qui n'a pas été le cas[26]. Cette possibilité est donc écartée. Avec l'appui du cabinet, la DGPR doit alors se tourner vers d'autres directions d'administration centrale pour trouver un texte susceptible de faire une place à son article d'habilitation. Favorable au projet, le ministère de l'Économie et des Finances est particulièrement ciblé. Une première tentative a lieu avec le projet de loi de modernisation de l'économie, mais elle échoue suite à une intervention du nouveau président du Sénat qui considère que les parlementaires n'ont pas été suffisamment associés à ce projet[27]. Une seconde tentative est donc nécessaire. Elle a lieu quelques mois plus tard lors de la discussion du projet de loi pour l'accélération des programmes de construction et d'investissement publics et privés[28], présenté par Philippe Devedjian, alors ministre chargé de la mise en œuvre du plan de relance. Cette fois, le travail préalable de sensibilisation des parlementaires n'est pas négligé et la rapportrice du texte, Laure de La Raudière, ne rencontre alors que peu d'opposition au moment du vote.

Concrétisant la mise à l'agenda de la réforme, ces péripéties liées au vote de l'article d'habilitation montrent qu'en matière de production normative, le pouvoir des fonctionnaires de la DGPR ne repose pas uniquement sur les capacités de problématisation et de mobilisation mises en évidence à l'étape précédente. Il repose également sur leur aptitude à organiser et piloter l'action des différents acteurs gouvernementaux impliqués dans le processus législatif, notamment leurs homologues du ministère de l'Économie et des Finances porteurs des textes ciblés, les

25. La Loi du 3 août 2009 de programmation relative à la mise en œuvre du Grenelle de l'environnement fut discutée entre septembre 2008 et juillet 2009.

26. Daniel Boy, « Le Grenelle de l'environnement : une novation politique ? », *Revue française d'administration publique*, 134 (2), 2010, p. 313-324. DOI : 10.3917/rfap.134.0313.

27. La loi du 4 août 2008 de modernisation de l'économie a fait l'objet d'une procédure d'urgence, ce qui explique en partie le mauvais accueil de l'amendement d'habilitation qui devait être adopté en lecture unique.

28. Cette loi du 17 février 2009 fut discutée entre décembre 2008 et février 2009.

chargés de mission du secrétariat général du gouvernement (SGG) qui supervisent les interactions entre ministères, ainsi que les représentants du cabinet du Premier ministre qui décident en dernière instance. Dans le cas observé, c'est précisément cette ressource de coordination des acteurs interministériels au sein de l'appareil gouvernemental qui permet à la DGPR de se déporter sur les projets de loi d'un autre ministère, de faire endosser cette décision par le membre du gouvernement chargé de défendre le texte choisi et, pour finir, d'activer et intéresser un nombre suffisant de parlementaires de la majorité pour garantir le vote de l'article d'habilitation et obtenir ainsi le droit de légiférer par ordonnance. Comme la ressource de problématisation et de mobilisation, cette capacité à structurer et orienter les échanges dans les espaces interministériels de la production normative permet aux acteurs de la DGPR de maintenir leur emprise sur le processus de réforme, en se préservant là encore de décisions susceptibles de faire évoluer le projet dans des directions qu'ils jugent non souhaitables. Par ces deux leviers, l'administration garde donc la mainmise sur la démarche réformatrice durant toute la phase amont, jusqu'à la mise en écriture de l'avant-projet d'ordonnance. La suite du processus apparaît en revanche plus incertaine, notamment parce que la mise en forme des textes supports de la réforme s'effectue dans des espaces moins confinés, donc moins faciles à contrôler.

II. Une phase aval moins facilement contrôlable par l'administration

Si en France, la fabrication des lois et des ordonnances est assez peu structurée[29], le processus d'écriture doit malgré tout emprunter un certain nombre de passages obligés. Dans cette phase aval, plusieurs séquences sont ainsi plus ou moins balisées[30]. La première est toujours consacrée à la rédaction d'une première version de texte, généralement qualifiée d'avant-projet. Plus ou moins ouverte aux parties prenantes du secteur, cette phase d'écriture se déroule selon des modalités variables : des allers-retours à partir d'une proposition initiale émanant de l'administration ; un groupe de travail technique chargé de définir les principales orientations du texte et d'alimenter en contenus les rédacteurs ministériels ; des réunions en accès restreint fonctionnant comme des ateliers d'écriture collective, voire une combinaison de ces différentes formes de travail en commun. Recouvrant parfois en partie cette séquence d'écriture, le deuxième temps correspond aux consultations officielles et aux prises d'avis formels qui, dans le cas du régime d'enregistrement, s'adressent à la fois aux groupes d'intérêts directement concernés par l'évolution procédurale (notamment les fédérations patronales et les associations environnementales) et le CSPRT déjà mobilisé au

29. Karine Gilberg, « La fabrique gouvernementale de la loi », *La semaine juridique*, supplément au n° 10, 2017, p. 6-10.

30. Pour une description des étapes successives de la production des textes de loi, voir par exemple Pierre Avril, « Qui fait la loi ? », *Pouvoirs*, 114, 2005, p. 89-99. DOI : 10.3917/pouv.114.0089.

début du processus. Ces différents retours sur le texte sont ensuite mis à profit pour finaliser une version projet qui, dans un troisième temps, conduit à solliciter les autres ministères intéressés, dans le cadre de réunions spécifiques pilotées par le SGG et destinées à la production d'un « bleu », c'est-à-dire une version officielle tenant compte des arbitrages effectués à cette étape et validés par le cabinet du Premier ministre[31]. Une fois « bleui », le texte entame enfin la dernière séquence du processus, marquée par les interventions successives du Conseil d'État, du Conseil des ministres, du président de la République et, à la toute fin, du Parlement qui doit ratifier l'ordonnance pour lui conférer sa valeur législative[32]. Dans cette phase aval en quatre grandes séquences, l'administration doit donc à nouveau composer avec de très nombreux acteurs, dont une partie ont déjà été sollicités au moment de la prise d'initiative et de la mise à l'agenda. Le jeu est cependant plus ouvert, parce qu'il conduit à détailler les principes de la réforme et qu'il offre des prises beaucoup plus nombreuses aux parties prenantes susceptibles de peser sur ces contenus et favoriser des évolutions contraires au cadrage initial. Focalisée sur l'écriture de l'ordonnance et de ses principaux textes d'application, cette seconde partie vise à montrer comment les fonctionnaires de la DGPR s'y prennent pour intégrer ces contraintes supplémentaires, limiter au maximum les possibilités de « détournement » des textes qu'ils rédigent et, dans ces conditions, préserver jusqu'au bout leur emprise sur le projet de réforme. En élargissant le point de vue à l'élaboration des arrêtés de prescriptions, cette seconde partie insiste en même temps sur les limites de cette emprise administrative, en montrant qu'elle est toujours susceptible d'être contrariée par des interventions, non anticipées, des pouvoirs politiques.

II. 1. Un processus d'écriture soumis à des pressions multiples

Comme indiqué plus haut, l'écriture d'une ordonnance est un travail collectif qui implique des interactions suivies avec un grand nombre d'acteurs, coopératifs ou revendicatifs, dont les pressions, directes ou indirectes, peuvent influer sur le contenu du texte et les orientations des règles ainsi prescrites. Pour les rédacteurs, l'enjeu est donc de réguler au mieux ces jeux d'influence pour en limiter les effets indésirables et faire en sorte que les formulations retenues à chaque étape du processus d'écriture restent en phase avec les objectifs qu'ils visent. Comme dans la séquence amont, cette capacité à réguler les interventions des parties prenantes repose en grande partie sur des ressources de coordination et d'organisation. Celles-ci leur permettent notamment de structurer les interactions dans une

31. Jean-Michel Eymeri-Douzans et Michel Mangenot, « Rouage ou centre de l'État ? (II.) Le Secrétariat général du Gouvernement en actes », *Revue française d'administration publique*, 171 (3), 2019, p. 629-650. DOI : 10.3917/rfap.171.0629.

32. Bien que symbolique, cette dernière intervention du Parlement est toutefois indispensable pour codifier et mettre en œuvre le texte.

logique d'agrégation et de conciliation continue des intérêts exprimés, c'est-à-dire de prise en compte des demandes sous forme d'ajouts et/ou de modifications qui enrichissent progressivement les versions projet, mais sans compromettre l'applicabilité de la règle et le cadrage initial de la réforme. Concrètement, ce travail d'organisation consiste à sélectionner les contributeurs sollicités aux différentes étapes du processus et à encadrer leurs interventions en décidant des canaux par lesquels ils s'arriment aux activités d'écriture, tout en définissant l'objet, le timing et les règles du jeu de ce travail collectif.

Pour mettre en forme l'avant-projet d'ordonnance, les conditions d'échange proposées par les rédacteurs de la DGPR à leurs partenaires d'écriture prennent ainsi trois formes successives bien distinctes : d'abord des préconsultations sélectives, organisées en parallèle du vote de l'article d'habilitation, puis un groupe de travail *ad hoc* chargé de détailler les principales dispositions du texte et, pour finir, une série de consultations formelles avec l'ensemble des parties prenantes du secteur. Menées sur la base d'une première ébauche de texte, les préconsultations sont sélectives dans la mesure où elles ciblent uniquement les partenaires du premier cercle, soit d'un côté les représentants des futurs assujettis qui auront à se conformer aux règles en cours de définition (notamment France Chimie et le Medef) et de l'autre, les associations, comme FNE et Robin des bois, en principe peu favorables aux actions de simplification qui sont de leur point de vue porteuses d'un risque de régression du droit de l'environnement[33]. L'objectif est alors de remobiliser ces parties prenantes déjà sollicitées en phase amont, de les reconnecter au processus d'écriture et, en même temps, de vérifier qu'elles sont toujours en phase avec les orientations du projet de réforme. Il s'agit aussi, le cas échéant, d'identifier des attentes spécifiques ou des points de blocage qui seraient apparus depuis la mise à l'agenda ou qui n'auraient pas été clairement perçus aux étapes précédentes. Donnant lieu à des interactions ciblées et informelles, ces préconsultations prennent également la forme d'une nouvelle sollicitation du CSPRT qui permet de confirmer les positions des partenaires entendus par ailleurs et, par la même occasion, de « tester » un cercle un peu plus large de représentants[34]. Ces échanges, qui précèdent la mise en écriture effective du texte, permettent en pratique d'identifier trois « points durs » potentiels pour la suite du processus. Le premier est relatif aux études d'impacts et de dangers que les rédacteurs n'envisagent pas de rendre obligatoires dans le cadre du nouveau régime, mais qu'une partie des parties prenantes jugent indispensables pour évaluer la dangerosité des installations concernées et ajuster les prescriptions qui s'imposeront à elles pour contenir les risques qu'elles engendrent. Une autre réserve, formulée par les mêmes parties prenantes, tout particulièrement les associations de protection de l'environnement, se rapporte à la consultation du public qui, dans le projet initial,

33. Sur le sujet, voir par exemple Cécile Blatrix, « Moderniser un droit moderne ? Origines et significations de la simplification de l'action publique environnementale », *Revue française d'administration publique*, 157 (1), 2016, p. 67-82. DOI : 10.3917/rfap.157.0067.

34. Cette réunion du CSPRT, qui se réunit encore à l'époque en tant que CSIC, a lieu le 19 février 2008.

se limite à une vague information. Par exemple, Robin des bois déplore lors d'une séance du CSPRT la disparition de l'enquête publique et « souhaite que soit trouvée une méthode intermédiaire garantissant la consultation[35] ». Quant au troisième point dur identifié à ce stade, il concerne la possibilité d'instruire la demande d'enregistrement comme une autorisation, en cas de forte sensibilité du milieu notamment. Laissées à l'appréciation du préfet, les conditions de ce basculement posent problème pour les représentants industriels qui réclament des critères précis, pour éviter de faire courir un risque juridique aux porteurs de projet.

En partie balisée par les retours de ces préconsultations, la rédaction de l'avant-projet d'ordonnance est ensuite prise en charge par une petite équipe de la DGPR composée de représentants du bureau de la réglementation et du pilotage de l'inspection, du bureau des risques[36] et du pôle juridique du service des risques technologiques (SRT). Afin d'établir en détail le texte, cette équipe de rédacteurs s'appuie d'un côté sur un groupe de travail *ad hoc*, qu'elle forme avec quelques inspecteurs de terrain, et, de l'autre, sur la ligne hiérarchique de la DGPR, intégrée au processus d'écriture par la relecture, l'amendement et la validation des versions successives de l'avant-projet. En procédant par itérations successives, la mise en contenu des différents articles du texte consiste alors à faire tenir ensemble le cadrage initial de la réforme (dont l'objectif est d'alléger la procédure pour faire gagner du temps aux agents instructeurs) avec d'un côté les orientations politiques du cabinet et, de l'autre, l'ensemble des attentes exprimées par les partenaires d'écriture, de façon à contenir les éventuelles oppositions et maintenir dans la mesure du possible une forme d'unanimité autour du texte. Pour ce faire, diverses voies de simplification sont explorées, même si toutes ne sont pas retenues. C'est le cas par exemple de l'étape de recevabilité du dossier en tout début de procédure, qui est conservée pour répondre aux préoccupations des inspecteurs de terrain et d'une partie des membres du CSPRT. De même, l'avant-projet maintient la possibilité d'un contrôle périodique du respect des prescriptions, en précisant que cette tâche devra être prise en charge par l'inspection des installations classées, comme pour les établissements soumis à autorisation. En parallèle, ce travail de mise en contenu est aussi l'occasion de préciser les critères et les modalités du basculement en procédure d'autorisation, comme attendu par les représentants industriels. Il permet également de détailler les trois grands principes simplificateurs du nouveau régime, que les rédacteurs voient à ce stade comme des gains de temps substantiels par rapport à la procédure d'autorisation. Le premier concerne la consultation des différents services de l'État dont les avis sont pris en compte dans la phase d'examen du dossier, une étape souvent très chronophage et considérée comme peu utile dans le cadre du régime d'enregistrement. Le deuxième vise l'enquête publique, qui est également jugée trop coûteuse en temps et en moyens, compte tenu notamment du peu d'intérêt qu'elle suscite le plus souvent

35. Compte rendu de la séance du CSIC du 19 février 2008, p. 17.

36. Le Bureau des risques des industries de l'énergie et de la chimie (Briec) est responsable de la réglementation ICPE et de la politique de prévention des risques industriels.

auprès des publics concernés[37]. Sur ce registre, les rédacteurs proposent donc de s'en tenir à une simple information, en maintenant la possibilité de consulter le dossier en mairie et en proposant aux publics intéressés de s'adresser directement aux services instructeurs pour faire part de leurs observations. Enfin, le troisième principe simplificateur consiste à remplacer les études d'impacts et de dangers par des prescriptions standardisées, ce qui revient à passer d'un travail d'analyse spécifique sur un dossier consistant à une instruction plus automatique, qui se contente de vérifier la conformité de l'établissement demandeur à un ensemble de prescriptions normalisées, définies nationalement et adossées à la nomenclature. Du point de vue des rédacteurs, la disparition des études d'impacts et de dangers est alors compensée *a posteriori* par la justification de conformité à laquelle doit se soumettre le porteur de projet[38] et, *a priori*, par la capacité des services d'inspection à définir des prescriptions idoines par type d'activité. C'est cette idée qui ressort des propos de ce membre de l'équipe des rédacteurs :

> À l'époque, je revenais des Antilles où je venais de régulariser la filière rhum-sucre. Je m'étais notamment occupé des distilleries. Il y a huit ou neuf distilleries en Guadeloupe. Et vous pouvez prendre n'importe laquelle de ces huit ou neuf distilleries, le principe de distillation du rhum ne change pas. C'est toujours de la canne à sucre. Pourtant, j'ai à chaque fois demandé un dossier de demande d'autorisation, donc à chaque fois j'ai eu une magnifique étude d'impacts qui était un copier-coller du même bouquin... C'était l'Inra [Institut national de la recherche agronomique] locale qui faisait ça. C'est comme ça qu'on s'est aperçu que l'important ce n'était pas l'étude d'impact, c'était de prescrire les bonnes mesures, celles qui protègent effectivement l'environnement. Et ça, avant même de régulariser la distillerie, on savait comment il fallait faire. On savait qu'il fallait un traitement des eaux. On savait qu'il fallait que la chaudière ne pollue pas trop, donc un certain nombre de dispositifs de filtration. On savait que quand on stocke du rhum ça peut cramer. Donc il faut des moyens d'extinction. Et ainsi de suite. En fait, on était capable de rédiger l'arrêté préfectoral avant même d'avoir reçu le dossier de demande d'autorisation. Surtout que c'était le même pour toutes...

Particulièrement adapté au nouveau régime d'enregistrement qui vise justement des installations de conception analogue, ce principe des prescriptions types suppose simplement que l'administration fournisse en amont une liste standardisée des mesures de sécurité à respecter et que les pétitionnaires attestent de leur prise en compte *via* la production d'une justification de conformité. Dans ce schéma, il n'est plus nécessaire que l'inspecteur imagine des prescriptions spécifiques sur la base d'un examen approfondi de l'étude d'impacts, ce qui le dispense d'une partie non négligeable du travail d'instruction et lui fait alors gagner un temps considérable.

Une fois finalisé dans ces termes, l'avant-projet est soumis pour validation au cabinet avant d'être transmis pour avis aux parties prenantes du secteur, dont les partenaires du premier cercle déjà sollicités en amont, dans le cadre des pré-consultations sélectives. Conçue comme un point de passage obligé du processus d'écriture, cette prise d'avis s'adresse également au CSPRT, qui est à nouveau mis

37. En matière d'autorisation des ICPE, il n'est en effet pas rare que les registres d'enquête publique restent vides de dépositions.

38. Cette justification de conformité est alors définie comme un document technique détaillant les modalités de prise en compte de chaque prescription s'appliquant à l'installation considérée.

à contribution, mais cette fois de façon conventionnelle[39]. Particulièrement stratégique pour les rédacteurs, cette étape des consultations formelles est l'occasion de retours multiples sur leur travail d'écriture. Elle permet en particulier d'éprouver l'acceptabilité des contenus détaillés du texte, de vérifier la validité des options retenues vis-à-vis des attentes exprimées plus tôt et, le cas échéant, d'ajuster les énoncés pour tendre vers une version du projet la plus consensuelle possible. Réalisées au printemps 2009, ces prises d'avis conduisent ainsi à de nombreuses modifications de forme, principalement destinées à renforcer la compatibilité du texte avec la réglementation existante. Les retours écrits des parties prenantes et les échanges au CSPRT révèlent également la persistance de discussions sur le fond, s'agissant notamment de la mise à contribution du public. Sur ce point précis, il ressort en effet des avis exprimés que l'option retenue par l'administration ne fait toujours pas l'unanimité, surtout du côté des associations environnementales qui continuent de défendre l'idée d'une procédure formelle de type enquête publique. Au CSPRT, plusieurs participants se rangent également à cet avis, considérant que la participation des populations locales est de nature à favoriser l'acceptabilité des projets. C'est en ce sens que le représentant du Medef, dans le cours des échanges, indique qu'il lui paraît « difficile de ne pas organiser de consultation publique, même en présence de prescriptions standards », ajoutant que « les entreprises y sont d'ailleurs favorables[40] ».

Pour l'administration, il est toutefois difficile de céder du terrain sur ce point sans risquer de compromettre l'objectif d'allègement de la procédure et de raccourcissement des délais d'instruction. Mais à ce stade du processus d'écriture, le risque est encore plus grand de passer outre ce désaccord et de faire émerger des oppositions qui pourraient potentiellement se convertir en blocages aux étapes suivantes, notamment dans les discussions avec les autres ministères et le SGG. D'où le compromis proposé par les rédacteurs, qui consiste finalement à accepter le principe d'une procédure formelle de consultation du public (avec mise à disposition du dossier par voie électronique), mais dans des délais très serrés qui permettent de conserver le bénéfice de l'effet de simplification visé, tel que l'explique l'un d'eux :

> Le point d'achoppement était sur la consultation du public, sur la façon dont on faisait cette consultation. On savait qu'on ne voulait pas de commissaire enquêteur. Nous, on était pour dire : on affiche et puis c'est tout. On aurait même aimé être un peu plus *light* que ça. Mais bon, on a été obligé de lâcher. Sachant que globalement, on a quand même mis des délais assez serrés. Il y a eu pas mal de débats sur les délais et on a tenu bon avec cette inquiétude qu'à chaque fois il faudrait qu'on tienne dans les délais.

Destiné à maintenir le consensus, cet aménagement de la règle montre bien à quel point les rédacteurs doivent composer avec les multiples partenaires qu'ils associent à l'écriture de l'ordonnance, en s'efforçant de tenir compte et d'intégrer leurs attentes, sans pour autant remettre en cause les orientations principales du texte. Cet objectif de conciliation, structurant les échanges de bout en bout du

39. C'est-à-dire conformément à l'usage qui impose de saisir le Conseil pour avis pour tous les textes réglementaires élaborés par la DGPR.

40. Compte rendu de la séance du CSPRT du 3 mars 2009, p. 10.

processus, permet de préserver les soutiens acquis en phase amont, de minimiser les risques de contre-lobbying pour la suite et finalement, de conserver jusqu'au bout la maîtrise des modifications apportées au texte. Faisant l'unanimité, le projet d'ordonnance est alors assuré de traverser les dernières épreuves sans trop d'encombres, s'agissant entre autres des réunions interministérielles, de l'arbitrage de Matignon et de l'intervention du Conseil d'État, ce que confirme la version finale de l'ordonnance en date du 11 juin 2009, approuvée et ratifiée sans grand changement par rapport à la version projet issue des consultations formelles[41]. Plutôt efficace dans l'ensemble, le contrôle exercé par l'administration reste toutefois faillible dans certaines circonstances, comme le montre précisément le cas des élevages qui constitue au bout du compte la principale réorientation du projet initial non anticipée par la DGPR.

II. 2. Les imprévus d'un processus d'écriture globalement maîtrisé

Si comme l'indique ce rédacteur de l'ordonnance de 2009 « le régime d'enregistrement est clairement la créature de la DGPR », il faut en même temps reconnaître que cette créature ne correspond pas en tous points à celle imaginée au départ. Entre la version initiale et la version finale du début des années 2010, on observe en effet quelques déviations qui invitent à relativiser le pouvoir normatif des acteurs administratifs et à noter, comme Jacques Chevallier, que leur emprise sur l'élaboration des lois et règlements ne signifie nullement qu'ils disposent de la maîtrise totale de cette production : « ils restent toujours en situation de dépendance institutionnelle vis-à-vis du politique, ce qui constitue une limite structurelle de leur influence[42] ». S'agissant du régime d'enregistrement, cette limite structurelle apparaît nettement dans le cas des élevages qui, au départ, ne figuraient pas dans le viseur de la DGPR et qui, à l'arrivée, représentent plus de la moitié des installations concernées par la nouvelle procédure.

Pour percevoir la pression politique qui amène les fonctionnaires de la DGPR à revoir le cadrage initial de la réforme, il faut remonter à la phase amont, et, plus précisément, au moment de la prise d'initiative et des discussions qu'ils engagent avec les autres ministères, notamment celui de l'Agriculture, pour se mettre d'accord sur les grands principes du nouveau régime. C'est en effet au cours de ces échanges que le cas des élevages est débattu et que, finalement, les différents protagonistes conviennent qu'ils ne feront pas partie des installations susceptibles de basculer en enregistrement, même si les atteintes à l'environnement qu'ils engendrent sont assez standardisables. Deux raisons principales justifient cette décision. La première est qu'en général, ces activités font l'objet d'enquêtes publiques animées, où

41. Le décret d'application modifiant la nomenclature des installations classées et ouvrant certaines rubriques au régime de l'enregistrement a quant à lui été approuvé le 13 avril 2010.

42. Jacques CHEVALLIER, « La place de l'administration dans la production des normes », art. cité, p. 634-635.

s'expriment de fortes oppositions, dans des zones souvent déjà très polluées[43], ce qui n'en fait clairement pas de bonnes candidates à la bascule dans un régime qui restreint significativement la participation du public. La seconde raison est que leur autorisation repose sur des plans d'épandage qui, pour être correctement évalués, nécessitent un examen attentif des moyens mis en œuvre et de la qualité des milieux récepteurs. Pour ces activités, le gain de temps recherché n'est donc pas vraiment assuré. En outre, au même moment, de fortes oppositions se font entendre de la part de FNE et Robin des bois qui, pour être clairement entendus, portent le sujet auprès du cabinet du ministère de l'Environnement avec lequel les deux associations sont régulièrement en contact dans le cadre de la préparation puis du déroulement du Grenelle de l'environnement. En réponse, des engagements sont pris de toutes parts pour appuyer et faire reconnaître la décision de maintenir les élevages en dehors du nouveau régime d'enregistrement, comme en témoigne ce chef de bureau adjoint de la DGPR :

> Dès le début, des engagements ont été pris, fermes et sonores, sur le fait de dire que jamais les élevages ne seraient dedans et que d'ailleurs si des gens le voulaient, on pouvait même carrément l'écrire dans l'ordonnance, faire en sorte que ça figure en dur dans la loi : « Jamais au grand jamais l'élevage n'aurait d'enregistrement ». Et le fait est qu'aujourd'hui, quelques années plus tard, 70 % des installations soumises à enregistrement sont des élevages…

Le renversement, qui conduit à cette situation en décalage complet avec la décision initiale, se produit au cours des consultations officielles du printemps 2009. Il est lié à un changement de cap du ministère de l'Agriculture qui, sous la pression de la FNSEA, intervient fermement pour que le texte laisse finalement ouverte la possibilité d'un basculement des élevages dans le nouveau régime. La séance du CSPRT du 3 mars 2009 atteste de cette demande. Exceptionnellement représenté[44], le ministère de l'Agriculture y prend position pour contester le critère d'acceptabilité du public retenu pour motiver le choix des rubriques à basculer en enregistrement. Le ministère sera immédiatement suivi par les représentants des Chambres d'agriculture et de la FNSEA qui exigent de concert que la mention indiquant que les élevages ne seront pas concernés par le nouveau régime soit retirée de l'exposé des motifs du projet de texte. Pour les groupes d'intérêt agricoles, il s'agit avant tout d'une question de principe. Ils estiment que ces activités ne peuvent pas être exclues *a priori*, par mesure d'égalité avec les autres secteurs potentiellement concernés, mais aussi pour ne pas bloquer une évolution qui pourrait s'avérer bénéfique avec le temps, même s'ils peinent à ce moment-là à évaluer sa désirabilité du côté des exploitants. C'est ce que confirme ce représentant des Chambres d'agriculture :

> Dans l'exposé des motifs, il y avait cette phrase qui disait : « Les élevages ne pourront pas bénéficier du régime d'enregistrement ». On a immédiatement considéré que c'était hyper dogmatique. Ce n'était pas argumenté, ce n'était pas factuel, c'était tout simplement inacceptable. On l'a très très mal vécu. Mais cela ne voulait pas dire qu'on voulait absolument le

43. Laure BONNAUD et Christian NICOURT, « Les éleveurs de porcs face à leurs détracteurs en Dordogne et dans le Finistère », *Études rurales*, 177 (1), 2006, p. 55-68. DOI : 10.4000/etudesrurales.8271.

44. Le ministère de l'Agriculture est membre de droit du CSPRT, mais ses représentants assistent aux séances seulement quand l'ordre du jour les concerne.

> régime de l'enregistrement pour les élevages. C'était juste de dire que dans une ordonnance, on ne laisse pas ce genre de phrase. C'était une question de principe. Et puis c'était aussi une question de préparer le futur. À ce moment-là, on ne savait pas si on en voulait ou pas, mais si la phrase était maintenue, de toute manière, la question était réglée.

Confrontée à la pression du secteur agricole, la DGPR accepte de retirer la mention aux élevages présente dans l'exposé des motifs, mais obtient dans le même temps, par l'intermédiaire du cabinet et du ministre, un engagement ferme de Matignon actant le principe de non-basculement défini au début du processus. Au moment de l'approbation de l'ordonnance, la situation reste donc favorable à la DGPR, même si le verrou politique censé garantir le maintien des élevages dans le régime de l'autorisation n'a pas la force coercitive d'une disposition gravée dans le marbre de la loi. Son efficacité est forcément moindre, car susceptible d'être remise en cause par une alternance, voire un simple remaniement ministériel. Ce que confirme la suite de l'histoire puisque la question des élevages, qui semblait réglée au moment de mettre en œuvre l'ordonnance, resurgit deux ans plus tard, à la faveur du renouvellement d'une partie des équipes ministérielles lié à la nomination du troisième gouvernement Fillon. Un des rédacteurs de l'ordonnance, toujours en poste à la DGPR à ce moment-là, détaille les circonstances de cette nouvelle offensive du secteur agricole qui, cette fois, se traduit par un arbitrage défavorable au ministère de l'Environnement :

> Le coup des élevages, c'est un truc classique. Deux fois par an, pour le salon de l'agriculture en février et le salon international de l'élevage en septembre à Rennes, on se fait convoquer à Matignon pour savoir quelle annonce de simplification on pourrait faire. Et à un moment, à force de racler les fonds de tiroirs et les fonds de tiroirs, parce qu'il n'y a quasiment plus de réglementations environnementales sur les élevages ou presque, on n'arrive plus à être en position de dire quoi que ce soit. On avait toujours dit que l'enregistrement ne s'appliquerait pas, mais la FNSEA a fait remarquer que pour tous les industriels qui sont passés, désormais leurs dossiers sont instruits en cinq à sept mois alors qu'eux, c'est toujours douze à quatorze mois. Alors pourquoi eux n'auraient pas droit aux cinq à sept mois ? Du coup, Matignon a dit : « Terminé, vous y allez. Point ! »

Si cet arbitrage s'inscrit dans un mode de relation classique entre deux ministères concurrents habitués à se disputer sur la réglementation des installations agricoles, il montre en même temps que les acteurs administratifs en charge de cette réglementation ne sont pas toujours en mesure de cadrer les interventions des pouvoirs politiques avec lesquels ils doivent composer. Dans certaines circonstances, la décision peut leur échapper complètement, indépendamment des efforts qu'ils fournissent pour en garder la maîtrise. Comme le dit ce représentant de la DGPR, « le basculement des élevages, c'est un engagement politique qui n'a pas été tenu, que certains pourront pour l'éternité nous renvoyer à la figure – et ils auront bien raison –, mais là on n'y pouvait rien, nous, à ces discussions entre ministres ». Bien que vivement contestée par une partie des parties prenantes, notamment les associations environnementales partenaires de la DGPR, l'intégration des élevages dans le régime d'enregistrement apparaît dès lors inévitable. Elle se fera en deux étapes, par le biais de trois arrêtés de prescriptions, le premier, daté d'octobre 2011, concerne les vaches laitières tandis que les deux suivants, datés de décembre 2013, officialisent le basculement des autres rubriques correspondant aux élevages de porcs et de volailles.

Conclusion

Visant à ouvrir la « boîte noire » de la production administrative du droit, le suivi pas-à-pas de la création du régime d'enregistrement sur un peu plus d'une décennie permet au final d'identifier et de caractériser les multiples ressources bureaucratiques que les fonctionnaires d'administration centrale sont susceptibles de mobiliser pour exercer leur emprise sur les textes qu'ils sont chargés de mettre en forme. De natures diverses, ces moyens d'action peuvent néanmoins se ranger dans cinq grandes catégories. La première, particulièrement visible en phase amont du processus, correspond aux ressources de savoir, liées aux expériences accumulées dans la durée, aux capacités d'expertise et aux connaissances des milieux professionnels récepteurs qui nourrissent autant qu'elles légitiment la prise d'initiative et le cadrage initial du projet réformateur. La deuxième catégorie est constituée des ressources relationnelles, notamment les rapports de proximité et les habitudes de travail avec l'ensemble des parties prenantes de la production normative, qui favorisent l'expression des attentes suscitées par le projet réformateur et, en même temps, permettent leur prise en compte et leur intégration progressive en déviant le moins possible du cadrage initial. La troisième catégorie, mise en évidence dans les deux phases amont et aval, renvoie aux ressources positionnelles, qui permettent aux fonctionnaires de l'administration centrale de jouer un rôle moteur dans la conduite des échanges avec les autres contributeurs tout au long du processus. Toujours en position centrale, ils décident du rythme et de la règle du jeu, qu'ils ajustent en continu selon les séquences et les objectifs visés. La quatrième catégorie, directement liée à la précédente, inclut les ressources d'organisation qu'ils mobilisent là aussi tout au long du processus pour définir les formats d'interaction et cadrer les interventions des acteurs qu'ils sollicitent à chaque séquence, coordonner le travail d'écriture et de mise en forme des contenus, mais également conduire les arbitrages entre les différents services impliqués dans la préparation des validations politiques[45]. La cinquième catégorie correspond enfin aux ressources rédactionnelles liées à leur statut particulier d'« écrivains publics ». Comme l'a bien montré Jean-Michel Eymeri à l'origine de cette formule, le fait de tenir le stylo du début à la fin constitue en effet pour les fonctionnaires chargés de produire la règle une « chance de puissance » considérable qu'ils ne partagent avec aucun autre partenaire[46].

S'appuyant sur ces multiples ressources, qu'ils mobilisent en général de façon combinée, les rédacteurs administratifs des lois et règlements assurent leur emprise sur les différents espaces de la production normative et, par ce biais, contrôlent

45. Sur le sujet, voir également Stéphane ENGUÉLÉGUÉLÉ, *Les politiques pénales (1958-1995)*, Paris : L'Harmattan, 1998.

46. Jean-Michel EYMERI, « Frontière ou marches ? De la contribution de la haute administration à la production du politique », *in* Jacques LAGROYE (dir.), *La politisation*, Paris : Belin, 2003, p. 47-77.

les interventions de tous les partenaires susceptibles d'interagir avec le processus d'écriture, des supérieurs hiérarchiques aux représentants des groupes d'intérêts sectoriels, en passant par les multiples acteurs gouvernementaux sollicités lors des arbitrages politiques. Comme le montre l'élaboration de l'ordonnance instaurant le régime d'enregistrement des ICPE, ce pouvoir normatif permet d'inscrire l'élaboration de la règle dans un processus itératif, c'est-à-dire de procéder par réductions successives, en commençant par produire des accords sur les grands principes pour ensuite engager la discussion sur la rédaction détaillée de chaque disposition, jusqu'à la production d'un consensus large susceptible d'engager l'ensemble des parties prenantes. Par une sorte d'effet entonnoir, les oppositions principales sont alors réduites les unes après les autres, les points durs disparaissant progressivement pour laisser la place à des désaccords plus superficiels, qui sont à leur tour effacés pour permettre la tenue des consultations officielles et des échanges interministériels où l'objectif n'est plus de négocier le contenu de la règle, mais de transcrire tous les accords scellés aux étapes précédentes dans des formulations acceptables par toutes les parties. Et si à ce stade quelques différends subsistent encore, ils ne peuvent plus faire l'objet d'oppositions radicales et finissent par se dissoudre d'eux-mêmes moyennant d'ultimes ajustements.

Ainsi défini, le contenu substantiel de la règle se présente donc comme le résultat d'un long et patient travail de conciliation de l'ensemble des intérêts représentés. Ce travail consiste moins à arbitrer entre les positions défendues de part et d'autre, ou à trouver des compromis en définissant des positions intermédiaires, qu'à rechercher des voies de résolution permettant de les articuler et de les faire tenir ensemble, dans une architecture permettant de préserver au mieux le cadrage initial défini par l'administration en responsabilité. L'inconvénient de ce mode de fabrication du règlement est que les acteurs concernés doivent endurer un grand nombre d'épreuves avant d'arriver à leur fin. L'avantage est que la réglementation qui résulte de ce long processus satisfait globalement l'ensemble des parties prenantes en répondant au mieux aux attentes diverses suscitées par le projet réformateur.

■ Les auteurs

Laure Bonnaud est chargée de recherche à l'Institut national de recherche pour l'agriculture, l'alimentation et l'environnement (Inrae) et **Emmanuel Martinais** est chercheur à l'École de l'aménagement durable des territoires (ENTPE). Ils travaillent depuis de nombreuses années sur l'action publique de prévention et de gestion des risques industriels. Ensemble, ils ont publié :

— *Les leçons d'AZF. Chronique d'une loi sur les risques industriels*, Paris : La Documentation Française, 2008 ;

— *Le développement durable, une nouvelle affaire d'État*, Paris : Presses universitaires de France, 2014. DOI : 10.3917/puf.lasc.2014.01 (avec Pierre Lascoumes et Jean-Pierre Le Bourhis).

Working Time and Work Intensity in Portuguese Courts

Temporalités et intensité de travail dans les tribunaux portugais

João Paulo Dias, Paula Casaleiro, Filipa Queirós, Fernanda Jesus, Teresa Maneca Lima

Centre for Social Studies, University of Coimbra, Rua da Sofia, 136-138, Piso 2, 3000-389 Coimbra, Portugal.
<jpdias@ces-uc-pt>, <pcasaleiro@ces.uc.pt>, <filipaqueiros@ces.uc.pt>, <fcostajesus@ces.uc.pt>, <tmaneca@ces.uc.pt>

Résumé Cet article analyse les conditions de travail des greffiers, procureurs et juges au Portugal, sur la base des résultats d'une enquête par questionnaire en ligne et d'entretiens, dans le cadre du projet de recherche QUALIS. Il se concentre sur les temporalités et l'intensité du travail des professions judiciaires au Portugal. Les résultats montrent que les personnels des tribunaux portugais travaillent à un rythme soutenu et en dehors des heures réglementaires pour accomplir une charge de travail lourde dans des délais très serrés. Leur environnement de travail se caractérise par ailleurs par des espaces exigus, avec un mobilier et des ressources technologiques inadéquates. Ces conditions de travail sont perçues, ou vécues, comme inévitables, prévisibles, et normalisées. Cette contribution invite à prendre en considération ces résultats pour améliorer les performances des tribunaux et la qualité de la justice rendue aux citoyens.

Conditions de travail – Intensification du travail – Professions judiciaires – Temporalités – Temps de travail – Tribunaux

Summary This article examines working conditions among court clerks, public prosecutors, and judges in Portugal, based on the results of an online questionnaire and interviews, developed at the research project QUALIS. It focuses on two dimensions of working conditions: working time and work intensity. The results show that Portuguese judicial professionals work at a high pace and outside regular hours to achieve a heavy workload to tight deadlines. These working conditions are seen, or experienced, as inevitable, to be expected, and normalized. This article invite to take into consideration these results in order to improve the performance of courts and the quality of justice provided to citizens.

Courts – Judicial professions – Work intensification – Working conditions – Working time

Legal and judicial systems and laws are undergoing a rapid transformation process.[1] This process varies from one society to another, depending on their economic and social development, legal culture, political transformations, and the consequent pattern of litigation, which in its turn is a function of the type of users of courts and the relationship between potential and effective dispute resolution in the judicial system.[2] These paths interconnect with the transformation that has been taking place within the professions in general,[3] and in the legal and judicial professions, more specifically.[4]

The transformation of the legal and judicial professions toward specialization and increased digitization is interconnected with institutional management models and forms of work organization implemented in recent decades in courts.[5] With the emergence of new functions and services adapted to growing social complexities and in response to citizens' demands, new management models have emerged in the European Union and its member nations,[6] including Portugal.[7] The country's latest reform of the judicial organization, implemented during the Troika,[8] in 2013,

1. This work was made possible thanks to the financial support of the Portuguese Foundation for Science and Technology, under the Pluriannual R&D Unit Funding (UIDP/50012/2020) and the QUALIS project (Quality of Justice in Portugal! Impact of working conditions on the performance of judicial professions—29039—Reference: POCI-01-0145-FEDER-029039).

2. Boaventura de Sousa Santos, Maria Manuel Leitão Marques, João Pedroso, *Os Tribunais nas Sociedades Contemporâneas: O Caso Português*, Porto: Afrontamento, 1996.

3. Richard Susskind and Daniel Susskind, *The Future of the Professions: How Technology Will Transform the Work of Human Experts*, New York: Oxford University Press, 2015; Andrea Bellini & Lara Maestripieri, "Professions Within, Between and Beyond. Varieties of Professionalism in a Globalising World," *Cambio*, 16 (8), 2018, p. 5–14. DOI: 10.13128/cambio-24947; Tony Becher, *Professional Practices. Commitment & Capability in a Changing Environment*, New York: Routledge, 2018.

4. João Paulo Dias and João Pedroso, "As profissões jurídicas entre a crise e a renovação: o impacto do processo de desjudicialização em Portugal," *Direito e Democracia*, 3 (2), 2002, p. 281–324, <http://hdl.handle.net/10316/42236>; Brian Simpson, "Algorithms or Advocacy: does the Legal Profession have a Future in a Digital World?," *Information & Communications Technology Law*, 25 (1), 2016, p. 50–61. DOI: 10.1080/13600834.2015.1134144; Richard Susskind, *Online Courts and the Future of Justice*, Oxford: Oxford University Press, 2019.

5. Ragna Aarli and Anne Sanders, "Courts and Judicial Reforms," in Ragna Aarli and Anne Sanders (eds.), *Courts in Evolving Societies: Sino-European Dialogue between Judges and Academics*, Leiden: Brill Nijhoff, 2021, p. 3–17.

6. Daniela Piana, "Réformes judiciaires et État de droit. Analyse comparée des pays de l'Union européenne," *Droit et Société*, 95 (1), 2017, p. 177–198. DOI: 10.3917/drs.095.0177; Emmanuel Guinchard and Marie-Pierre Granger (eds.), *The New EU Judiciary: An Analysis of Current Judicial Reforms*, Alphen aan den Rijn: Wolters Kluwer, 2019.

7. Conceição Gomes, "Justiça e eficiência: o debate e os desafios à gestão dos tribunais," *Cronos* , 16 (2), 2015, p. 8-23, <https://periodicos.ufrn.br/cronos/article/view/11476/pdf>; Conceição Gomes, "Tribunais e transformação social: desafios às reformas da justiça," in Maria De Lurdes Rodrigues, Nuno Garoupa, Pedro Magalhães, Conceição Gomes, and Rui Guerra da Fonseca (eds.), *40 anos de políticas de justiça em Portugal*, Coimbra: Almedina, 2017, p. 161–179.

8. Portugal signed the Memorandum of Understanding (MoU) with the Troika (European Central Bank, International Monetary Fund, and European Commission) in May 2011, in order to receive a 78 billion euro loan to support the state's financial indebtedness. The Troika intervention program

sought to implement an autonomous and concentrated management system, following a greater organizational specialization and management-by-objectives model aimed at administering a more efficient justice.[9] Within the area of management, the aim was to streamline distribution and procedural requirements, simplify the allocation and mobility of human resources, and provide greater autonomy for the court management structures. Given the growing hybridization of the profession and organizational management, with the latter becoming increasingly a part of the profession's list of skills,[10] working conditions have also become an important element to be taken into consideration in the functioning of courts, the performance of judicial professions, and the quality of justice delivered to citizens. Nevertheless, the working conditions in which judicial professionals perform their duties are rarely scrutinized and evaluated,[11] akin to health services. Based at the Center for Social Studies at the University of Coimbra, QUALIS is a research project that studied the working conditions of three different judicial professionals working daily in the Portuguese courts: judges, public prosecutors, and court clerks.

Portuguese court clerks, public prosecutors, and judges have been characterized as having poor physical working conditions and a demanding working environment. According to previous studies, the workload requires working at high speed and under time pressure in cramped working spaces with inadequate furniture and technological resources.[12] These poor working conditions have consequences that are well known, not only in terms of judicial professionals' health and well-being,

lasted 3 years and included the adoption and implementation of multiple measures with the aim to reduce the level of indebtedness of the Portuguese State. The MOU included measures to be implemented in the judicial system, such as reducing of the number of courts (concentration) and adopting management structures to reduce the functioning costs of courts.

9. João Paulo Dias and Conceição Gomes, "Judicial Reforms 'Under Pressure': The New Map/Organisation of the Portuguese Judicial System," *Utrecht Law Review*, 14 (1), 2018, p. 174–186, DOI: 10.18352/ulr.448; or go to Portuguese *e-justice portal*, at <https://e-justice.europa.eu/16/EN/national_justice_systems?PORTUGAL&member=1#tocHeader1>.

10. Mirko Noordegraaf, "Hybrid Professionalism and Beyond: (New) Forms of Public Professionalism in Changing Organizational and Societal Contexts," *Journal of Professions and Organization*, 2 (2), 2015, p. 187–206. DOI: 10.1093/jpo/jov002.

11. Paula Casaleiro, Ana Paula Relvas, and João Paulo Dias, "A Critical Review of Judicial Professionals Working Conditions' Studies," *International Journal for Court Administration*, 12 (1), 2021, p. 1–28. DOI:10.36745/ijca.334.

12. João Paulo Dias and Paula Casaleiro, Conceição Gomes, "Os/as 'invisíveis' da justiça: condições de trabalho dos/as oficiais de justiça em Portugal," *Culturas Jurídicas*, 18 (7), 2020, p. 1–31. DOI: 10.22409/rcj.v0i0.45751; Paula Casaleiro, Ana Paula Relvas and João Paulo Dias, "A Critical Review of Judicial Professionals Working Conditions' Studies," cited article; Marina Henriques, Teresa Maneca Lima and João Paulo Dias, "As Condições de Trabalho dos Atores Judiciais em Portugal: reflexões a partir da queixa do SOJ à OIT," *Revista Inclusiones*, 8 (2), 2021, p. 120–142, <http://hdl.handle.net/10316/94090>; António Casimiro Ferreira, João Paulo Dias, Madalena Duarte, Paula Fernando, and Alfredo Campos, *Quem são os nossos magistrados? Caracterização profissional dos juízes e magistrados do Ministério Público em Portugal*, Coimbra: Centro de Estudos Sociais, 2014, <http://hdl.handle.net/10316/86801>; Duarte Rolo, João Areosa, Henrique Silveira, Miguel Amaral, Raquel Varela, and Roberto della Santa, *Inquérito Nacional às Condições de Vida e de Trabalho dos Funcionários judiciais em Portugal*, Lisbon: SEAL/IHC, 2023.

but also in their work capacity. These challenges to the judiciary go to the heart of the efficiency and efficacy of the judicial system. Courts are part of a complex organization that provides a fundamental public service. Thus, it is timely to reconsider the working conditions of Portuguese judges, public prosecutors, and court clerks as they fulfil their judicial roles.

This article presents the results of an online survey and interviews applied to the judicial professions (judges, public prosecutors, and court clerks) in Portugal, discussing their perceptions of working conditions and, more specifically, their work intensity and working time. At a time when courts are considered an especially important institution for safeguarding rights and citizenship, it is crucial to ensure that its professionals have the best conditions possible to perform their competencies with quality.

I. Working Conditions in Courts: Working Time and Work Intensity

The concept of working conditions has evolved gradually, from a somewhat narrow definition associated with physical integrity to a focus on the concept of well-being and, finally, to an understanding of working conditions that is associated with the quality of work and employment. Recent studies in the sociology of work, but also EUROFOUND, have adopted a comprehensive definition of working conditions as having primarily encompassing such issues as health and safety in the workplace, work organization, quality of working life, and work-life balance.[13] Work intensity and working time are two of the seven dimensions of the job quality framework[14] proposed by EUROFOUND,[15] with a proven impact (whether positive or negative) on the health and well-being of workers.

While work intensity is related to the level of work demands in the job, including quantitative demands, pace determinants, interdependency, and emotional demands, working time comprises aspects such as duration, atypical working time, working time arrangements, and flexibility. According to EUROFOUND, these dimensions play a role in workers' health and well-being as well as in their performance. If the workload is very high, or if the job requires juggling various demands, or if the number of rest periods is inadequate, there is an increased risk of illness and delays and reduced quality of outputs, as it becomes difficult to perform tasks in the most effective way. As stated in the European Union's Directive

13. Jorge Cabrita and Darina Peycheva, *National Working Conditions Surveys in Europe: A Compilation*, Dublin: EUROFOUND, 2014; Teresa Maneca Lima, « Condições de trabalho », in Centro de Estudos Sociais (ed.), *Dicionário das Crises e das Alternativas*, Coimbra: Almedina, 2012, p. 56–57; EUROFOUND, *Working Conditions and Sustainable Work: An Analysis using the Job Quality Framework*, Luxembourg: Publications Office of the European Union, 2021.

14. Physical environment, work intensity, working time quality, social environment, skills and discretion, prospects, and earnings.

15. EUROFOUND, *6th European Working Conditions Survey: overview report*, Luxembourg: Publications Office of the European Union, 2016; EUROFOUND, *Working Conditions and Sustainable Work...*, cited.

concerning certain aspects of the organisation of working time (Directive 2003/88/EC), "Specific working conditions may have detrimental effects on the safety and health of workers. The organization of work according to a certain pattern must take account of the general principle of adapting work to the worker."[16] Given the potential impact on the quality of justice provided to citizens by the judicial professionals not only the health and safety of workers was at risk, but also the right of citizens to have fair and swift justice.

In the 2003 World Health Organization report on work organization and stress,[17] work-related stress, also called occupational stress, is defined as a "response people may have when presented with work demands and pressures that are not matched to their knowledge and abilities and which challenge their ability to cope." Such occupational stress can have health consequences for the individual, affect family roles and productivity, and decrease job quality and satisfaction. It can also have significant negative impacts on the company or organization with which the individual is employed and on the recipients of the services offered.[18] According to Marques-Pinto, Lima, and Silva,[19] burnout is a severe reaction to occupational stress, with impact on physical and psychological health and behavioral-motivation. It is a psychological syndrome that may occur when workers chronically face a stressful working environment and lack the resources to meet high job demands.[20]

With the adoption of Directive 2003/88/EC, the European Union promoted changes in public policies on working conditions with an impact on national legislation and specifically regarding these two elements. This Directive focuses on several important aspects of work intensity and working time, such as limits to weekly working hours, minimum daily rest periods, paid annual leave, and extra protection in case of night work.[21] These concerns are in line with the European Pillar of Social Rights (Principle 10: Healthy, safe and well-adapted work

16. European Commission, Working Time Directive (2003/88/EC), November 4, 2003, <https://eur-lex.europa.eu/legal-content/EN/TXT/PDF/?uri=CELEX:32003L0088&from=EN>.

17. Stavroula Leka, Amanda Griffiths and Tom Cox, *Work Organisation and Stress: Systematic Problem Approaches for Employers, Managers and Trade Union Representatives*, Geneva: World Health Organization, 2003, p. 3, <https://apps.who.int/iris/handle/10665/42625>.

18. Alberto Hespanhol, "Burnout e stress ocupacional," *Revista Portuguesa de Psicossomática,* 7 (1-2), 2005, p. 153–162, <https://www.redalyc.org/pdf/287/28770212.pdf>; Mayra Grava De Moraes, Vinicius Barrosos Hitora and Carlos Lopes Verardi, "The Relationship between Burnout and Quality of Life," *Cadernos de Pós-Graduação em Distúrbios do Desenvolvimento,* 19(1), 2019, p. 51–64, <http://editorarevistas.mackenzie.br/index.php/cpgdd/article/view/11831/7648>.

19. Alexandra Marques-Pinto, Maria Luísa Lima, and Adelina L. Da Silva, "Stress profissional em professores portugueses: Incidência, preditores e reacção de burnout," *Psychologica*, 33, 2003, p. 181–194.

20. Arnold B. Bakker and Evangelia Demerouti, "The Job Demands-Resources Model: State of the Art," *Journal of Managerial Psychology*, 22 (3), 2007, p. 309–328. DOI: 10.1108/02683940710733115; Christina Maslach, "Burnout, Psychology of," in James D. Wright (ed.), *International Encyclopedia of the Social and Behavioral Sciences*, Amsterdam: Elsevier, 2015, p. 929–932; Jorge Sinval, Cristina Queirós, Sonia Pasian, and and João Marôco, "Transcultural Adaptation of the Oldenburg Burnout Inventory (OLBI) for Brazil and Portugal," *Frontiers in Psychology*, 10, 2019, DOI: 10.3389/fpsyg.2019.00338.

21. European Commission, Working Time Directive (2003/88/EC), cited.

environment and data protection) and the Charter of Fundamental Rights of the European Union (Article 31: Fair and just working conditions). More recently, the European Union also promoted an assessment of the implementation, by member states, of Directive 2003/88/EC concerning certain aspects of the organization of working time.[22] While concluding that the compliance of member states with the directive's requirements is improving, this report also highlighted the existence of a diverse range of problems, such as the incorrect transposition of the requirement to provide compensatory rest, "treatment of on-call time as working time, limitations to maximum working time for specific groups of workers (mainly healthcare personnel and armed forces), and limitations to working time for night workers."[23] Several of these dispositions also apply to the labor context of courts in Portugal, as can be seen in the following sections.

As mentioned in a recent state-of-the-art article,[24] studies on the working conditions within the legal, particularly the judicial, professions are quite scarce and have mainly been centered on professional satisfaction[25] and/or issues of professional identity.[26] Working conditions have been a frequent object of study in other professions, such as doctors and nurses, as well as at-risk professions like police officers and firefighters, but mostly from a psychological or psychiatric perspective. Thus, for example, studies have recently been carried out on the working conditions of a number of Portuguese professions, in which a combined methodology was used for evaluating the working conditions and the burnout of dockers,[27] civil aviation flight personnel,[28] and high school teachers.[29]

22. European Commission, *Report on the implementation by Member States of Directive 2003/88/EC concerning certain aspects of the organisation of working time*, Brussels, 2017, <https://eur-lex.europa.eu/legal-content/EN/TXT/PDF/?uri=CELEX:52017DC0254&from=EN>.

23. *Ibid.*

24. Paula Casaleiro, Ana Paula Relvas, and João Paulo Dias, "A Critical Review of Judicial Professionals Working Conditions' Studies," cited article, p. 1–28.

25. Rémi Finkelstein and Amandine De Septenville, "Évaluation de la formation, auto-efficacité et bien-être affectif au travail chez les magistrats de l'ordre judiciaire. Le rôle médiateur du sentiment d'appartenance sociale," *EPTO*, 17, 2008, p. 318–333, <https://docplayer.fr/12988691-Remi-finkelstein-amandine-de-septenville.html>; Sharyn Roach Anleu and Kathy Mack, "Job Satisfaction in the Judiciary," *Work, Employment and Society*, 28 (5), 2014, p. 683–701. DOI: 10.1177/0950017013500111.

26. Cécile Vigour, "Ethos et légitimité professionnels à l'épreuve d'une approche managériale : le cas de la justice belge," *Sociologie du Travail*, 50 (1), 2008, p. 71–90. DOI: 10.4000/sdt.18544.

27. Raquel Varela, Roberto della Santa, Henrique Silveira Oliveira, Teresinha Souza, and Ana Aleixo, *Inquérito Nacional sobre as Condições de Vida e Trabalho dos Estivadores em Portugal/Desgaste, Penosidade, Risco*, Lisbon: SEAL/IHC, 2019.

28. Raquel Varela, Roberto della Santa, and Henrique Silveira Oliveira, *Inquérito Nacional sobre as Condições de Vida e Trabalho do Pessoal de Voo da Aviação Civil (INCVT-PVAC) a partir de Portugal. Desgaste, Penosidade, Risco. Tripulantes de Cabina*, Lisbon: SNPVAC, 2019.

29. Raquel Varela, Roberto della Santa, Henrique Silveira Oliveira, Coimbra Matos, Duarte Rolo, João Areosa, and Roberto Leher, *Inquérito Nacional sobre as Condições de Vida e Trabalho na Educação em Portugal (INCVTE)*, Lisbon: FCSH-UNL/FENPROF, 2018.

Nevertheless, studies on the judicial professions focusing on working conditions have slowly emerged in the last decade, as new models of judicial management and judicial reforms were implemented. The exponential increase in the demand for judicial services, due to transformations occurring within the state, society, and the economy that led, notably, to an explosion of debt claims, has led to a growing investment in different measures that influence the demand for judicial services, such as the de-judicialization and decriminalization of certain types of conduct and the creation of alternative dispute resolution procedures.[30] More recently, judicial reforms have focused on the redefinition of territorial jurisdiction and on the judiciary's organizational structure. These reforms have necessarily affected the relationship between citizens and the administration of justice, but also judicial professionals' working conditions.

In terms of working time and work intensity, the existing literature points to a general dissatisfaction among judges and public prosecutors. Those studies have unanimously established that judicial professionals regard the volume of work not only as excessive and growing—requiring working at high speed and outside regular hours—but also emotionally demanding.[31] The excessive workload (backlog, time constraints, overbooking, and difficulties in meeting deadlines) is described as a major source of stress.[32] Furthermore, studies have unanimously concluded that certain aspects of judicial work are themselves a major source of stress. For example, Flores *et al.* have shown that the highest levels of stress for judges stemmed from emotionally demanding cases, such as those involving crimes against children, sexual crimes, and violent crimes.[33] At the same time, however, the very nature of the work and the intellectual challenge constitute a major source

30. See, among others, Marco Fabri, "Policies to Enhance the Quality of Justice in Europe," in Marco Fabri, Jean-Paul Jean, Philip Langbroek, and Hélène Pauliat (eds.), with Noëlle Rivero-Cabouat, *L'administration de la justice en Europe et l'évaluation de sa qualité*, 2005, p. 69–83.

31. Joy M. Rogers, Stanley J. J. Freeman and Patrick Lesage, "The Occupational Stress of Judges," *The Canadian Journal of Psychiatry*, 36 (5), 1991, p. 317–322. DOI: 10.1177/070674379103600501; Kathy Mack, Sharyn Roach Anleu and Anne Wallace, "Everyday Work in the Magistrates Courts: Time and Tasks," *Journal of Judicial Administration*, 21 (1), 2011, p. 34–53; Revital Ludewig and Juan Lallave, "Professional Stress, Discrimination and Coping Strategies: Similarities and Differences between Female and Male Judges in Switzerland," in Ulrike Schultz and Gisela Shaw (eds.), *Gender and Judging*, Oxford: Hart Publishing, 2013, p. 233–252; António Casimiro Ferreira *et al.*, *Quem são os nossos magistrados? Caracterização profissional dos juízes e magistrados do Ministério Público em Portugal*, Coimbra: Centro de Estudos Sociais, 2014, <http://hdl.handle.net/10316/86801>; Bárbara Fonseca, "Riscos Psicossociais e Engagement nos Magistrados do Ministério Público: uma relação moderada pelo capital psicológico," Master's thesis, Porto: Universidade Católica Portuguesa, 2017.

32. Joy M. Rogers, Stanley J. J. Freeman and Patrick Lesage, "The Occupational Stress of Judges," cited article; Marilda Lipp and Maria do Sacramento Tanganelli, "Stress e Qualidade de Vida em Magistrados da Justiça do Trabalho: Diferenças entre Homens e Mulheres," *Psicologia: Reflexão e Crítica*, 15 (3), 2002, p. 537–548. DOI: 10.1590/S0102-79722002000300008; Chongmin Na, Tae Choo and Jeffrey A. Klingfuss, "The Causes and Consequences of Job-Related Stress among Prosecutors," *American Journal of Criminal Justice*, 43, 2018, p. 329–353. DOI: 10.1007/s12103-017-9396-4.

33. David M. Flores, Monica K. Miller, Jared Chamberlain, James T. Richardson and Brian H. Bornstein, "Judges' Perspectives on Stress and Safety in the Courtroom: An Exploratory Study," *Court Review*, 45, 2009, p. 76–89.

of satisfaction. Australian judges and magistrates express very high levels of work satisfaction: an overwhelming majority (92%) are satisfied, including very satisfied, with their overall work, and four out of five agree (including strongly agree) that their work is a major source of satisfaction and that the work has lived up to their expectations.[34] Similarly, three-quarters of UK salaried judges are satisfied with the challenge posed by their job (77%) and the variety of their work (73%),[35] whereas almost three-quarters of Portuguese judges and prosecutors agree, or strongly agree, in saying that they feel motivated in their job.[36]

Regarding working time, specifically, studies rarely consider the incidence of long working hours or atypical working time, as is the case with Mack and Roach Anleau's survey,[37] according to which three-quarters of all judges and magistrates reported working outside regular working hours at least a few times a week. Nevertheless, most studies showed that the long working hours affect judicial professionals' personal/family life and reported "job-home interaction" as sources of stress.[38] Moreover, Thomas reported a substantial increase—from 29% in 2014 to 51% in 2016—in the number of UK salaried judges who feel that the amount of "out of hours" work required to do their job is affecting them. In contrast, studies from Australia and Romania have concluded that judicial professionals are satisfied with the compatibility between work and family responsibilities and lifestyle and that the professionals' interaction with the socio-family environment is not a source of stress.[39] Roach Anleu and Mack have found, in this regard, that women may be less successful or face more obstacles than men in preventing work from intruding into their family time.[40] Nevertheless, Roach Anleu and Mack's study concluded that there were few direct gender differences, as the usual markers of gendered job inequality—differences in pay, authority, responsibilities, and opportunities for career enhancement—are not present in the judiciary.

Finally, it is important to note that several studies highlighted the importance of aspects of the judicial work itself, as primary sources of occupational stress among judicial professionals. Among the specific sources of stress for judges and public prosecutors are the lack of control over their caseload, social isolation, judgements

34. Sharyn Roach Anleu and Kathy Mack, "Job Satisfaction in the Judiciary," cited article.

35. Cheryl Thomas, *2016 UK Judicial Attitude Survey. Report of findings covering salaried judges in England & Wales Courts and UK Tribunals*, London: UCL Judicial Institute, 2017, <https://www.judiciary.uk/wp-content/uploads/2017/02/jas-2016-england-wales-court-uk-tribunals-7-february-2017.pdf>.

36. António Casimiro Ferreira *et al.*, *Quem são os nossos magistrados?*, *op. cit.*

37. Sharyn Roach Anleu and Kathy Mack, "Job Satisfaction in the Judiciary," cited article.

38. Revital Ludewig and Juan Lallave, "Professional Stress, Discrimination and Coping Strategies," cited article; António Casimiro Ferreira *et al.*, *Quem são os nossos magistrados?*, *op. cit.*; Cheryl Thomas, *2016 UK Judicial Attitude Survey*, cited.

39. Sharyn Roach Anleu and Kathy Mack, "Job Satisfaction in the Judiciary," cited article; Monica Silvia Ciocoiu, Mirela Cojocaru, and S. V. Ciocou, "Implications of levels of stress factors in the magistrate's activity," *Romanian Biotechnological Letters*, 15 (3), 2010, p. 126–133, <https://www.rombio.eu/rbl3vol15Supplement/18.Ciocoiu%20Monica.pdf>.

40. Sharyn Roach Anleu and Kathy Mack, "Job Satisfaction in the Judiciary," cited article.

and decision-making, exercising judicial discretion, cases involving child custody, crimes against children, sexual crimes, violent crimes, high information and documentation requirements (bureaucracy), and rapidly changing law.[41] Nevertheless, although judicial professionals experienced high workload and occupational stress and suffered from the severe risk of personal and work-related burnout, they also had high job control and reward, especially professionals such as judges and public prosecutors. Moreover, people working in judicial professions, that combine high psychological job demands with high job control, such as judges, have by far the highest job satisfaction.[42]

The perception, on the part of judges and public prosecutors, of the work overload and the increasingly demanding pace reflects the chronic and widely reported heavy caseload, backlog, time constraints, and overbooking. The highly demanding nature of management initiatives, and court performance evaluation programs, setting productivity standards for judicial professionals and courts intensify this perception. The effect of these on work pressure is, however, still unclear. Previous research characterized, Portuguese judges and public prosecutors sociologically and professionally, of whom 75.5% stated that their profession was the cause of professional stress, with 72.9% emphasizing that the workload was excessive and 53.2% percent indicating that the volume of work had increased steadily over the last few years. Overall, 81.1% stated that their professional life strongly limited their personal life.[43]

II. Methodological Approach: Working with/in Courts

The Portuguese judicial system is divided into two legal jurisdictions: judicial courts and administrative and tax courts.[44] QUALIS studied the judicial professions working in both, focusing on the working conditions of three different judicial

41. Paula Casaleiro, Ana Paula Relvas, and João Paulo Dias, "A Critical Review of Judicial Professionals Working Conditions' Studies," *International Journal for Court Administration*, 12 (1), 2021, p. 1–28. DOI: 10.36745/ijca.334.

42. Tineke Hagen and Stefan Bogaerts, "Work Pressure and Sickness Absenteeism Among Judges," *Psychiatry Psychology and Law*, 21, 2014 p. 92–111. DOI: 10.1080/13218719.2013.790003.

43. António Casimiro Ferreira *et al.*, *Quem são os nossos magistrados?*, *op. cit.*, p. 177–187.

44. The judicial jurisdiction divided the national territory into twenty-three District Courts (first instance courts), plus five courts of second instance (appeals), and the Supreme Judicial Court. Each of the District Courts comprises a Central Section, with specialized sections for different areas (central civil, criminal, criminal investigation, family and juvenile, labor, commerce and enforcement of sentence), Local Sections, which include general sections (local civil, local criminal, and minor crimes), and Proximity Sections. The administrative and fiscal jurisdiction, in turn, comprises seventeen courts of first instance, two courts of second instance (appeals) and the Supreme Administrative Court. For a more detailed description of the Portuguese judicial system see: João Paulo Dias and Conceição Gomes, "Judicial Reforms 'Under Pressure': The New Map/Organisation of the Portuguese Judicial System," *Utrecht Law Review*, 14 (1), 2018, p. 174–186. DOI: 10.18352/ulr.448; or go to Portuguese *e-justice portal*, at <https://e-justice.europa.eu/16/EN/national_justice_systems?PORTUGAL&member=1#tocHeader1>.

professions: judges, public prosecutors, and court clerks. However, for the present article, the focus was only on the judicial district courts, leaving aside higher judicial courts (courts of appeal and the Supreme Court) and the administrative and fiscal branch. The district or lower courts (courts of first instance), comprise 85% of all the personnel working in the judicial and the administrative and fiscal courts (first instance, appeals, and Supreme Courts).

Judges are responsible for administering justice on behalf of the people and, to ensure independence and impartiality, they may not carry out any other duties, be they public or private, except for unpaid teaching or scientific research in the field of law. Portuguese public prosecutors, in turn, are responsible for representing the state, carrying out prosecutions, and defending the democratic rule of law and the interests determined by law, not only in the criminal field but also in other jurisdictional areas, such as family and labor, in the different courts. Access to the profession of judge and public prosecutor is a three-stage process: a public competition (consisting of knowledge tests, a curriculum evaluation, and a psychological selection test); a theoretical and practical course undertaken at the Center for Judicial Studies (*Centro de Estudos Judiciários*); and a court apprenticeship. Finally, court clerks provide procedural assistance in the courts or public prosecution services. Access to the career of a court clerk starts with the entry-level roles of auxiliary clerk (*escrivão auxiliar*) in the judicial service and auxiliary legal clerk (*técnico de justiça auxiliar*) in the public prosecution services. Access is open to persons who have completed a professional training course and who have been approved via a public admission procedure.

QUALIS developed a multidimensional, mixed-methods approach to evaluate the judicial professions' working conditions, through an online self-completion questionnaire and interviews conducted with judges, public prosecutors, and court clerks. Both the interviews and the questionnaire focused on six dimensions relating to working conditions, each of them including several items (besides professional characterization): organizational, environmental, and personal/individual working experience, work-family balance, health and well-being and impact of COVID-19 measures. Among the primary sources collected in this context are laws, official reports, and statistics, reports of district courts' activities, scientific literature, and political debates involving both the Parliament and the government.[45]

The purpose of the present article is to analyze the perceptions of the Portuguese judicial professions regarding two major dimensions of court working conditions: working time and work intensity. It discusses the results of the questionnaire and the case-study interviews, based on the methodological design presented in the following sections.

45. João Paulo Dias, Conceição Gomes, and Marina Henriques, "Conducting Socio-Legal Research in Portugal: From the Experience of the Permanent Observatory for Justice to the Study of Working Conditions in Courts," *Oñati Socio-Legal Series*, 13, S1, 2023, p. S10–S29.

II. 1. Survey by Questionnaire

For this survey, an online self-completion questionnaire was sent to all (10,978) professionals working in courts on December 31, 2020, with the collaboration of the governing and management bodies of the judiciary (high councils) and other relevant entities of the justice system (professional associations and unions). It achieved a significant response rate of 16.2% (1,780 responses).[46] In terms of judicial district court personnel, the focus of this article, the response rate is 15.3% (Table 1).

Table 1. Responses by judicial profession / Judicial District Courts

Judicial Professions	Realm[47]	Sample	% Responses
Judges	1,268	223	17.6%
Public prosecutors	1,256	227	18.1%
Court clerks	6,810	977	14.3%
Total	9,334	1,427	15.3%

The respondents to the survey are more or less evenly distributed among the three judicial professions, with public prosecutors reaching the highest response rate (18.1%), closely followed by judges (17.6%), with court clerks having the lowest rate of participation (14.3%). The survey presents a distribution by profession and sex similar to the realm of judges, public prosecutors and court clerks (Figures 1 and 2). Respondents are mainly women (62.6%), with a slight overrepresentation of female public prosecutors (Figure 2).

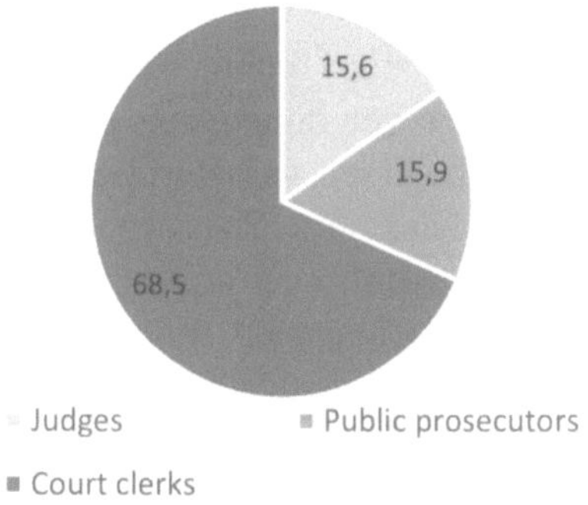

Figure 1. Response distribution by judicial profession

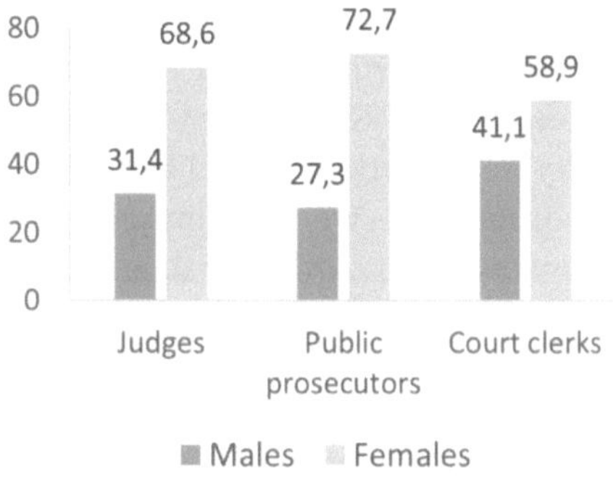

Figure 2. Response distribution by sex and judicial profession

46. After sending a questionnaire link to all potential respondents, we did not undertake a sampling procedure. The group of respondents who completed the questionnaire is the closest possible to a non-probabilistic convenience sample.

47. Data as of December 31, 2020, at <https://estatisticas.justica.gov.pt>.

Respondents are aged between 20 and 69 years, the average age being approximately 48 years (M= 48.43; SD= 9.61). Figure 3 shows the distribution of age by judicial profession. Judges and public prosecutors have an average age of about 47, while court clerks have a slightly higher average age of approximately 50. These age distribution and averages are in line with the already known aging of the Portuguese court clerks.[48]

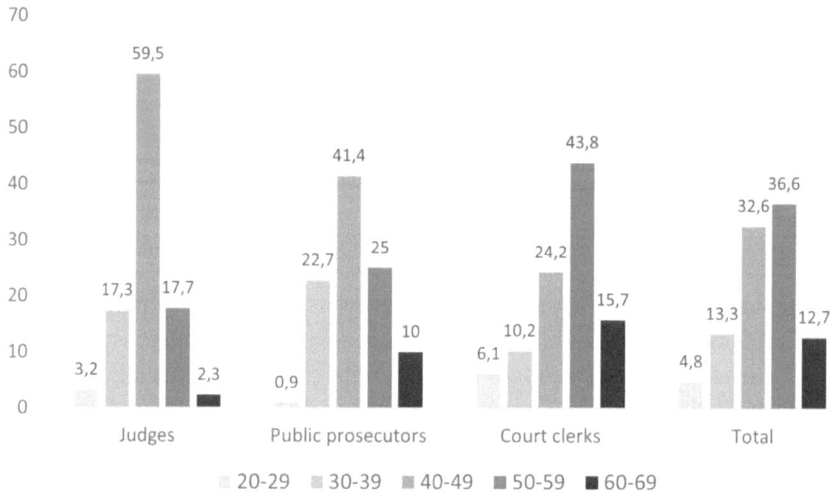

Figure 3. Distribution by age and judicial profession

By focusing on working time and work intensity, the study follows the approach proposed by EUROFOUND.[49] These are two of the seven dimensions of the job quality framework proposed by EUROFOUND.[50] The first covers duration, atypical working time, working time arrangements, and flexibility. The second hinges on aspects like quantitative demands, pace determinants and interdependency, and emotional demands. In our research, another subdimension, centered on the specific context of judicial professions in courts, has been included in the work intensity dimension, with the purpose of measuring judicial determinants. In line with the EUROFOUND approach, we measured working time and work intensity by using aggregated values of multi-item responses from a broad pool of statements in which judicial professionals positioned themselves using either a Likert-type frequency scale (from 1-"never" to 5-"always") or a Likert-type agreement scale

48. João Paulo DIAS, Paula CASALEIRO, and Conceição GOMES, "Os/as 'invisíveis' da justiça," cited article.

49. EUROFOUND, *Working conditions and sustainable work*, cited; EUROFOUND, *6th European Working Conditions Survey*, cited.

50. EUROFOUND, *Working conditions and sustainable work*, cited.

(from 1-"strongly disagree" to 5- "strongly agree"). Our statements were based on those proposed by EUROFOUND and adapted to the working context of courts. Tables 2 and 3 show the questions asked in the questionnaire related to the working time and work intensity dimensions. These indicators allow for an individual analysis and an aggregated approach, as well as indexing working time quality and work intensity.

II. 2. Case Studies with Interviews

The 73 semi-structured interviews were conducted between April and July 2021 with judicial professionals (judges, public prosecutors, and court clerks) working in the court buildings of Central Lisbon and Coimbra district courts, the two case studies selected for QUALIS. These are courts of first instance of the judicial branch. The Central Lisbon district comprises nine locations and eleven buildings, throughout which multiple services are distributed. The buildings are located on both banks of the Tagus River (the Lisbon metropolitan area), their territorial jurisdiction spanning seven municipalities. The Coimbra district comprises twenty buildings spread over a large territory that includes seventeen different municipalities. Despite the diverse size of the buildings and the varied nature of the services operating in each, we made sure that there was at least one interview per building. Given the size of the buildings, two or three interviews were conducted in most of them. In the latter case, it was decided that the interviewees had to be from different professions. The buildings of the administrative courts of first instance, a parallel branch to judicial courts, located in these geographical areas, were also included in the interview sample, which meant the addition of two buildings.

Although the interviews were exclusively focused on the district courts of Coimbra and Central Lisbon, the fact that these districts have a vast territorial remit means that they present a wide variety of situations and contexts and, therefore, the qualitative analysis and discussion of the results from the case studies cover very similar situations and contexts found in most of the other 21 district courts in Portugal.

Of the 73 interviews, 68 were conducted digitally, via Zoom, and five in person: four on the court's premises and one at the Center for Social Studies. In all, 22 judges, 23 public prosecutors, and 28 court clerks were interviewed, of whom 45 were women and 38 men. On average, the interviews were 82 minutes long. All participants signed an informed consent form agreeing to the recording of the interview. All interviews were transcribed and anonymized.[51] To protect interviewee anonymity, the selected quotations only identify their profession. The script of the interviews, including a section relating to the impact of COVID-19, was built in close articulation with the structure of the questionnaire.

51. Interview excerpts use codification in terms of profession and location. The three professions interviewed are the Judges, Public Prosecutors, and Court Clerks; in terms of location, we use LX for Central Lisbon and CBR for Coimbra.

III. Working Time and Work Intensity of Judicial Professionals

In this section, working time and work intensity of the judicial professions will be analyzed using the conceptualization described in Section 1, based on the applied questionnaire and interviews. Work intensity and working time are two of the seven dimensions of the job quality framework proposed by EUROFOUND, which permits the evaluation of their impact on workers' health and well-being. Work intensity is related to the level of work demands, while working time comprises duration, atypical working time, working time arrangements, and flexibility. These two dimensions are especially appropriate for judicial professions, playing an important role in their health and well-being as well as in their performance.

Portuguese judges and public prosecutors have greater flexibility in terms of work arrangements than court clerks. On the one hand, judges and public prosecutors' statutes do not oblige compliance with a specific timetable, although the 35-hour, civil service workweek applies to them on a subsidiary basis. Court clerks, on the other hand, are bound by the opening hours of courts as set out in Ministerial Order 307/2018, from 9 a.m. to 12:30 p.m. and from 1:30 p.m. to 5 p.m., with public services closing at 4 p.m. on business days. Furthermore, even though judges and public prosecutors must carry out their duties primarily in court, they may, however, whenever their duties do not require their physical presence, and provided that proceedings are not affected or disrupted, work outside of court buildings.

In the following sections, we present descriptive statistics of the item responses, followed by working time and work intensity aggregated values or indexes concerning sex, profession, judicial district court, respondents' areas of legal practice, and respondents' place of work.

III. 1. Working Time: Doing what the Job Requires

Table 2 shows that all items of the working time index present a mean value above the midpoint of the response scale (2.5 in a 5-points scale) and that the global mean of working time is 3.06. Although it shows a relevant value for the need to work extra hours (duration dimension), the working time index does not generally provide a disturbing result, with a high impact on the performance of the judicial professions. Nevertheless, this global conclusion does not mean that there are no internal discrepancies in the results, in connection with different variables: courts, specific services or legal areas within the court, profession, among others.

Table 2. Working time indicators applied to Portuguese judicial professions (Judicial District Courts)

Dimension	Statement	Mean	Standard deviation
Duration	You have to work extra hours to meet the required deadlines*	3.43	1.17
Atypical working time	You have to work on the weekend to meet the required deadlines*	2.80	1.29
Working time arrangements	You can take a break whenever you want*/***	3.74	1.03
Flexibility	The time you must devote to your job keeps you from participating equally in household responsibilities and activities**	3.60	1.13
	You have to miss family activities due to the amount of time you must spend on work responsibilities**	3.17	1.19

* Likert-type frequency response scale from 1 "never" to 5 "always."

** Likert-type agreement response scale from 1 "strongly disagree" to 5 "strongly agree."

*** The value of this statement was reversed for index construction.

The interviewees' responses reveal not only a strongly work-centered reality experienced by judicial professionals and its overwhelming effects on other aspects of life, but also a discourse that normalizes the dominance of work over life. As already pointed out by other studies,[52] the following excerpt illustrates a rhetoric in which high demands in terms of working hours are understood as something that "comes with the job." High demands are, thus, to be expected and they require of judicial professionals the capacity to deal with them.

52. Sharyn Roach Anleu and Kathy Mack, "Managing Work and Family in the Judiciary: Metaphors and Strategies," *Flinders Law Journal,* 18 (2), 2016, p. 213–239. DOI : 10.3316/650680433533199.

> There is not a day in a magistrate's professional life that you get to a certain time of the day and say "the job is done, I am going home." That does not exist. I don't think anyone will tell you that.
>
> — CBR.Public Prosecutor.08

Interviewees also tend to normalize the sacrifices that result from the central role of work in their lives. As the following excerpts show, sacrifice is perceived as normal and, therefore, normalized:

> We have to know how to manage our professional time well because that's why we're here. And the family has to remain in the background because the role for which we are intended and which we have pursued and assumed has to be fulfilled.
>
> — CBR.Public Prosecutor.01

> We have to do the best we can with what we have, even if that means some sacrifice on our part and, sometimes, at a cost to our families. But I also think that's what they pay us for, isn't it? And that's it. We have to do our job.
>
> — CBR.Judge.05

The need to work overtime is not limited to the workweek. To meet responsibilities and deadlines, most interviewees also mentioned the need to work on weekends. From this lack of balance, several tensions emerge. The following response, for example, demonstrates the anguish resulting from the difficulties in managing a sense of commitment to work and the need to preserve a measure of personal time.

> I don't want to live for my profession, (...) but there are only two ways for that not to happen. One of them is not to care. If there are too many cases, so be it. They pile up ceiling-high and will be dealt with whenever there's time. And there are people who act like that. But since this is not the way I see my profession, managing personal time and working time ends up causing me anguish.
>
> — CBR.Public Prosecutor.08

The high demands and the (in)flexibility of the working hours affect judicial professionals' personal and family lives differently. The need to work at night, the accumulation of professional responsibilities, and, as explained by the next interviewee, just being unable to enjoy quality time with one's children during court recess may also have a disruptive effect on the nuclear family of these professionals. In the case of this respondent, the combination of all these elements resulted in the end of his marriage:

> Work always conditioned my family life in relation to quality time with my children because it had to be in the summer. Also, having to work at night or on weekends turned out to be complicated. In my personal experience, my professional life, also due to the accumulation of responsibilities, conditioned my personal life in a way that the result was a divorce.
>
> — LX.Public Prosecutor.04

This imbalanced reality is felt by practically all interviewees, but the inherent tensions become even more acute in the case of women with small children and/or those with people under their care. In these cases, the sense of sacrifice is even stronger, as underscored by the following interviewee:

> I work both during the week and on the weekend. I work when I have to work (....) But there is a relevant detail here, which is the fact that I do not have children. This makes all the difference.

> I can see from my [female] colleagues who have children. Their availability for work and for everything else outside of work is different from mine. Just yesterday, I turned off the computer at 11:30 at night. My [female] colleagues do that too. They do this, obviously, with more sacrifice.
>
> — CBR.Judge.01

Finally, when referring to the sacrifices that several professionals make with regard to their daily working hours, the following interviewee reinforced the need to act in the face of the lack of human resources in the courts, lest people "work themselves to death." In the court clerk's own words:

> Work has been increasing exponentially. People have a right to be with their family, not work themselves to death. Court services should have enough staff for the amount of service involved, so that people are not forced to come in at 6 in the morning or leave at 8 in the evening.
>
> — CBR.Court Clerk.02

The analysis of the collected quantitative and qualitative data shows that, in spite of the long hours, with severe impact on the capacity, health, and personal life of the professionals, there is the "feeling" that this is a burden that "comes with the job." In these professions, working overtime has become normalized, a fact admitted and accepted as necessary so that justice can function in the interest of citizens.

III. 2. Work Intensity: The Weight of Numbers

The global mean of work intensity is 3.52. This means that work intensity has a probable higher impact on professional performance than working time. In other words, the "pace of work" and "emotional demands" in particular, with the multiple features involved, could have more negative impact and corresponding effects on the quality of the work performed. In general, however, all the statements correspond to higher values when compared with those of the working time index. The "numbers" probably entail a direct impact on the professionals' quality of work and in their personal life (family and health). This index will, thus, be analyzed to better understand this potential impact.

Table 3. Work intensity indicators applied to Portuguese judicial professions (Judicial District Courts)[53]

Dimension	Statement	Mean	Standard deviation
Quantitative demands	Your work involves a high pace of work to meet the required deadlines*	4.17	0.81
	You have to interrupt a task to perform another, unplanned task*	3.67	0.78
	You have enough time to finish your work */***	3.01	1.09
Pace determinants and interdependency	In general, your work pace depends on the annual numerical performance targets*	3.02	1.44
	In general, your work pace depends on the intervention of other professionals*	3.40	1.08
	In general, your work pace depends on statistical control by the management bodies*	3.30	1.45
Emotional demands	After work, you usually feel worn out and weary**	3.92	0.94
	During work, you often feel emotionally drained**	3.54	1.12
	You feel stress at your job*	3.92	0.96
Judicial determinants	In general, your work pace depends on the informal pressure from the management bodies*	3.01	1.43
	In general, your work pace depends on the evaluation of professional performance by the inspection services*	2.99	1.46
	In general, your work pace depends on the characteristics of the procedure you are working on*	4.23	0.97

* Likert-type frequency response scale from 1 "never" to 5 "always."

** Likert-type agreement response scale from 1 "strongly disagree" to 5 "strongly agree."

*** The value of this statement was reversed for index construction.

53. In this work intensity index, lower scores mean low intensity and higher scores mean high intensity. Statements that assess external dependence on the pace of work are interpreted as contributing in the same manner as intensity, that is, greater dependence will contribute to a higher intensity.

With regard to pace determinants and interdependency, the qualitative data show, as mentioned before, a normalizing discourse of the high pace of work in the judiciary. Operating at a high pace during the week is normalized, as is the habit of working on weekends. In the words of the next interviewee:

> I work at a high pace. We all think we work too hard. Take my own case, I usually get to court at 8 a.m and I don't have a lunch break. I work right until 6-6:30 p.m, but I always take work home to do at night, which is something that has been wearing me out. Every weekend without interruption there has been a need to work.
>
> — LX.Public Prosecutor.02

Analysis of the interviews shows that this normalization is legitimized by the pressure these professionals put on themselves, but also, in a broader sense, by the surrounding environment of quantitative-production evaluation. As the following passage demonstrates, such an environment can lead, albeit in a subtle and unintended way, to a situation of "control and verification" of production indicators among peers, which, consequently, can lead to experiencing greater pressure and (di)stress:

> [The high pace] is part of the demands of the profession. It has always been like that and it always will be. And not only that, there is a perverse outcome, which is that it is not just the judge who demands this of himself. Their peers also demand it. It seems that judges are expected to work themselves to death, and that that is actually the proper thing for them to do.
>
> — LX.Judge.03

> While it is true that the quarterly assessment charts on the correlation between the number of incoming cases and the number of resolved cases are essential in order to adequately measure what justice should be like and how it is working, they also often end up having this counter-productive aspect, which is the feeling of stress on the part of the magistrate, who tries to fulfil an objective based on what he sees the colleague next to him doing. It becomes a bit stressful.
>
> — LX.Judge.08

Notwithstanding this "control and verification" system, and despite recognizing the need to assess productivity and the quality of justice, judicial professionals offer a critical perspective on the assessment mechanisms currently in place. In addition to the previous statements, the following responses illustrate the relationship the interviewees themselves establish between quantity, quality, satisfaction, and productivity, thus denouncing the absence of qualitative evaluation parameters for measuring the quality of the work produced.

> People evaluate in numbers. They don't assess quality, and I think that's unfair. This does not mean that there aren't people who do little work, but most people I know work a lot and are not limited to working hours. They work on weekends too.
>
> — LX.Judge.02

> When writing a decision, I try to make sure I'm making it as correct and well-reasoned as possible, to avoid appeals. It takes me longer, but this is what motivates me. My motivation does not come from numbers, from completing a lot of cases, but from feeling that I'm doing something well. That's what gives me encouragement and motivation, including with regard to productivity, because I feel like I'm doing the right thing.
>
> — LX.Judge.01

In addition to pointing to the relationship between pace and performance assessment, several interviewees alluded to the transformations that court proceedings have undergone over time. As the next interviewee points out, they now involve a wider network of actors or criminal associations, they are bigger and more complex, and these variables should also be integrated into the performance evaluation system.

> In the past, it was more common to have criminal cases where there was only one person doing the stealing or trafficking. Today we are faced with situations where there is a larger web of people involved, and this creates complexities in terms of evidence gathering and proof assessment. Cases have grown more complex regardless of the type of crime involved.
>
> — LX.Judge.08

Work intensity is closely related to workload as far as courts are concerned, with the "numbers" reached by court proceedings having a high impact on the working capacity and quality of the professionals involved. Therefore, there is an evident normalization of the narrative according to which professionals must meet the demands of professional evaluation, in light of which productivity is the major criterion to be taken into consideration.

III. 3. Time and Intensity: Dynamics and Diverse Impacts

The analysis of the means of working time and work intensity by profession (Figure 4) and sex (Figure 5) provides different results. While there are statistically significant differences by profession, these differences are not statistically relevant in terms of sex or legal area of practice. The major differences concern the functions of each profession.

The abovementioned flexibility of judges' and public prosecutors' work arrangements, combined with their different roles and responsibilities, can explain the working time and work intensity differences among the three judicial professions. Judges and public prosecutors tend to work overtime and on weekends more frequently than court clerks: 70% or more of judges and public prosecutors claim to work always/frequently overtime (78.3% of judges and 69.7% of public prosecutors); and 72.2% of judges and 57.2% of public prosecutors claim to work always/frequently on weekends to meet the required deadlines; while most of the court clerks do not work or only sometimes work overtime (62%) or on weekends (85.5%) to meet the required deadlines.

> In terms of workload, I think it's acceptable. (...) It is impossible for me to benefit from every weekend, just as it is impossible to go out every day at a decent time. For example, just yesterday, on holiday, I came to the court and the court was full of colleagues because it is impossible, in these functions, not to work overtime from time to time.
>
> — LX.Judge.04

> It is usually rare to do the 7 hours [of daily work]. I always do between 8 to 9 hours. To "keep a clear conscience" because I can't see accumulated work. On weekends it is not usual to work because I have extended weekly hours. But if there are peaks and things that have to be answered urgently, if I have to work, I try not to go beyond 4 hours of work.
>
> — LX.Court Clerk.04

Judges "need time" to work on their judgements because of the time required to write them. Public prosecutors feel pressed to draw up indictments, coordinate investigations, and collect evidence, and thus find it difficult to strike a balance between "numbers" and "time to write." Court clerks feel the weight of the numbers in particularly acute fashion as a result of the clerical support duties they perform during business hours, hence the significant difference between working time (lower mean) and work intensity (higher mean). The "upper pressure" from the management bodies and the presidency of the courts, looking for better numbers, increases the difficulty in dealing with the daily work. In short, the results of the survey show that workload has a major impact on work intensity for court clerks and on working time for judges and public prosecutors. Just as the statements quoted above are illustrative of the reality experienced by judges and public prosecutors regarding working time and work intensity, the following response is illustrative of the reality felt by some of the court clerks we interviewed.

> You know those ants in those television documentaries, where you see the ant carrying three or four times their own body weight and size? That's how a court clerk feels these days.
>
> — CBR.Court Clerk.04

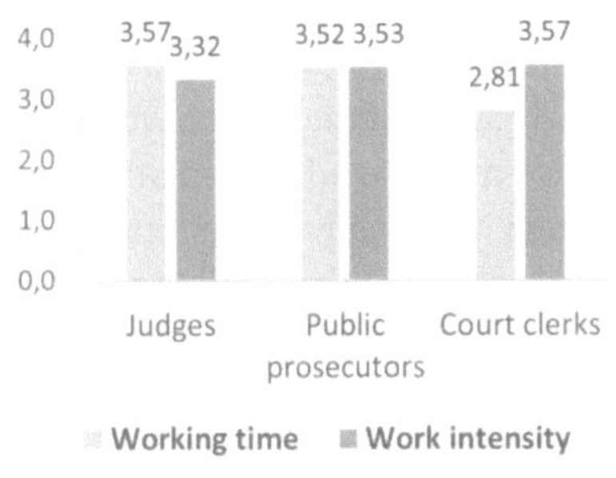

Figure 4. Working time and work intensity by profession (index mean)

Figure 5. Working time and work intensity by sex (index mean)

In regard to working time and work intensity, the results of the survey also show several differences throughout the 23 judicial district courts. Specific courts occupy lower and higher positions, but the analysis does not convey existing variations within each court, with its multiple buildings spread over different locations. Nevertheless, as shown by previous findings,[54] different results have multiple causes, which requires an in-depth study of each separate judicial district court (Figures 6 and 7). In the selected case studies, the majority of the variations were based on the differences of each building occupied by court services. Therefore, taken into consideration that each judicial district court occupies several buildings, their working conditions can vary widely, producing different results. Additionally, the distribution of human resources and workload, throughout the judicial district courts, is the other main factors that contribute to a variety of results.

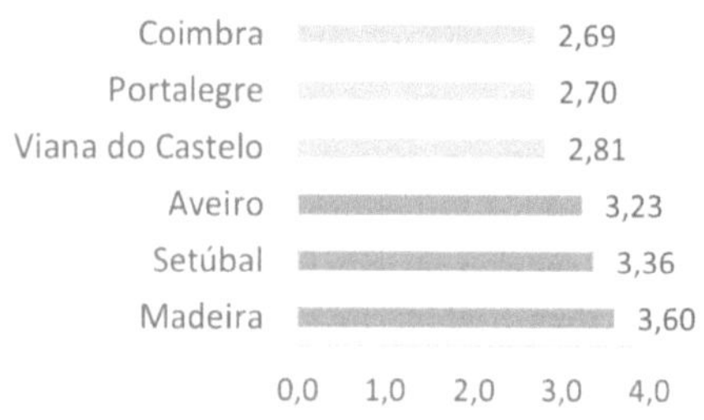

Figure 6. Working time by judicial district court (index mean—best and worst results)

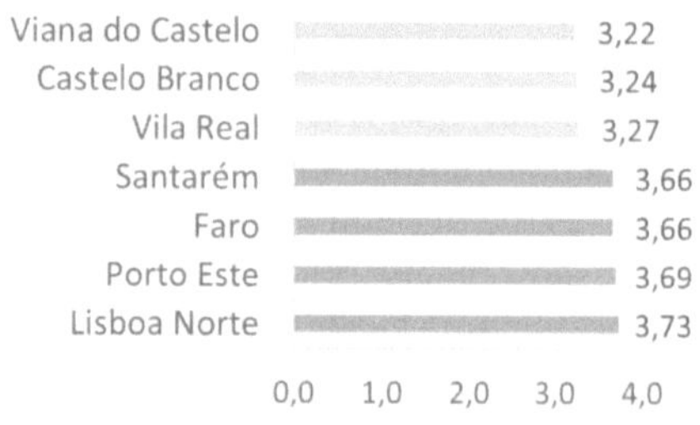

Figure 7. Work intensity by judicial district court (index mean—best and worst results)

The results regarding working time and work intensity across other dimensions—years in the profession and areas of legal practice of interviewees—do not provide novel information, as they show that, at an early stage of the career, working time is slightly higher (the opposite being the case at more advanced stages in the career). Work intensity remains stable, although marginally higher after 26 years in the profession. The differences between professions remain similar, as explained above. The differences observed in the professions' specific areas of legal practice are also minor. Nevertheless, it is worth mentioning that the criminal area scores slightly higher with regard to working time and work intensity, while these scores

54. António Casimiro Ferreira *et al.*, *Quem são os nossos magistrados?*, *op. cit.*

decrease in the areas of trade and commerce. These findings align with studies conducted in other countries, namely France,[55] United States,[56] and Brazil.[57]

The major discrepancies have to do with "profession" and "judicial district court" there by reinforcing the argument that the competencies within each profession are a key factor for the values obtained in relation to working time and work intensity, as mentioned above, as is the location of the work place, namely the judicial district court where the professional is working. Due to the country's judicial organization, a number of differences can be found from one court to another, which explains the different results.[58]

Conclusion

The courts' performance relies on the working capacity of the judicial professionals. To ensure fair, swift, and quality justice and to reduce the risk of burnout, it is imperative to provide these professionals with the best possible working conditions. Among the various dimensions related to the judicial professionals' working conditions are working time and work intensity. Based on the EUROFOUND approach—with the necessary adaptations to the country's judicial specificities—, this article highlighted the possible impact of working time and work intensity on burnout in Portuguese's judges, public prosecutors, and court clerks.

In the study we developed on the working conditions of judicial professionals in Portuguese courts, an online questionnaire was sent to all the professionals involved and interviews were conducted with 73 of them working in the district courts of Coimbra and Central Lisbon (the selected case studies). The quantitative and qualitative results permit us to draw three conclusions related to the impact of working time and work intensity and, consequently, on the risk of burnout.

The first conclusion has to do with the need to work extra hours to meet the procedural deadlines. This is more demanding on judges and public prosecutors than in the case of court clerks, who work less overtime, and impact on the personal and family life of these professionals is significant: their capacity to participate in family duties and activities is diminished. Therefore, the amount of working time devoted to the profession is higher than professionals would like it to be, with multiple negative effects on their quality of life. The time necessary to fulfil the judicial demands takes priority in the decision-making of these professionals—"the

55. Benoit Bastard and Christian Mouhanna, *Une justice dans l'urgence. Le traitement en temps réel des affaires pénales*, Paris: Presses Universitaires de France, 2007. DOI: 10.3917/puf.bast.2007.01.

56. Stuart Lustig, Kevin Delucchi, Lakshika Tennakoon, Brent Kaul, Dana Leigh Marks, and Denise Slavine, "Burnout and Stress Among United States Immigration Judges," *Bender's Immigration Bulletin*, 13, 2008, p. 22–30.

57. Marilda Lipp and Maria do Sacramento Tanganelli, "Stress e Qualidade de Vida em Magistrados da Justiça do Trabalho: Diferenças entre Homens e Mulheres," *Psicologia: Reflexão e Crítica*, 15 (3), 2002, p. 537–548.

58. João Paulo Dias and Conceição Gomes, "Judicial Reforms 'Under Pressure'," cited article, p. 174–186.

job always comes first." Hence the long working hours, the multiple time arrangements aimed at satisfying the demands of the profession, and the need to have highly flexible schedules in order to meet deadlines.

The second conclusion pertains to the high work intensity that is necessary not only to meet the deadlines but also to achieve the productivity levels imposed by the High Councils, which is a core element of professional evaluation, with a major impact on one's career advancement. The weight of numbers—annual quantitative evaluation—is fundamental for the professional activities performed by judges, public prosecutors, and court clerks and of the judicial system. To work at a high pace is considered normal. Its articulation may vary among the professionals involved, the volume and characteristics of proceedings and the goals defined by the management bodies. The pressure to achieve good statistics is, therefore, an important determinant of the professional strategies, with several ramifications for work intensity, and, consequently, on burnout.

The third conclusion is the diverse nature of the judicial system in terms of working conditions. There are clear differences for working time and work intensity, according to profession and court. The statistical data clearly shows that judges work more extra hours and court clerks work with more intensity, with public prosecutors scoring medium values. At the same time, there are relevant differences among the judicial district courts, with the worst results for working time being scored in Madeira, Setúbal and Aveiro, and Lisboa Norte, Porto Este and Faro scoring worst in the case of work intensity. Conversely, the best results come from smaller courts or from courts with a high concentration of resources (in terms of both facilities and human resources, as is the case with Coimbra).

The results obtained must be taken into account by any comprehensive approach to court management aimed at improving the quality and efficiency of justice. More specifically, there is the need for courts to adopt the framework on Health and Safety at Work that is already mandatory for other public services yet remains to be fully implemented in the judicial system. This must be complemented with the definition, adoption, and implementation of new models of court management that are based on a thorough assessment and with the necessary allocation of resources (human, financial, and in terms of facilities). Providing better working conditions to judicial professionals is a major guarantee that high-quality justice will be delivered to citizens.

■ Les auteurs

João Paulo Dias est titulaire d'un doctorat en sociologie du droit de l'université de Coimbra. Il est chercheur au Centre d'études sociales [Centro de Estudios Sociales, CES], dont il a été le directeur exécutif entre 2011 et 2020. Comme membre de l'Observatoire permanent de la justice [Observatório Permanente da Justiça], il a coordonné, intégré ou collaboré à des recherches sur l'accès au droit et à la justice, l'État de droit, le rôle des procureurs, la gouvernance et l'organisation judiciaire, les professions judiciaires et les conditions de travail dans le système judiciaire. Il est professeur au sein de l'école doctorale Sociologie de l'État, du droit et de la justice. Parmi ses dernières publications :

— « Looking at the Other Side: Working Conditions in Portuguese Courts », *International Journal of Law in Context*, 2024, p. 1-21. DOI: 10.1017/S1744552324000028 (avec Paula Casaleiro, Conceição Gomes, Fernanda Jesus, Teresa Lima, Filipa Queirós, Ana Relvas, Luciana Sotero, Marina Henriques et Luca Verzelloni) ;

— « Conducting Socio-Legal Research in Portugal: From the Experience of the Permanent Observatory for Justice to the Study of Working Conditions in Courts », *Oñati Socio-Legal Series*, 13, 2023, S10-S29. DOI: 10.35295/osls.iisl.1735 (avec Conceição Gomes et Marina Henriques).

Paula Casaleiro est docteure en sociologie du droit et chercheuse au Centre d'études sociales de l'université de Coimbra et à l'Observatoire permanent de la justice. Elle enseigne au sein de l'école doctorale Sociologie de l'État, du droit et de la justice à la Faculté d'économie de Coimbra. Ses recherches et publications portent sur le droit de la famille, l'accès au droit et à la justice et les conditions de travail des professionnels de la justice. Parmi ses dernières publications :

« Parental Responsibilities and Health Issues: An Exploratory Study of Legal Disputes », *Law, Technology and Human*, 5 (1), 2023, p. 178-191. DOI: 10.5204/lthj.2681 (avec Patrícia Branco et Luciana Sotero) ;

— « A Critical Review of Judicial Professionals Working Conditions' Studies », *International Journal for Court Administration*, 12 (1), 2021. DOI: 10.36745/ijca.334 (avec João Paulo Dias et Ana Paula Relvas).

Filipa Queirós est titulaire d'un doctorat en sociologie et est chercheuse au Centre d'études sociales de l'université de Coimbra. En 2021, elle a obtenu une bourse dans le cadre du programme « Scientific Employment Stimulus », soutenu par la Fondation portugaise pour la science et la technologie (Fundação para a Ciência e a Tecnologia, FCT), afin d'étudier l'utilisation de la technologie de reconnaissance faciale par les forces de l'ordre en Europe. Parmi ses dernières publications :

— *Crime, Race, and Suspicion: Phenotypic Inference Technology in Criminal Investigation in Europe*, Porto : Edições Afrontamento, 2021 ;

— « When the Court Buildings Close: The Use of Technologies during COVID-19 in Portugal », *University of Bologna Law Review*, 7 (2), 2022. DOI: 10.6092/issn.2531-6133/16561 (avec João Paulo Dias, Filipa Queirós et Fernanda Jesus).

Fernanda Jesus est chercheuse juniore au Centre d'études sociales et doctorante en psychologie sociale de l'université de Coimbra, où elle prépare une thèse sur les valeurs, les attitudes et le risque perçu dans le comportement d'emprunt. Ses recherches portent sur la prise de décision, l'endettement, la citoyenneté et l'innovation dans les services publics. Parmi ses dernières publications :

— « When the court buildings close: the use of technologies during COVID-19 in Portugal », art. cité ;

— « Collaborative Design in Public Services: A Wicked Problem-Reframing Case », *The TQM Journal*, 36 (7), p. 1865-1879, 2020. DOI: 10.1108/TQM-12-2019-0300 (avec Patrícia Moura e Sá, Catarina Frade, Fernanda Jesus, Mónica Lopes, Teresa Maneca Lima, Vitor Raposo).

Teresa Maneca Lima est titulaire d'un doctorat en Droit, justice et citoyenneté au XXIe siècle de l'université de Coimbra et chercheuse au Centre d'études sociales. Elle a participé à des projets de recherche sur les risques professionnels, les relations de travail et les conditions de travail. Ses travaux actuels portent sur l'accès au droit et à la justice, les risques professionnels, les droits du travail et les droits de l'homme. Parmi ses dernières publications :

— « The right to compensation in the case of accidents at work in Portugal: between a legal conception and a jurisprudential analysis », *Culturas Jurídicas*, 7, 2020. DOI : 10.22409/rcj.v0i0.45752 ;

— « Judicial Responses to COVID-19 Attack: Impacts on the Working Conditions of Portuguese Courts », *International Journal for Court Administration*, 12 (2), 2021. DOI : 10.36745/ijca.382 (avec João Paulo Dias, Paula Casaleiro, Teresa Maneca Lima et Conceição Gomes).

Délimiter la communauté de travail. Mises en pratique et controverses autour du principe de l'égalité de traitement

Defining the Working Community. Putting the Principle of Equal Treatment into Practice and Controversy

Camille Dupuy

Université Versailles Saint-Quentin-en-Yvelines, Printemps (UMR 8085), affiliée au CEET, CNAM, 47 boulevard Vauban, 78047 Guyancourt.
ORCID : 0000-0003-0063-4380, <camille.dupuy[at]uvsq.fr>

Résumé

Le principe juridique de l'égalité de traitement au travail rend obligatoire l'équivalence des conditions de travail et d'emploi au sein du « périmètre des égaux ». Après un retour sur la manière dont ce principe s'est progressivement développé et dont il a pris corps dans la jurisprudence de la chambre sociale de la Cour de cassation, cet article analyse les controverses suscitées par la définition du « périmètre des égaux ». Ces controverses donnent l'occasion de définir en pratique les contours de la communauté de travail. Elles rendent compte de visions plurielles des frontières des collectifs concrets de travail dont les membres doivent être traités de manière équitable. L'analyse met alors au jour une pluralité de façons d'envisager les fondements de ces collectifs dans un contexte de déstabilisation et de fragmentation.

Controverses – Droit du travail – Employeurs – Entreprises – Périmètre des égaux – Salariat – Syndicalisme

Summary

The legal principle of equal treatment at work requires working and employment conditions to be equivalent within the "perimeter of equals." After reviewing the way in which this principle has gradually developed and how it has taken shape in the case law of the Court of Cassation, it analyzes the controversies surrounding the definition of the "perimeter of equals." These controversies provide an opportunity to define in practice those who belong to the same working community. They also reveal plural visions of the boundaries of concrete work collectives whose members must be treated equitably. This analysis brings to light a plurality of ways of looking at the foundations of these collectives within a context of destabilization and fragmentation.

Companies – Controversies – Employers – Labour law – Perimeter of equals – Salaried workforce – Trade unionism

« Vous avez le même poste de travail, vous devez gagner la même chose », nous explique Rémi, militant syndical à la CFDT[1], au cours d'un entretien où nous l'interrogeons sur le principe d'égalité de traitement. Celui-ci établit ainsi que l'ensemble des membres au sein du « périmètre » ou du « cercle » des « égaux » disposent des mêmes avantages (en termes de rémunérations, comme le met en avant notre enquêté, mais aussi de nombre de jours de congés payés, de couverture santé, etc.) à moins que les différences soient justifiées (par exemple par une ancienneté, un diplôme ou un écart de performance). Pour appliquer ce principe, il s'agit donc, en premier lieu, de délimiter l'espace de comparaison (ce « périmètre des égaux ») et d'en définir les frontières : qui en fait partie et doit être traité de manière équitable ; qui n'en fait pas partie et peut avoir des conditions de travail et d'emploi différentes pour le même travail[2] ? Cette définition des frontières est complexe : un juriste du travail pointe les « délicates questions relatives à la substance de ce principe (et notamment celle) du périmètre de référence ou "cercle des égaux"[3] » tandis qu'une autre concède que « toute la difficulté réside dans la délimitation de ce périmètre[4] ». Ainsi, les manières de dessiner ces contours évoluent et font l'objet de nombreux débats, entre juristes, mais aussi au sein des entreprises.

Ce sont les controverses suscitées par ces opérations de définition qui nous intéressent. En effet, pour délimiter en pratique cet « espace de comparaison » ou ce « périmètre », les acteurs juridiques et du travail débattent sur les contours concrets des « communautés de travail ». Ces espaces, définis comme l'ensemble subjectif de celles et ceux qui expriment des « intérêts collectifs propres, disjoints des intérêts d'une autre communauté de travail[5] », sont ainsi appréciés en acte. Le débat porte alors sur les critères à retenir pour considérer que des personnes qui travaillent appartiennent – ou non – à la même communauté de travail. Les juridictions du travail qui appliquent le principe d'égalité de traitement au travail dans leurs décisions de justice, les juristes qui commentent et critiquent ces décisions dans les articles de doctrine et les acteurs du monde du travail (représentants des employeurs et représentants des salariés) qui doivent s'y tenir en entreprise en proposent des lectures et des interprétations mouvantes et parfois contradictoires. Alors que les collectifs de travail se fragmentent et se fragilisent[6], ces moments

1. Confédération française démocratique du travail.

2. Ensuite, les juges doivent évaluer si une différence de « traitement » au sein de ce périmètre est justifiée. La différence (l'avantage / le désavantage) doit être justifiée et venir récompenser une inégale position. Certaines raisons telles que la performance individuelle ou l'ancienneté sont jugées légitimes pour fonder des différences, tandis que d'autres, comme la date d'embauche ou le diplôme, ne le sont pas toujours.

3. *Droit social*, 2004, « Du principe d'égalité de traitement des salariés », Antoine Jeammaud.

4. *Le Droit Ouvrier*, 2018, « L'égalité de traitement : un principe en perte de sens », Isabelle Meyrat.

5. Nicole Maggi-Germain, « L'entreprise et la communauté de travail », *in* Frédérique La Morena (dir), *Laïcité : une question de frontière(s)*, Paris : LexisNexis, 2019, p. 109-112.

6. David Weil, *The Fissured Workplace. Why Work Became So Bad for So Many and What Can Be Done to Improve It*, Cambridge : Harvard University Press, 2014.

nous paraissent particulièrement heuristiques dans une perspective de sociologie du droit du travail[7] pour s'interroger sur les contours des collectivités de travail. Plus que la substance juridique du principe d'égalité de traitement, c'est ce qu'il permet de dire des frontières des communautés de travail qui nous intéresse ici.

En cela, nous nous inscrivons dans la suite de la sociologie du droit de Max Weber, qui envisage le droit comme « un ensemble de maximes consciemment appliquées lors de décisions[8] » qui se définissent et se déploient en acte. Ces maximes donnent une existence concrète et pratique à la règle en définissant des « normes de décision[9] ». Il y a ainsi une pluralité d'interprétations concrètes d'une même règle, qui prend sens lors de son application. Nous proposons alors de conduire une analyse du « travail juridique[10] » c'est-à-dire du processus de production et d'interprétation de cette règle par les acteurs juridiques de manière à comprendre comment sont caractérisées en pratique les collectivités concrètes. Pour cela, nous nous sommes penchée sur la jurisprudence de la chambre sociale de la Cour de cassation. Cependant, les critères d'application définis par la jurisprudence font l'objet de débats, qui nous permettent de rendre compte de propositions alternatives pour appliquer ce principe d'égalité de traitement au travail. Il nous paraît ainsi central d'avoir recours à d'autres acteurs qui tiennent des discours sur ce principe juridique et peuvent en proposer des interprétations concurrentes voire *contra legem*.

Dans un premier temps, nous avons porté notre attention sur les juristes du travail qui en débattent dans des articles juridiques (commentaires de jurisprudence et doctrine). Nous avons dépouillé trois revues de droit du travail, choisies pour leur centralité sur les questions d'égalité au travail. Tout d'abord, deux publications académiques éditées par Dalloz : la récente *Revue du droit du travail*, dirigée par Antoine Lyon-Caen, et *Droit social*, revue historique et centrale dans le champ, dirigée par Christophe Radé. Ensuite, un journal édité par un syndicat, mais dans lequel publient également des auteurs et autrices académiques : *Le Droit ouvrier*, édité par la CGT[11] (encadré).

7. Vincent-Arnaud CHAPPE et Jean-Philippe TONNEAU (dir.), *Le droit du travail en sociologue*, Paris : Presses des Mines, 2022 ; Jérôme PÉLISSE, « Travailler le droit : lectures et perspectives sociologiques », *Revue française de sociologie*, 59, 2018, p. 99-125. DOI : 10.3917/rfs.591.0099.

8. Max WEBER, *Sociologie du droit*, textes réunis, traduits et présentés par Jacques GROSCLAUDE, Paris : Presses universitaires de France, 2013, p. 179.

9. *Ibid.*, p. 156.

10. Claude DIDRY, *Naissance de la convention collective. Débats juridiques et luttes sociales en France au début du 20ème siècle*, Paris : Édition de l'EHESS, 2002 ; Camille DUPUY, « Définir l'activité journalistique : le travail juridique d'évaluation de l'"exercice de la profession" de journaliste », *Sur le journalisme*, 2 (2), 2013, p. 20-33. DOI : 10.25200/SLJ.v2.n2.2013.90.

11. Confédération générale du travail.

Analyse de contenu des revues de droit du travail

Pour analyser ces trois publications, nous avons eu recours à une base de données bibliographiques dans laquelle il est possible de faire des recherches par mots-clés. Nous avons ainsi sélectionné l'ensemble des articles parus entre 1996 et 2022 faisant mention des expressions « égalité de traitement », « principe d'égalité de traitement », « règle d'égalité de traitement », « à travail égal, salaire égal », « périmètre des égaux », « cercle des égaux ». Après lecture des articles et exclusion de certains dont le sujet portait sur une autre question (égalité de traitement entre pays européens par exemple), nous avons exploité 63 articles issus de 41 numéros de ces revues, consacrés à l'analyse de la jurisprudence du principe d'égalité de traitement.

Nous citerons de façon distincte les articles mobilisés comme du matériel empirique (sources) de ceux mobilisés comme littérature scientifique (bibliographie), avec une mise en forme différente.

Dans un deuxième temps, nous nous sommes intéressée aux discours des acteurs du travail, représentants des employeurs et des salariés, en charge de faire respecter ce principe en entreprise, mais aussi d'accompagner ces litiges par l'intermédiaire des conseillers et des défenseurs syndicaux[12]. Nous avons sollicité trois organisations syndicales, les deux premières en termes d'audience : la CFDT et la CGT, et une troisième plus petite (Union syndicale Solidaires) choisie pour l'ancienneté de ses discours sur l'égalité au travail, en les questionnant de manière très large sur le principe de l'égalité de traitement au travail et sur ce que produisent des différences de traitement. Ce sont les élus centraux de ces syndicats qui ont choisi les onze militants et militantes leur paraissant les plus à même de répondre à ces interrogations. Ces choix ont produit un échantillon disparate du point de vue des fonctions, des secteurs et des entreprises représentés, mais cohérent en termes de maîtrise de ce principe. Nous avons également réalisé deux entretiens avec des représentants des employeurs en entreprise, directeurs des relations humaines de grandes entreprises dont les cas avaient été cités par nos enquêtés. À partir de nombreux exemples concrets, ils nous ont présenté des situations d'égalité ou d'inégalité de traitement leur permettant de construire un commentaire bien documenté du principe juridique. Bien que leurs raisonnements et leurs propositions ne s'inscrivent pas dans la lettre du droit, ils permettent de donner à voir comment le principe d'égalité de traitement est travaillé dans, mais aussi à côté des arènes juridiques.

L'analyse de la jurisprudence, mais aussi de la doctrine dont elle est le support et des positions des acteurs patronaux et syndicaux, permet ainsi de mettre au jour les conceptions et les applications plurielles du principe d'égalité de traitement au travail par les acteurs syndicaux, patronaux et juridiques. Partir de cette règle dans la perspective d'une sociologie du droit du travail conduit ainsi à révéler la

12. Hélène Michel et Laurent Willemez (dir.), *Les prud'hommes, actualité d'une justice bicentenaire*, Bellecombe-en-Bauge : Éditions du Croquant, 2008.

variabilité des conceptions de ce que sont les collectifs concrets du travail. Nous commencerons par présenter cette règle et les principes de justifications qui l'accompagnent (I.). Nous verrons ensuite comment elle est appliquée par les acteurs du travail et de quelle manière ceux-ci dessinent en pratique les frontières des communautés de travail (II.). Cela nous permet en conclusion d'interroger leurs ressorts et leur pérennité dans un moment de fissuration des collectifs.

I. Promotion de l'égalité de traitement et protection des communautés concrètes de travail

Nous revenons en premier lieu sur l'histoire du principe civil d'égalité de traitement (I. 1.). L'application concrète de ce principe par les acteurs judiciaires lors d'affaires suscite un ensemble de débats qui sont l'occasion de comprendre ce qui justifie l'égalité de traitement au travail. Nous analysons ainsi les registres de justifications qui sous-tendent ce principe, qui cherchent à égaliser les conditions non seulement par respect de la norme d'égalité (I. 2.), mais aussi de manière plus prosaïque pour assurer la bonne entente au sein de la communauté de travail (I. 3.). Nous montrons ainsi comment ce principe est pensé comme un dispositif central pour assurer une cohésion sociale qui serait nécessaire à l'exercice d'un travail en commun.

I. 1. De la règle « à travail égal, salaire égal » au principe d'égalité de traitement au travail

Le principe d'égalité de traitement entre les personnes est un principe juridique central[13] qui s'inscrit dès 1948, concernant la sphère du travail, dans la Déclaration universelle des droits de l'homme votée par l'Assemblée générale des Nations unies à Paris. Cette dernière stipule, dans son article 23, que « toute personne a droit, sans aucune discrimination, à un salaire égal pour un travail égal ». Ce principe ne concerne donc au départ que les rémunérations et va être mis en œuvre pour traiter d'une discrimination particulière, prohibée par la loi, celle de l'inégalité entre les hommes et les femmes pour un même travail. C'est cette inégalité que nous retrouvons en France dès 1950 dans la loi sur les conventions collectives. Le législateur stipule que ces conventions doivent contenir des dispositions concernant « les modalités d'application du principe "à travail égal, salaire égal", pour les femmes et les jeunes[14] ». Le principe est retranscrit sous cette même forme

13. Morgan Sweeney, *L'exigence d'égalité à l'épreuve du dialogue des juges : essai en droit social*, Poitiers : Éditions L'Epitoge, 2016.

14. Article 31-g (alinéa d) de la Loi n° 53-205 du 11 février 1950 relative aux conventions collectives et aux procédures de règlement des conflits collectifs de travail.

spécifique dans les principes établis par l'Organisation internationale du travail (OIT) en 1951. La convention 100 sur l'égalité des rémunérations énonce que :

> Chaque membre devra, par des moyens adaptés aux méthodes en vigueur pour la fixation des taux de rémunération, encourager et, dans la mesure où ceci est compatible avec lesdites méthodes, assurer l'application à tous les travailleurs du principe de l'égalité de rémunération entre la main-d'œuvre masculine et la main-d'œuvre féminine pour un travail de valeur égale.

Ce tropisme se poursuit en France avec la promulgation en 1972 de la première loi sur l'égalité des rémunérations. Dans la Loi relative à l'égalité de rémunération entre les hommes et les femmes[15], il est affirmé que « pour un même travail ou un travail de valeur égale », l'employeur doit assurer « l'égalité des rémunérations entre les hommes et les femmes » (article 1). Elle proscrit ainsi à son tour les discriminations liées au genre de la personne, et oblige à ce que « les différents éléments composant la rémunération [soient] établis selon des normes identiques pour les hommes et pour les femmes » (article 2). Ce « glissement » conduit donc à rendre contraire au droit du travail une différence de rémunération entre un homme et une femme qui occupent un travail semblable ou équivalent. Les lois Auroux de 1982, qui s'inscrivent dans le prolongement de celle de 1950, suppriment la référence aux femmes et aux jeunes, et exigent des conventions collectives qu'elles présentent des dispositions sur les « modalités d'application du principe à travail égal, salaire égal[16] ». L'interprétation juridique se cantonne toutefois à sanctionner les inégalités liées au genre, lorsqu'elles concernent un homme et une femme. Mais cette différence de traitement est-elle légale si elle concerne deux hommes ou deux femmes ? C'est la question centrale que pose l'affaire Ponsolle, qui donne lieu à un célèbre arrêt de la chambre sociale de la Cour de cassation du 29 octobre 1996[17]. Le litige oppose une salariée (Mme Ponsolle) et son entreprise de commerce d'articles de bricolage, dans laquelle elle travaille depuis 1990 comme secrétaire administrative puis secrétaire de direction. Avec un salaire brut mensuel de 8 000 francs par an, la salariée considère qu'elle a une rémunération inférieure à celle d'autres secrétaires effectuant un travail comparable au sien. Le conseil des prud'hommes est saisi pour demander un rappel de salaire à son employeur. Le litige est tranché en faveur de la plaignante par les prud'hommes, puis en appel et enfin devant la chambre sociale de la Cour de cassation. Aux trois niveaux, les juges considèrent ainsi que la règle selon laquelle « à travail égal, salaire égal » doit s'appliquer plus largement qu'entre hommes et femmes, car les inégalités de genre ne constituent que l'une des déclinaisons possibles de cette règle, comme indiqué dans le texte de l'arrêt[18] :

15. Loi n° 72-1143 du 22 décembre 1972 relative à l'égalité de rémunération entre les hommes et les femmes.

16. Article 8-3 (alinéa 4-d) de la Loi n° 82-957 du 13 novembre 1982 relative à la négociation collective et au règlement des conflits collectifs du travail.

17. Cour de cassation, chambre sociale, 29 octobre 1996, 92-43.680.

18. *Ibid.*

> La règle de l'égalité de rémunération entre les hommes et les femmes était une application de la règle plus générale « à travail égal, salaire égal » énoncée par les articles L. 133-5 alinéa 4 et L. 136-2 alinéa 8 du Code du travail ; qu'il s'en déduit que l'employeur est tenu d'assurer l'égalité de rémunération entre tous les salariés de l'un ou l'autre sexe, pour autant que les salariés en cause sont placés dans une situation identique.

C'est donc un premier élargissement dans l'interprétation de cette règle. Celle-ci, jusqu'ici limitée aux rémunérations, est ensuite étendue à toutes les conditions de travail et d'emploi (les « avantages ») dans plusieurs arrêts de la chambre sociale de la Cour de cassation en 2008[19], comme l'explique Christophe Radé, dans ses observations de ces arrêts qu'il livre dans un article paru dans *Droit social* l'année suivante[20] :

> La reconnaissance en 2008 d'un principe d'égalité de traitement a permis à la chambre sociale de la Cour de cassation d'étendre le champ d'application du principe « à travail égal, salaire égal » à des hypothèses où n'est en cause ni le salaire, ni plus largement la rémunération des salariés de l'entreprise.

Cet élargissement conduit à adopter une appellation pus large, le « principe d'égalité de traitement » au travail dont l'égalité de traitement en termes de rémunération n'est désormais qu'une des déclinaisons possibles. C'est à ce principe général de l'égalité de traitement que nous nous intéressons[21], qu'il s'applique à une différence en termes de rémunération (à travail égal, salaire égal) ou d'un autre avantage (nombre de tickets restaurant, couverture santé, nombre de congés payés, etc.). Ceci dit, les affaires et les débats, y compris depuis 2008, portent le plus souvent sur des différentes de traitement en termes de rémunération.

Ainsi, par la décision de 1996 puis celles de 2008, les juges de la Cour de cassation se retrouvent dans un rôle de « fabrique du droit du travail[22] ». Dans un article de doctrine rédigé par Antoine-Lyon Caen pour *Droit social* juste après la publication de l'arrêt de 1996, l'auteur explique comment celui-ci « fait ainsi sortir de l'obscurité ce que les textes cités appellent "le principe à travail égal, salaire égal" ou, mieux, lui attribue un sens et une signification juridiques, alors que jusqu'à présent ni l'un ni l'autre n'étaient clairement fixés[23] ». En outre, en appliquant ce principe, devenu principe de l'égalité de traitement, les juridictions du travail lui donnent une consistance. Dans une note publiée dans *Droit social*, Antoine Jeammaud, juriste du travail, considère ainsi l'arrêt de 1996 comme « un

19. Cour de cassation, chambre sociale, 20 février 2008, 05-45.601 ; Cour de cassation, chambre sociale, 10 juin 2008, 06-46.000.

20. *Droit social*, 2009, « Égalité de traitement. Différences. Justification. Qualité de cadre », Christophe Radé.

21. Ce principe d'égalité de traitement est plus large que le principe de discrimination. Avec le principe d'égalité de traitement, il s'agit d'ajouter des cas dans lesquels une différence de traitement, qui n'est pas fondée sur un critère discriminatoire (tel que l'âge, le genre ou l'orientation sexuelle), est pourtant tout de même illégitime (lorsqu'elle est fondée sur des critères qui ne sont pas objectifs). Voir Danièle Lochak, « Réflexions sur la notion de discrimination », *Droit social*, 11, 1987, p. 778.

22. Laurent Willemez, « Les prud'hommes et la fabrique du droit du travail. Contribution à une sociologie de l'activité judiciaire », *Sociologie du Travail*, 54 (1), 2012, p. 112-134. DOI : 10.4000/sdt.4486.

23. *Droit social*, 1996, « De l'égalité de traitement en matière salariale », Antoine Lyon-Caen.

choix de politique juridique de la chambre sociale[24] » – ce qui explique notre intérêt pour les jugements produits à ce niveau – rejoignant l'idée défendue par Violaine Roussel des magistrats comme acteurs au service d'une « cause du droit »[25]. Nous cherchons alors à rendre compte de ce qui justifie ce choix.

I. 2. L'égalité de traitement contre le « sentiment d'injustice »

Les jugements rendus, les articles de doctrine publiés dans les revues juridiques et les échanges lors des entretiens sont l'occasion pour les acteurs de rendre compte de leurs interprétations à partir de cas concrets. Ils constituent alors des « épreuves de vérité[26] » au cours desquelles s'élaborent des « justifications[27] ». À partir de notre corpus, nous avons d'abord cherché à comprendre ce qui pousse les acteurs juridiques et du travail à défendre leur interprétation possible de la règle. Nous avons répertorié l'ensemble des arguments mobilisés lors des conflits qui portent non pas sur les critères d'application de la règle en tant que tels (qui feront l'objet de la deuxième partie), mais sur ce que produirait une absence ou une erreur d'application de la règle. Il s'agit ainsi, au-delà de la singularité des affaires, des juges, des auteurs et autrices et des revues dans lesquelles ils et elles écrivent, ainsi que des syndicalistes que nous avons rencontrés, de saisir les rhétoriques argumentatives récurrentes qui disent à quoi sert cette règle. Au-delà d'une argumentation de logique juridique (appliquer la règle, car c'est la règle), trois rhétoriques émergent et sont liées entre elles : éviter le « sentiment d'injustice » au travail (égalitariste), préserver la communauté de travail (communautariste) et enfin augmenter la productivité (utilitariste).

Pour comprendre la première logique, nous proposons de partir d'une affaire qui s'est jouée à la Sécurité sociale et a suscité beaucoup de débats. Dans cette administration, un dispositif de reconversion professionnelle signé au début des années 1990 a permis à des agents, après une formation, d'être intégrés sur des postes avec des clauses supérieures aux agents déjà en place (qui ont la même formation et davantage d'ancienneté). Pour l'employeur, appelé à se justifier de cette différence de traitement, celle-ci est légitime, car elle vient récompenser des parcours professionnels différents entre les deux classes d'agents et notamment gratifier la démarche de reconversion professionnelle. Les juges de la Cour de cassation valident cette interprétation, considérant que la différence dans les parcours professionnels entre les agents de l'organisme peut être prise en compte et constitue donc un motif légitime pour justifier une différence de salaire entre

24. *Droit social*, 2004, « Du principe d'égalité de traitement des salariés », Antoine Jeammaud, art. cité.

25. Violaine Roussel, « Les magistrats français, des *cause lawyers* malgré eux ? », *Politix*, 62 (16), 2003, p. 93-113. DOI : 10.3406/polix.2003.1278.

26. Max Weber, *Sociologie du droit*, *op. cit.*

27. Luc Boltanski et Laurent Thévenot, *De la justification. Les économies de la grandeur*, Paris : Gallimard, 1991.

deux personnes à travail égal[28]. Ce jugement fait l'objet d'une vive controverse. Si l'interprétation juridique des juges est mise en cause par une avocate au barreau de Paris qui considère cette solution comme « perverse » et « absurde » juridiquement, c'est aussi sur le terrain moral qu'elle se place. En effet, elle regrette la manière dont cette décision est vécue par les salariés eux-mêmes comme déloyale et sans fondement, générant ainsi un « sentiment d'injustice »[29] :

> Cette disparité ne donne rien, en tant que telle, aux salariés nouvellement promus, sinon de créer l'idée qu'ils jouissent d'un « privilège » et qu'ils sont « favorisés », toute considération qui, n'ayant aucun rapport avec le mérite professionnel lui-même, ne peut créer qu'un *sentiment d'injustice* chez les autres salariés qui tirent pourtant un mérite tout aussi grand de leur ancienneté et de leur expérience subséquente dans leur qualification.

Nous retrouvons une idée similaire dans la synthèse proposée par une universitaire, Thérèse Aubert-Monpeyssen, qui affirme dans la *Revue de droit du travail* que « l'intérêt majeur de la règle d'égalité salariale est de favoriser un sentiment d'équité au sein des entreprises, donc de prévenir nombre de frustrations et de conflits[30] ». Elle permettrait ainsi aux salariés d'éviter l'impression d'être « mal-aimé(e) » dans un contexte de « dureté des temps et l'incapacité des salariés à améliorer leurs conditions de rémunération par la négociation, [qui] rendent les inégalités de plus en plus intolérables ». Cette conception a d'ailleurs conduit à ce que, dans quelques affaires, un tribunal décide de verser des dommages et intérêts au titre du préjudice moral subi, considérant que l'inégalité constitue une « atteinte à sa dignité en laissant entendre dans la collectivité de travail que (le salarié) a un comportement qui ne mérite pas une juste reconnaissance salariale[31] ».

C'est cette même impression d'« iniquité[32] » qui est décrite par les élus des organisations professionnelles que nous avons rencontrés en entretien et qui en rendent compte à partir des situations concrètes qu'ils et elles ont rencontrées en entreprise. Étienne par exemple, entré à la SNCF à 16 ans, y a occupé différents postes avec le statut de cheminot (de marchandises, circulation, aiguillage, commercial). Quand nous le rencontrons, il a 45 ans et est détaché à temps complet pour son activité syndicale à la CFDT (SNCF et fédération des transports). Dans cette entreprise de transport, à travail égal, les conditions sont différentes, selon le

28. Cour de cassation, chambre sociale, 3 mai 2006, 03-42.939.

29. *Le Droit ouvrier*, 2007, « La règle à travail égal, salaire égal et les conventions et accords collectifs ou les atteintes indirectes au principe d'égalité salariale sont-elles permises ? », Marie-France Bied-Charreton.

30. *Revue de droit du travail*, 2007, « Que peut-on attendre du principe à travail égal, salaire égal ? », Thérèse Aubert-Monpeyssen et Jean-Michel Gasser.

31. *Droit Ouvrier*, 2011, « À travail égal, salaire égal », Franceline Lepany.

32. Ruth Barton, Élodie Béthoux, Camille Dupuy, Anna Ilsøe, Patrice Jalette, Mélanie Laroche, Steen Navrbjerg et Trine Pernille Larsen, « Understanding the Dynamics of Inequity in Collective Bargaining: Evidence from Australia, Canada, Denmark and France », *Transfer: European Review of Labor and Research*, 27 (1), 2021, p. 113-128. DOI : 10.1177/1024258920981827.

statut d'emploi[33]. Se côtoient ainsi les « cheminots » recrutés comme « agents du cadre permanent » (statut spécial issu d'une entente de 1920) et des contractuels (entre 8 et 10 % des effectifs). Ces derniers, ayant rejoint l'entreprise après l'âge de 30 ans, ne bénéficient pas du statut de cheminot[34]. Si certaines conditions ont été rapprochées entre ces deux types de salariés, des différences subsistent du point de vue de la rémunération, mais aussi d'autres avantages comme la prise en charge de la maladie ou encore de la protection de l'emploi. Pour lui, dans ces situations où travaillent conjointement des personnes issues de statuts différents, aux conditions de travail et d'emploi différentes, « l'injustice est claire » (entretien, Étienne, 45 ans, SNCF, CFDT).

Dans les entretiens que nous avons conduits auprès d'employeurs, cette impression est également présente. C'est ainsi ce que nous raconte au cours d'un entretien Émeric, 50 ans, directeur des relations sociales d'un grand groupe de chimie de près de 30 000 salariés issu de la fusion de trois entités. Au moment de cette fusion, certaines conditions ont été « lissées » pour les salariés des trois entités, telles que le système d'intéressement ou l'accompagnement de la mobilité. Cependant, les salariés issus des trois entités ont conservé les acquis d'avant la fusion en termes de système de classification, de grilles salariales. Pour lui, cela pose problème, car certains peuvent avoir « l'impression d'être moins bien payés », renvoyant ainsi à ce sentiment d'injustice. Cependant, cette aversion pour l'injustice ne s'exprime pas tant « par principe » que comme manière de ne pas faire éclater les communautés concrètes de travail.

I. 3. L'égalité de traitement au service de la communauté de travail

Si, parfois, le principe d'égalité de traitement (souvent en termes de conditions de rémunérations) entre les personnes qui travaillent ensemble est posé de manière inconditionnelle, dans la plupart des cas, il est justifié par l'effet néfaste que des inégalités auraient sur la communauté de travail, dont il faudrait au contraire préserver l'unité pour assurer la performance.

Pour le comprendre, reprenons l'affaire jugée à la Sécurité sociale que nous avons évoquée plus haut. Dans cette administration, des agents qui arrivent dans une nouvelle fonction après une reconversion professionnelle sont mieux payés que des agents qui occupent cette même fonction avec davantage d'ancienneté et le même diplôme. Dans son article de doctrine, Marie-France Bied-Charreton fait un lien direct entre le « sentiment d'injustice » provoqué (*supra*) et la division de la communauté de travail qu'il induit. Elle souligne ainsi le danger de « diviser les communautés de travail par le versement de rémunérations différentes pour un

33. Dans cette entreprise, d'autres différences ont quant à elles été qualifiées par les tribunaux de discriminatoires. C'est le cas notamment des statuts différenciés entre cheminots français « agents » et marocains « auxiliaires » du cadre permanent : Vincent-Arnaud CHAPPE et Narguesse KEYHANI, « La fabrique d'un collectif judiciaire. La mobilisation des cheminots marocains contre les discriminations à la SNCF », *Revue française de science politique*, 68 (1), 2018, p. 7-29. DOI : 10.3917/rfsp.681.0007.

34. L'embauche au statut de cheminot a été supprimée depuis le 1er janvier 2020.

travail identique ». Pour elle, cela conduirait à « diviser la communauté des salariés qu'est celle de l'entreprise ou de l'établissement en sous-communautés ». Elle ajoute que cette solution « revêt un caractère potentiellement "nocif" sur le plan des relations humaines en raison du climat qu'elle crée en termes d'humiliation, de concurrence et de rupture de l'harmonie qui devrait exister entre des salariés participant à une même activité[35] ». Ce sont d'ailleurs, de manière plus lapidaire, les arguments qui sont repris par les juges de la Cour de cassation en 2009 suite à une évolution de sa position[36] sur cette affaire, qui donne alors raison aux plaignantes en indiquant que :

> [Le système] a un effet secondaire qui a eu un impact générateur d'inégalités préjudiciables à l'ensemble de la profession concernée [...] où il crée, dans un certain nombre de cas, une hiérarchie des salaires inversée, au détriment des plus anciens.

Les juges constatent ainsi à leur tour l'effet néfaste pour la communauté de travail de ces inégalités. La commentatrice se réjouit alors que les juges aient « corrigé cette grave anomalie qui avait eu pour conséquence de diviser la collectivité de travail[37] ».

Ainsi, comme le résume dans une autre affaire[38] Julien Icard, l'idée défendue est que les dualités créées entre salariés lors de l'instauration de différences de traitement font courir le risque « de créer des divisions entre les salariés[39] ». Cette idée est largement reprise par les syndicalistes que nous avons rencontrés, lesquels décrivent à l'unisson les « tensions » que cela engendre et donc les difficultés à travailler en commun. C'est par exemple le cas de Mathilde, 33 ans, responsable des questions de discrimination et d'égalité professionnelle dans la fédération qui gère notamment les salariés de la branche des bureaux d'études à la CFDT. Elle nous fait part en entretien du cas d'une entreprise qui délivre des services en transformation digitale et dont les salariés (environ 40 000 en France) dépendent majoritairement de la convention collective des bureaux d'études. Cette entreprise a racheté en 2014 une entreprise d'informatique dont les salariés dépendaient de la convention collective de la métallurgie. Suite au rachat, ces derniers ont conservé les conditions de la convention collective de la métallurgie, plus protectrice que celles des bureaux d'études. Concrètement, ils bénéficient par exemple d'un nombre de congés payés différents (et supérieurs) pour un même poste de travail. Cela n'est pas sans conséquence sur le collectif :

35. *Droit ouvrier*, 2007, « La règle à travail égal, salaire égal et les conventions et accords collectifs ou les atteintes indirectes au principe d'égalité salariale sont-elles permises ? », Marie-France Bied-Charreton, art. cité.

36. Cour de cassation, civile, chambre sociale, 4 février 2009, 07-41.406 et suivants.

37. *Droit ouvrier*, 730 (5), 2009, « Conventions et accords collectifs – Rémunération – Principe à travail égal, salaire égal – Effets », Marie-France Bied-Charreton.

38. Cour de cassation, chambre sociale, 24 avril 2013, 10-20.473.

39. *Revue de droit du travail*, 2012, « Le transfert d'entreprise à l'épreuve de l'égalité de traitement », Julien Icard.

> Ça crée quand même quelques tensions. [...] Même entre les salariés quand vous savez ce qui se passe : « Il a le droit à plus de congés que moi », parce qu'il y avait des différences par exemple sur le nombre de congés. Quand il y en a un qui est tout le temps en congé et l'autre qui n'en a pas du tout, surtout dans une même équipe de travail. [...] Ça crée des tensions, cette différence-là.
>
> — Entretien, Mathilde, 33 ans, responsable fédérale, CFDT.

À demi-mot, Émeric, le directeur des relations sociales d'un grand groupe de chimie, avoue quant à lui que lorsque les équipes sont composées de salariés issus des deux entreprises qui ont fusionné et donc aux conditions différentes – par exemple dans ce cas, des dispositifs de mobilité réservés à une partie de l'équipe, « c'est un peu plus gênant ». Cette situation est donc là encore source de tensions et de conflits qui mettent à mal l'unité du collectif de travail.

Or, en creux, déstabiliser la communauté de travail, c'est aussi mettre en péril la capacité à travailler ensemble. Ce sont ces justifications économiques en lien avec la performance des entreprises qui constituent le troisième registre de justification de la nécessité de cette règle. Si les membres d'une communauté de travail doivent bénéficier d'une « égalité de traitement », c'est pour assurer sa cohésion qui est elle-même gage de réussite économique. À ce titre, les propos de Thérèse Aubert-Monpeyssen, qui revient sur l'intérêt de ce principe, sont révélateurs des liens qui sont faits entre égalité, communauté et performance[40] :

> [Le principe d'égalité de traitement] est un principe de saine gestion. Des salariés qui se sentent reconnus dans leur dignité ne sont pas enclins à se situer dans un rapport de force avec leur employeur, mais au contraire à admettre une complémentarité d'intérêts. Loin de s'opposer, l'économique et le social, ici, se rejoignent ; et le respect des droits sociaux se traduit, comme en matière de sécurité, par la performance économique.

Nous voyons que ce qui se joue ici, c'est bien de fonder une communauté de travail qui, parce que ses membres sont traités de manière équitable, font effectivement communauté et solidarité et plus avant, est performante. Les justifications passent alors de la protection du salarié à celui de sa production. Ce sont d'ailleurs les arguments qui justifient le rapprochement des conditions par les employeurs dans un certain nombre de situations lorsqu'ils voient l'occasion d'augmenter la productivité[41].

Après avoir analysé les registres de justification qui sous-tendent le principe d'égalité de traitement, nous nous penchons désormais plus directement sur sa mise en œuvre. Nous analysons comment en pratique, les juges, les juristes et les acteurs des entreprises caractérisent et dessinent cette communauté de travail que ce principe est censé préserver.

40. *Revue de droit du travail*, 2007, « Que peut-on attendre du principe à travail égal, salaire égal ? », Thérèse AUBERT-MONPEYSSEN, art. cité.

41. Camille DUPUY, *Le travail face au capital. Représentations et mobilisations collectives de travailleur. ses subordonné.es*, mémoire pour l'Habilitation à diriger des recherches de l'Université de Versailles Saint-Quentin-en-Yvelines, Université Paris-Saclay, 2022.

II. Interprétations de la règle et débats autour des communautés concrètes de travail

Le principe d'égalité de traitement pose que les individus appartenant au même périmètre et étant dans une situation similaire soient traités de manière identique. Si ce principe est une condition de préservation des communautés de travail et d'action collective, il s'agit ensuite d'en définir les frontières : quel est le « périmètre de référence » du « cercle des égaux », pour reprendre les expressions consacrées dans la jurisprudence ? L'analyse des décisions de justice, de la doctrine et des commentaires et des interprétations des salariés et des employeurs montre une pluralité de manières de définir qui y appartient et qui en est exclu, fondées sur des conceptions différentes du travail en commun. À partir des débats et des controverses que suscitent les cas concrets, nous montrons trois manières de délimiter la communauté de travail, d'abord comme ceux et celles « qui font la même chose » (II. 1.), puis comme ceux et celles qui « sont dans la même situation » (II. 2.) et enfin comme ceux et celles « qui travaillent côte à côte » (II. 3.).

II. 1. La communauté de ceux et celles qui font la même chose

La première manière de définir la communauté de travail que nous mettons au jour est celle de l'ensemble des travailleurs et des travailleuses qui font la même chose dans leur entreprise, autrement dit, qui occupent le même poste et ont la même activité de travail pour le même employeur. C'est ce critère qui est appliqué par la jurisprudence de la Cour de cassation et par les théoriciens dans les articles de doctrine dans une période allant de 1996 à la fin des années 2000.

Pour rendre compte de cette conception de la communauté de travail, le cas du « complément Poste » est heuristique. Suite à la création de La Poste (devenue une entreprise publique en 1991) et de l'embauche, à côté des fonctionnaires, de salariés de droit privé, un complément de rémunération est mis en place à partir de 1992 pour les fonctionnaires, puis en 1995 pour les contractuels de droit privé, les deux étant calculés sur des bases distinctes. Suite à des négociations collectives, ces compléments deviennent similaires à partir de 2003, ce qui conduit certains agents contractuels à demander un rattrapage rétroactif de la différence. Dans ce litige, l'enjeu est de savoir si la communauté de travail se définit selon le statut (les fonctionnaires sont différents des contractuels) ou par le travail concret (quel que soit le statut, les travailleurs ont la même activité). Les juges considèrent, dans plusieurs arrêts de 2003, que les travailleurs sont identiques du point de vue de leur activité de travail. C'est donc sur la base du travail réel que se fonde l'appréciation. C'est l'interprétation qu'en donne le juriste Pascal Moussy dans un article de doctrine publié dans *Le Droit ouvrier*[42] à la suite de cet arrêt :

42. *Le Droit ouvrier*, 2006, « Conditions de la mise en œuvre du principe à travail égal, salaire égal », Pascal Moussy.

> Le centre de gravité du droit de l'égalité de traitement en matière salariale paraît dès lors résider dans l'identité de situation dans les conditions concrètes d'exécution de la prestation de travail.

Dans ce sens, le statut (fonctionnaire ou contractuel) n'a pas d'influence sur « la valeur du travail effectué », puisqu'une même activité de travail peut être prise en charge tantôt par un fonctionnaire, tantôt par un salarié de droit privé.

Ainsi, c'est bien ce critère d'une activité de travail semblable comme socle de la communauté concrète de travail qui est mis en avant dans différents arrêts et dans la doctrine à cette période : des « salariés effectuant un travail de même valeur » ; « qui occupent le même emploi, avec le même coefficient et une durée identique de travail » ; qui font « le même travail que les autres salariés de l'atelier ». Dans un article publié dans *Droit social*, Gilles Auzero explique alors que le principe d'égalité de traitement est violé « lorsqu'un avantage particulier [est] octroyé à un salarié sans bénéficier à ses collègues se trouvant dans une situation *en tout point* comparable[43] ». Ainsi, la communauté concrète de travail est dans ce premier type définie selon le « métier » et la « profession ». Cela fait écho à ce que Denis Segrestin qualifie de « communauté professionnelle » se fondant sur « une logique de la ressemblance »[44], mais aussi sur « l'identité de métier » centrale dans la sociologie des professions, dont l'une des définitions repose sur le fait d'avoir « le même nom de métier » et une « activité semblable »[45]. Cette conception est remise en cause à partir de la fin des années 2000 et conduit à élargir le périmètre des semblables et à dessiner une communauté de travail plus large.

II. 2. La communauté de ceux et celles qui sont dans la même situation

Un autre critère d'application du principe d'égalité de traitement émerge à la fin des années 2000 et propose une autre interprétation du « périmètre des égaux ». Désormais, la communauté de travail ne prend pas seulement en compte ceux et celles qui ont exactement la même activité professionnelle, mais plus largement ceux et celles qui sont « dans une situation identique par rapport à l'avantage ». Dans cette conception, la « différence de traitement » ne peut être justifiée que si les travailleurs sont dans des situations différentes par rapport à l'« avantage » discuté, et pas dans des situations différentes dans l'absolu (activité de travail différente).

Une controverse qui porte sur une inégalité, entre salariés d'une même entreprise, sur le nombre de jours de congés payés, permet de mettre en tension ces deux premières logiques. Le litige porte sur des salariés d'une entreprise de transport et de livraison. Dans celle-ci, le nombre de jours de congés payés est différent selon l'activité de travail, matérialisé par le fait d'être cadre ou non : les

43. *Droit social*, 2006, « L'application du principe d'égalité de traitement dans l'entreprise », Gilles Auzero.

44. Denis Segrestin, « Les communautés pertinentes de l'action collective : canevas pour l''étude des fondements sociaux des conflits du travail en France », *Revue française de sociologie*, 21 (2), 1980, p. 201. DOI : 10.2307/3321107.

45. Claude Dubar, Pierre Tripier et Valérie Boussard (dir.), *Sociologie des professions*, quatrième édition, Paris : Armand Colin, 2015, p. 12. DOI : 10.3917/arco.dubar.2015.01.

cadres bénéficient de trente jours de congés payés tandis que les non-cadres en ont seulement vingt-cinq.

L'employeur, fidèle à la logique d'une communauté de travail fondée sur le partage d'une activité de travail, légitime cette différence par le fait que les « contraintes spécifiques aux cadres, notamment l'importance des responsabilités qui leur sont confiées, justifient une différence de traitement » tandis que le requérant, un salarié non-cadre, dénonce la « discrimination sociale » que cela produit entre les salariés de l'entreprise[46]. Les juges de la Cour de cassation tranchent en sa faveur dans la mesure où, du point de vue de l'« avantage » congés payés, l'ensemble des salariés sont placés dans une situation identique. Dans ce sens, appartenir à la même entreprise, avoir le même employeur, même avec une activité de travail ou une catégorie professionnelle différente en son sein, c'est appartenir à la même communauté. C'est ainsi expliqué dans un arrêt de 2009 de la chambre sociale de la Cour de cassation[47] :

> La seule différence de catégorie professionnelle ne saurait en elle-même justifier, pour l'attribution d'un avantage, une différence de traitement entre les salariés placés dans une situation identique au regard dudit avantage, cette différence devant reposer sur des raisons objectives dont le juge doit contrôler concrètement la réalité et la pertinence.

Dans un commentaire de cet arrêt, Christophe Radé l'interprète comme la preuve que, pour ce qui concerne les congés payés, l'ensemble des salariés d'une entreprise sont dans la même situation (et sont donc identiques). C'est à eux que le salarié plaignant « se comparait », défendant l'idée que les congés payés constituent le droit pour chaque personne qui travaille, quel que soit son statut, à un équilibre entre ses temps sociaux (travail et loisirs)[48] :

> Dans cette perspective, la Haute Juridiction aurait voulu signifier que les congés payés annuels ne sont pas faits [que] pour se reposer des fatigues liées à l'activité professionnelle, mais qu'ils constituent avant tout l'occasion d'un partage équitable des temps de vie et le moyen de trouver l'occasion de son épanouissement personnel ; dans ces conditions, l'appartenance à la catégorie des cadres ne serait pas pertinente, car tous les salariés ont très certainement une égale vocation à s'épanouir en dehors de leur travail.

Ainsi, dans cette controverse s'affrontent deux conceptions, celle où la communauté des égaux représente des individus identiques à celle où les égaux sont des individus équivalents au regard d'une norme. Cette évolution est parallèle à la transformation plus générale du statut de cadre et une frontière de plus en plus poreuse dans l'activité de travail entre cadres et non-cadres[49]. Dans ce contexte, la demande d'égalisation entre ces deux catégories irait croissante[50].

---

46. Cour de cassation, civile, chambre sociale, 1er juillet 2009, 07-42.675.

47. Cour de cassation, civile, chambre sociale, 1er juillet 2009, 07-42.675.

48. *Droit social*, 2009, « Égalité de traitement. Différences. Justification. Qualité de cadre », Christophe Radé.

49. Paul Bouffartigue, Charles Gadéa et Sophie Pochic, *Cadres, classes moyennes : vers l'éclatement ?*, Paris : Armand Colin, 2011. DOI : 10.3917/arco.bouff.2011.01.

50. *Droit social*, 2012, « L'égalité de traitement des salariés ou l'éternelle question de la légitimité des différences », Amélie Gogos-Gintrand.

Dans cette deuxième conception, la communauté de travail se définit alors par ceux qui sont dans des situations équivalentes. Cependant, dans la jurisprudence, cette situation d'équivalence ne s'apprécie que pour des travailleurs ayant le même employeur. En effet, c'est l'employeur qui est débiteur du droit à l'égalité de traitement parmi ses salariés dans son entreprise et il ne peut donc être juridiquement tenu d'appliquer l'égalité de traitement aux salariés d'autres entreprises. Ainsi, dans la jurisprudence, les limites du « périmètre » dans lequel se caractérise la communauté de travail ne peuvent déborder celui de l'entreprise. C'est notamment ce qui est rappelé dans une affaire jugée par la chambre sociale de la Cour de cassation en 2010[51]. Dans une entreprise de fabrication de peinture, un plan de sauvegarde de l'emploi (licenciement collectif visant à réduire les effectifs) est ouvert en 2008. Il s'accompagne, pour certaines parties de l'entreprise, de mesures d'incitations au départ (plan de départ volontaire) dont d'autres sont privés. Deux organisations syndicales (CGT et CFE-CGC[52]) de l'entreprise attaquent le plan de sauvegarde de l'emploi. Les juges de la Cour de cassation leur donnent raison en suivant la règle que l'employeur doit assurer l'égalité de traitement pour tous ses salariés et qu'ils doivent par conséquent tous « bénéficier de l'alternative offerte par les aides au départ volontaire ». Nous retrouvons ainsi l'argument défendu par Claude Didry dans son histoire du salariat[53], pour qui ce qui constitue le salariat n'est pas tant la relation binaire entre salarié et employeur ou la protection sociale qui l'accompagne, mais bien la constitution de la communauté de travail de ceux et celles qui ont le même employeur. Cependant, ce critère d'application est discuté par les acteurs du travail pour envisager les cas où des personnes travaillent côte à côte tout en étant salariées d'employeurs différents. C'est cette troisième manière de définir la communauté de travail que ce débat permet de mettre au jour.

II. 3. La communauté de ceux et celles qui travaillent conjointement

La dernière conception de la communauté de travail que nous avons rencontrée dans notre enquête empirique considère que celle-ci couvre l'ensemble des personnes qui travaillent à réaliser le même produit ou le même service, sans nécessairement partager le même employeur. Dans ses travaux conduits sur les « réseaux » d'entreprises, Elsa Peskine qualifie ces travailleurs comme ceux qui participent au même « processus de travail »[54].

Ces différentes logiques entrent en contradiction lors d'une affaire jugée en 2005, qui concerne une activité de distribution de l'eau dans Paris pour laquelle travaillent conjointement des salariés de la Compagnie des eaux de Paris, des salariés de la Mairie de Paris et des salariés d'une entreprise privée. Ceux de la première entreprise disposent d'un jour de repos par semaine d'astreinte, tandis que les

51. Cour de cassation, civile, chambre sociale, 12 juillet 2010, 09-15.182.

52. Confédération française de l'encadrement-Confédération générale des cadres.

53. Claude Didry, *L'institution du travail. Droit et salariat dans l'histoire*, Paris : La Dispute, 2016.

54. Elsa Peskine, *Réseaux d'entreprise en droit du travail*, Paris : LGDJ, 2008.

autres bénéficient de deux jours, pour un travail identique et en commun. Des salariés de la Compagnie des eaux de Paris attaquent leur entreprise et demandent l'obtention d'une deuxième journée de repos compensateur. Les juges de la Cour de cassation leur donnent tort, se basant sur la règle selon laquelle le principe d'égalité de traitement s'apprécie entre salariés appartenant à la même entreprise, y compris lorsqu'ils travaillent de manière conjointe et continue, au quotidien et concrètement, avec des salariés issus d'autres entreprises. Il est ainsi rappelé que, pour apprécier le cercle des égaux, il faut prendre en compte « l'employeur d'origine et non l'identité de situation de salariés travaillant pour le compte de la même entreprise et rémunérés par elle, peu important cet employeur d'origine »[55]. Par l'application de cette règle, le travail réel et les limites concrètes des collectifs de travail ne sont donc pas pris en compte. C'est ce que dénonce Thérèse Aubert-Monpeyssen, qui discute cet arrêt. Pour elle, ces situations « sont perçues, sur le terrain, comme des injustices »[56].

C'est en partant de ce constat que les organisations professionnelles défendent une conception alternative du périmètre des égaux et donc de la communauté de travail, qui viendrait élargir la responsabilité de l'employeur à ses salariés et à ceux travaillant étroitement avec eux. Pour les élus de la CFDT que nous avons rencontrés, il s'agit alors de traiter ensemble tous les travailleurs impliqués sur un même chantier, dans la réalisation d'un même produit ou service, qu'ils soient issus de l'entreprise donneuse d'ordre, sous-traitante ou de travail temporaire, qu'ils soient salariés, intérimaires ou prestataires. Ségolène, 51 ans, agente d'un organisme de protection sociale, permanente syndicale à la CFDT depuis 15 ans et secrétaire confédérale en charge de la négociation collective, défend l'idée de « filière » en partant d'un cas concret, celui des agentes de nettoyage qui travaillent dans (et pas pour) des hôtels de luxe, qui ne bénéficient pas des conditions de travail et d'emploi des salariés de l'hôtel, car, malgré leur ancienneté, elles sont salariées d'entreprises sous-traitantes. Dans un entretien avec une autre élue CFDT, Diana, 53 ans, en charge des questions de discrimination à la confédération après une carrière dans une entreprise d'équipement informatique, avance la même idée en utilisant la notion de « chaîne de valeur ». Ainsi, dans la filière comme dans la chaîne de valeur, le principe est bien d'élargir la communauté de travail de ceux et celles qui doivent être équitablement traités à tous ceux et celles qui travaillent sur le même chantier, pour produire le même produit ou service. La CFDT a été régulièrement mobilisée pour que les intérimaires et les prestataires qui travaillent avec les salariés de l'entreprise bénéficient des mêmes conditions que ces derniers et soient associés aux décisions prises dans l'entreprise dans laquelle ils travaillent (même s'ils n'y sont pas salariés) :

55. Cour de cassation, civile, chambre sociale, 6 juillet 2005, 03-43.074.

56. *Revue de droit du travail*, 2007, « Que peut-on attendre du principe à travail égal, salaire égal ? », Thérèse AUBERT-MONPEYSSEN, art. cité.

> Par exemple s'il y avait une protection sur une machine pour le salarié permanent et qu'il n'y avait pas cette protection, qui risque de couper le doigt au salarié intérimaire, bien sûr on intervient. En termes de conditions de travail, autant que faire se peut [...], on lui garantit les mêmes conditions. C'est pareil pour les prestataires.
>
> — Entretien, Ségolène, 51 ans, organisme de protection sociale, CFDT.

Nous retrouvons une conception proche d'une communauté de travail élargie à la CGT. L'organisation promeut la notion de « bassin d'emploi », qui est davantage inscrite dans une dimension de territoire. L'objectif est d'agir pour que toutes les personnes qui travaillent côte à côte puissent être traitées de manière équivalente. Pour Stéphane, 47 ans, salarié dans une entreprise de production et de fourniture d'électricité pour laquelle il assume d'importants mandats syndicaux, de même que dans sa fédération, cette conception est la seule à pouvoir cimenter la communauté de travail :

> Cette histoire de bassin d'emploi, je pense que c'est la meilleure démarche aujourd'hui pour recréer un lien de solidarité et pour ranimer le cerveau de chacun en disant : « Il faut que j'aide mon proche et j'ai un proche qui peut m'aider », et cette question est fondamentale. Elle est fondamentale.
>
> — Entretien, Stéphane, 47 ans, entreprise de production et de fourniture d'électricité, CGT.

Ainsi, dans cette conception, la communauté de travail déborde du métier et de l'entreprise et remet en cause la partition de la responsabilité patronale entre donneur d'ordres et sous-traitants dans les entreprises « éclatées[57] ». La communauté de travail y est définie par le lieu de production (le chantier) et le produit réalisé et s'appuie sur le groupe de travail concret. Cette conception se rapproche de différents dispositifs juridiques qui visent à reconnaître l'existence de ces communautés, et par exemple celui des élections professionnelles. Dans le droit, sont ainsi électeurs aux élections dans l'entreprise les travailleurs de cette dernière et ceux qui sont mis à disposition et sont intégrés « de façon étroite et permanente à la communauté de travail[58] ». Les réformes qui ont accompagné la création du comité social et économique ont cependant durci ces conditions, puisque les salariés mis à disposition, alors qu'ils étaient éligibles pour les élections de délégués du personnel, ne le sont plus pour le comité social et économique[59]. Cette conception d'une communauté de travail fondée sur le territoire, sur le chantier, permettrait alors de lutter contre les « segmentations » qu'analyse par exemple Pauline Seillier entre ouvriers « maisons » et sous-traitants sur les chantiers navals de Saint-Nazaire[60].

57. Nadine Thévenot, François-Xavier Devetter, Maé Geymond, Coralie Perez et Corinne Perraudin, Julie Valentin, « Face à l'éclatement des entreprises, une représentation collective mise en défaut : une analyse à partir de l'enquête REPONSE 2017 », *La Revue de l'Ires*, 107-108, 2022, p. 13-40. DOI : 10.3917/rdli.107.0013.

58. Cour de cassation, civile, chambre sociale, 28 février 2007, 06-60.171 : discuté dans Michel Miné, *Le grand livre du droit du travail en pratique*, Paris : Éditions Eyrolles, 2020, p. 659.

59. Article L. 2314-23 du Code du travail : discuté dans Elsa Peskine, Cyril Wolmark, *Droit du travail*, 2021, Paris : Dalloz, 2020, p. 671.

60. Pauline Seiller, « Sous-traitance et segmentations ouvrières dans la construction navale. La recomposition d'une "aristocratie ouvrière" », *Sociologie*, 5 (4), 2014.

Conclusion

Pour rendre compte des manières de définir les communautés de travail, le principe d'égalité de traitement au travail est particulièrement heuristique. Qu'il soit appliqué par les juridictions du travail, discuté par les juristes ou questionné par les organisations professionnelles, celui-ci pose la question de la nature et des contours des communautés de travail. Les opérations de mises en œuvre de ce principe permettent tout d'abord de rendre compte des principes de justification qui sous-tendent son application. Nous montrons qu'au-delà du respect strict du principe d'égalité, les acteurs mettent en avant des considérations en termes d'unité du collectif de travail à préserver, notamment pour assurer la performance économique, que des différences de traitement entre membres pourraient conduire à fissurer. En analysant ensuite les controverses autour de cette règle, nous montrons les tensions entre une pluralité de définitions des communautés de travail par un mécanisme de caractérisation de qui est égal à qui : premièrement, une communauté fondée sur le métier qui englobe les travailleurs et les travailleuses qui ont la même activité pour le même employeur ; deuxièmement, une communauté fondée sur l'entreprise, qui regroupe des travailleurs et des travailleuses qui ont le même employeur ; et enfin une communauté établie sur le territoire ou sur le produit qui agrège des travailleurs et des travailleuses qui participent au même chantier, réalisent le même produit ou service dans le même lieu. Ces controverses montrent la plasticité des communautés de travail et les conflits dans leurs interprétations.

L'analyse sociologique de l'application plurielle de cette règle juridique permet ainsi de mettre au jour deux résultats. D'une part, elle montre comment les « choix de politique juridique » des juges – pour reprendre l'expression d'Antoine Jeammaud[61] – répondent concrètement à des inquiétudes sur les effets de différences de traitement sur les communautés professionnelles. D'autre part, en mettant au jour trois conceptions des frontières de ces communautés (métier, employeur, produit), ces analyses éclairent les ressorts pluriels de ces communautés, ce sur quoi elles tiennent[62]. Elles permettent ainsi de renouveler l'intérêt d'une sociologie du droit du travail pour comprendre les réalités concrètes du travail et les conditions de possibilités de solidarités au travail.

61. *Droit social*, 2004, « Du principe d'égalité de traitement des salariés », Antoine JEAMMAUD, art. cité.

62. Camille DUPUY, *Le travail face au capital*, *op. cit.*

■ L'auteure

Camille Dupuy est professeure des universités en sociologie à l'Université Versailles Saint-Quentin-en-Yvelines (Université Paris-Saclay), chercheuse au laboratoire Printemps (Professions institutions et temporalités) et chercheuse affiliée au CEET (Centre d'études de l'emploi et du travail, Cnam). Parmi ses dernières publications :

— « Introduction : 50 nuances de vert. La négociation de la transition écologique, une proposition de typologie », *Négociations*, 40 (1), 2024, p. 7-25 (dir., avec Vincent PASQUIER). DOI : 10.3917/neg.040.0007 ;

— « "*Don't mess with her*". Des politiques de féminisation inachevées dans une école de la tech », *Travail, genre et sociétés*, 52 (2), 2024, p. 117-133 (avec François SARFATI). DOI : 10.3917/tgs.052.0117 ;

— « Au plus près du terrain ? De la décentralisation des régulations à la concentration des pouvoirs », *Les Mondes du travail*, 30, 2023, p. 37-52 (avec Jules SIMHA) ;

— *Gouverner par l'emploi. Une histoire de l'École 42*, Paris : Presses universitaires de France, 2022 (avec François SARFATI).

Transactions collusives autour d'un service public de l'eau : une approche ethnographique

Collusive Transactions around a Public Water Service: An Ethnographic Approach

Narcisse Mideso

Centre de droit public et social, Université libre de Bruxelles, Centre de droit public et administratif, Université catholique de Bukavu.
Orcid : 0009-0000-1059-2327, mideso.narcisse[at]ucbukavu.ac.cd, vincent.de.paul.narcisse.mideso[at]ulb.be

Résumé Une abondante littérature juridique propose des études particulièrement fouillées sur les principes gouvernant les services publics à partir de matériaux strictement juridiques : la loi, la jurisprudence, la doctrine. Mais ces matériaux de type dogmatico-doctrinal sont-ils le seul horizon d'identification et d'analyse de ces principes ? Ou alors, au regard des valeurs qui sous-tendent la nature des prestations érigées en service public, est-il possible de les identifier et les analyser autrement qu'à travers la symbolique textuelle ? C'est cette dernière perspective que propose cette contribution à partir des pratiques issues d'interactions entre acteurs locaux à l'interface de la délivrance du service public de l'eau. Cet article repose moins sur la dichotomie entre textes et pratiques, mais davantage sur la relation particulière entre les deux qu'il se propose de documenter. Les principes du droit de service public de l'eau sont alors identifiés et analysés *dans* l'expérience quotidienne des acteurs et non en *surplomb* de celle-ci.

Action publique – Administration – Capitalisation – Corruption – Droit public – Gestion de l'eau – Intermédiaires du droit – République démocratique du Congo

Summary An abundance of legal literature offers particularly detailed studies of the principles governing public services, based on strictly legal material: law, case law, and doctrine. But are these dogmatical and doctrinal materials the only means of identifying and analyzing these principles? Or is it possible to identify and analyse them in ways other than through textual symbolism, in terms of the values that underlie the nature of the services that have been established as a public service? It is this latter perspective that this contribution proposes, based on practices arising from interactions between local actors at the interface of the delivery of the public water service. This article is based less on the dichotomy between texts and practices and more on the particular relationship between the two that it sets out to document. In this way, the principles of public water service law are identified and analysed *in* the day-to-day experience of the players involved, rather than in *isolation* from it.

Administration – Capitalization – Corruption – Legal intermediaries – Public action – Public law – Water management – Democratic Republic of the Congo

Je tiens à remercier Julien Pieret, Carla Nagels, Wenceslas Busane et Pacifique Magadju pour la qualité de leurs commentaires et discussions qui ont nourri la réflexion à la base de cet article. Je remercie également les lecteurs de la revue *Droit et Société* pour la qualité de leurs commentaires et suggestions ainsi que Lison Burlat pour son énième relecture.

Certaines activités, parce qu'elles visent à satisfaire des besoins jugés d'intérêt général, sont érigées en « activités de service public ». La doctrine juridique développée sur la notion de service public est pleine des théorisations, toutes sophistiquées, polarisées par l'épineuse question du critère d'identification du service public. Sans entrer dans ces considérations, j'entends par service public « toute tâche qui vise à satisfaire un besoin d'intérêt général et dont l'accomplissement régulier apparaît nécessaire aux yeux du législateur », selon la définition donnée par Patrick Goffaux[1]. En République démocratique du Congo (RDC), l'accès à l'eau potable étant un droit fondamental reconnu par l'article 48 de la Constitution, les activités garantissant cet accès forment un service public au sens de l'article 3 (§36) de la loi congolaise relative à l'eau de 2015. À cet égard, bien que ces activités relèvent du secteur marchand, elles n'échappent pas pour autant à un encadrement juridique « fondé sur les principes d'*égalité* (de traitement des usagers), de *mutabilité* (adaptation systématique à l'évolution de normes [et de conditions factuelles de fourniture]) et de *continuité* (de fourniture ininterrompue)[2] ». Il est alors possible de saisir l'ordre juridique relatif à ce service public à partir d'une analyse englobante de type *top down*. Telle n'est pas l'orientation exclusivement adoptée par la présente contribution, laquelle privilégie une analyse des règles juridiques à l'œuvre *dans* l'expérience des acteurs et non en *surplomb*[3] de celle-ci. Une telle approche relève des questionnements contemporains de la sociologie du droit qui, à travers « un ensemble des travaux, cherche à saisir non plus seulement le rapport entre droit et société, mais le droit dans la société, notamment en dehors des arènes qu'on associe généralement à sa production [et à son application][4] ». Cela implique alors un déplacement du regard, des règles et acteurs institutionnels formels vers les

1. Patrick Goffaux, *Dictionnaire de droit administratif,* Bruxelles : Larcier, troisième édition, 2022, p. 760.

2. Marine Colon, *Les contrats de performance dans le secteur de l'eau urbaine ougandais, structures de la matérialisation de la logique de marché et supports du travail institutionnel,* thèse de doctorat en sciences de gestion, Paris : AgroParisTech, 2014, p. 120.

3. Baudouin Dupret et Ayang Utriza, « La praxéologie du droit. Mise en perspective et mise en pratique », Julie Colemans et Baudouin Dupret (dir.), *Ethnographies du raisonnement juridique,* Paris : LGDJ, 2018, p. 223-242.

4. Charles Reveillere, *Demain c'est loin, et aujourd'hui c'est trop tard. Vivre et gouverner le délogement dans deux espaces populaires en attente de rénovation urbaine,* thèse de doctorat en sociologie, Paris : Institut d'études politiques de Paris, 2022, p. 37.

destinataires finaux des normes, permettant ainsi « d'inscrire la vie, l'existence, la subjectivité et la réalité même de l'individu dans la pratique du droit[5] ».

Vue d'en bas, la délivrance du service public de l'eau en RDC révèle une pluralité des registres normatifs. Le registre officiel, formé des règles d'édiction officielle, constamment mobilisé et servant d'étalon de mesure au recours à d'autres logiques normatives. Le registre inofficiel, celui des règles de fait développées à partir des savoir-faire des acteurs, est mobilisé soit pour contourner le paramètre d'une règle officielle, soit pour l'écarter, tout en assurant paradoxalement le respect des principes qui en découlent. Une approche *bottom up* permet dès lors l'accès aux discours et pratiques ainsi que la compréhension de la production des normes au sein de cet espace censé être régulé par les seules normes instituées[6]. Si ces pratiques sont celles des règles officielles relatives à l'accès à l'eau, relevant *a priori* du même registre normatif, les acteurs ne s'empêchent pas de les assortir d'autres registres justificatifs toutes les fois où ces pratiques écartent ou contournent les règles officielles. On accède ainsi à la conscience juridique des acteurs telle que théorisée par les *Legal Consciousness Studies*, approche qui, dans cet article, reçoit une application nuancée. Il ne s'agit pas ici de simplement identifier une conscience du droit étatique dans le quotidien des acteurs – c'est-à-dire sa formulation plus ou moins précise par les acteurs. Les conduites des acteurs sont ramenées non pas à des représentations types issues de ce courant – la *conformité au droit*, l'*arrangement avec le droit* et la *résistance au droit* – mais, aux « contextes qui les rendent possibles, et donc normales[7] ». Il s'agit ici des contextes dans lesquels sont pris à la fois le *groupe professionnel* – avec ses usages et habitudes matérielles répétés – et l'*institution* – avec ses guichets, ses intermédiaires du droit, ses règles d'application et ses jurisprudences locales. Ces contextes étant constitués des faits normatifs et des pratiques juridiques plurielles[8], il importe alors d'analyser la conscience juridique dans une perspective de *conscience internormative* c'est-à-dire, comme l'ensemble « des perceptions, des interprétations et des images des normes qu'ont les individus, lesquelles permettent la mise en œuvre concrète d'articulations internormatives quotidiennes[9] ». Le service public de l'eau est alors envisagé comme un espace où l'ordre juridique officiel est dédoublé des pratiques réelles, tout aussi normées, qui s'en distancient plus ou moins grandement[10].

5. Michel Foucault, *Dits et écrits. I. 1954-1975*, Paris : Gallimard, 1997, p. 79.

6. Aymar Nyenyezi, « La négociation de l'État dans le Rwanda rural post-génocide », *Politique africaine*, 160 (4), p. 63-85. DOI : 10.3917/polaf.160.0063.

7. Daniela Piana, Emilia Schijman et Noé Wagener, « Où chercher le droit ? Juridicité et méthodes d'enquête dans les travaux de Susan Silbey », *Droit et Société*, 100 (3), 2018, p. 645-655. DOI : 10.3917/drs1.100.0645.

8. Baudouin Dupret, « Legal pluralism, Plurality of Laws, and Legal Pratices: Theories, Critiques and Praxiological Re-specification », *European Journal of Legal Studies*, 1 (1), 2007, p. 296-318.

9. Bertrand Lavoie, « Avoir conscience de l'internormativité : contribution à l'étude de la conscience du droit en contexte pluraliste », *Revue de droit de McGill*, 64 (3), p. 431. DOI : 10.7202/1071746ar.

10. Kristof Tetica et Tom De Herdt, « Death to the State, Long Life of the State? Public services beyond the Failed State in the Democratic Republic of Congo », Id. (eds.), *Negotiating Public in Congo: State,*

Pour saisir la plurinormativité qui se joue dans cet espace, je mobilise une perspective empirique fondée sur une approche ethnographique, laquelle me permet de mieux appréhender la place du droit dans la délivrance de l'eau à Bukavu[11]. Ma recherche a ainsi consisté à documenter les interactions quotidiennes entre les agents et les usagers du plus grand opérateur de la région[12], auquel ils sont liés juridiquement par une police d'abonnement écrite. Cette police d'abonnement, qui dans les faits requiert « un traitement plus procédural, temporalisé et coopératif de la relation [et] davantage détaché du consentement originaire des parties[13] » revêt les caractères d'un contrat relationnel au sens de Macneil[14]. À cet égard, l'attention est alors portée sur une catégorie d'agents d'interface qui gèrent chacun un nombre déterminé d'usagers pour les opérations quotidiennes de relevés mensuels d'index, la gestion de facturation, les dépannages et réparations, le recouvrement, etc., tâches à propos desquelles les interactions permanentes avec les usagers sont émaillées de diverses transactions inofficielles. Le regard est alors plongé dans un ensemble élargi des pratiques de ces acteurs qui vivent et expérimentent ce droit du service public de l'eau au quotidien.

Deux séjours de recherche prolongés ont permis de documenter les pratiques étudiées au moyen de deux techniques. D'abord, une immersion par observation participante m'a permis de suivre, en qualité de stagiaire à temps plein durant une période de six mois, les interactions entre les agents d'interface de l'opérateur[15] et les usagers dans l'exécution des différentes tâches relatives à l'approvisionnement quotidien de l'eau potable. Vingt-trois entretiens ethnographiques formels et non directifs d'une durée moyenne d'une heure et demie chacun ont ensuite complété le matériau empirique constitué.

Si les pratiques ainsi documentées relèvent pour l'essentiel de la catégorie juridique pénale de corruption, je propose de les analyser comme des formes de capitalisation des prérogatives à partir d'une catégorie empirique de *collaboration inofficielle capitalisée* entre acteurs (I.). On constatera que cette capitalisation n'a de raison d'être que si, d'une part, elle vise à pallier un dysfonctionnement présent ou imminent de la délivrance de l'eau, et si, d'autre part, elle s'envisage comme

Society and Governance, Londres : Zed Book, 2019, p. 190-211.

11. Bukavu, chef-lieu de la Province du Sud-Kivu est une ville située à l'est de la RDC, avec une démographie en pleine expension due en partie à une urbanisation précaire caractérisée par l'exode rural consécutif à la crise sécuritaire que connaissent les localités rurales environnantes depuis plus de deux décennies.

12. Emmanuelle Bernheim, Dalia Gesualdi-Fecteau, Pierre Noreau et Véronique Fortin, « L'approche empirique en droit : prolégomènes », *in* Dalia Gesualdi-Fecteau et Emmanuelle Bernheim (dir.), *La recherche empirique en droit : méthodes et pratiques*, Montréal : Éditions Thémis, 2021, p. 1-28.

13. Catherine Delforge, « Le contrat à long terme entre firmes, un contrat relationnel exemplaire ? », *Revue interdisciplinaire d'études juridiques*, 76 (1), 2016, p. 57-95. DOI : 10.3917/riej.076.0057.

14. Corinne Boismain, « Présentation des travaux du Professeur Ian R. Macneil », *Revue interdisciplinaire d'études juridiques*, 76 (1), 2016, p. 51-55. DOI : 10.3917/riej.076.0051.

15. L'opérateur concerné est une société commerciale à capital public entièrement détenu par l'État congolais.

une forme de compassion ou d'indulgence vis-à-vis d'une situation personnelle de l'usager nécessitant un assouplissement de la rigueur des règles juridiques applicables. On observera qu'à chacun de ces deux moments, une articulation entre cet ordre inofficiel et l'ordre officiel s'agissant des principes du service public est possible. Ainsi, les collaborations inofficielles capitalisées aux dimensions palliatives vont, *de facto*, donner un effet utile au principe de continuité. Celles aux dimensions compassionnelles vont traduire dans les faits le principe d'égalité des usagers face au service public, alors que les deux dimensions combinées vont concourir au respect du principe de mutabilité du service public. À l'instar d'autres pays africains, les défis courants que connaît le service public de l'eau en RDC ont trait « à l'inégalité dans la qualité du service basée sur la capacité de paiement, les interruptions, etc.[16] ». La prégnance et la régularité de la collaboration inofficielle capitalisée dans les pratiques quotidiennes des acteurs en font une norme pratique de référence qui, loin d'être invalidée, se confirme dans certains cas exceptionnels qui laissent voir que la logique collaborative ne fonctionne pas, sans pour autant que la délivrance de l'eau se réalise aussi aisément (II.).

I. Les collaborations inofficielles capitalisées comme fabrique d'un ordre négocié articulant règles officielles et règles inofficielles

La délivrance quotidienne de l'eau par l'opérateur, loin d'évacuer les règles officielles, s'y réfère et les articule aux micro-manœuvres pratiques des acteurs inscrites dans un processus social des arrangements permanents, des négociations et transactions diverses autour des services relatifs à l'approvisionnement en eau. Il en résulte des mises en œuvre arrangées ou négociées des règles officielles, dont l'économie morale se cristallise dans une collaboration inofficielle, négociée ou imposée. Il s'agit des rapports dans lesquels agents et usagers se comportent en véritables « chercheurs de rente ». L'un transforme les prérogatives de service dont il est investi en un capital qu'il génère comme tel, alors que l'autre opère par-là, selon le cas, soit une économie d'argent, soit une prise en charge des services qu'il ne saurait ou ne voudrait assurer autrement financièrement. La capitalisation permet alors de saisir les collaborations à travers lesquelles les agents transforment l'exécution des différentes tâches mensuelles – relevés d'index, recouvrements, etc. – en une opportunité de complément de revenu par l'agrément des offres pécuniaires des usagers ou par l'imposition de certains paiements inofficiels soit pour procéder, soit pour s'abstenir de procéder à leurs devoirs. Inscrites dans un processus social, ces prérogatives sont envisagées alors comme des biens, des marchandises générant un capital, c'est-à-dire des prérogatives quantifiées par un prix déterminé à travers un processus social de négociation entre acteurs. Pour que

16. Kenneth O. Nyangena, « Privatization of Water and Sanitation Services in Kenya: Challenges and Prospects », *Africa Development*, 33 (4), 2008, p. 117-131. DOI : 10.4314/ad.v33i4.57347.

les pratiques puissent prospérer, elles s'accompagnent d'une certaine familiarité entre les deux parties qui collaborent, c'est-à-dire, ainsi que le souligne un agent, qu'« il faut [que l'usager] s'habitue à l'agent progressivement pour commencer à lui faire ces propositions [de collaboration inofficielle]. »

Une relation plus ou moins stable facilitant l'anticipation des actions des acteurs l'un vis-à-vis de l'autre est donc nécessaire. Chacun choisit alors les moyens adaptés aux circonstances de sa situation. Pour les agents, il s'agit d'un processus complémentaire de revenu. Ils s'engagent alors à « sur-monnayer leurs compétences ou à réserver l'accès du service public à ceux qui peuvent l'acheter[17] ». Alors que pour l'usager, il s'agit d'un processus d'accès à l'eau au sens de Ribot et Peluso[18]. Cette capitalisation n'est valable et ne se justifie que pour autant qu'elle vise soit à pallier une carence de service ou son dysfonctionnement (I. 1.), soit à compatir à une situation personnelle de l'usager qui nécessite un certain ajustement des règles (I. 2.).

I. 1. La capitalisation palliative des collaborations inofficielles

Le concept de collaboration palliative renvoie aux pratiques des acteurs remédiant aux dysfonctionnements de la délivrance de l'eau aux moyens des standards arrangés qui s'éloignent plus ou moins des standards officiels. Car, « face aux contraintes négatives de nombreux contextes qui compromettent la délivrance de biens ou services publics, les agents [...] tentent parfois, seuls ou avec d'autres acteurs extérieurs, de trouver des solutions, souvent pas très conformes aux normes officielles, relevant du bricolage, de l'improvisation, des arrangements, mais qui ont le mérite de permettre un minimum de délivrance du service. C'est ce [qu'on appelle] la délivrance palliative de biens ou services publics[19] ». Il importe alors d'envisager cette dimension palliative dans son principe avant de souligner la mesure dans laquelle elle assure *de facto* une mise en œuvre inofficielle du principe de continuité du service public.

Le principe de la collaboration inofficielle palliative

Les acteurs distinguent quotidiennement le « bureau de l'opérateur » du « terrain de l'agent ». Le terrain de l'agent renvoie alors aux divers espaces de négociation de la règle formelle grâce auxquels les usagers peuvent échapper, soit à l'application de la loi, soit aux complications et lourdeurs administratives du bureau de

17. Thierry Ménissier, *Philosophie de la corruption,* Paris : Hermann, 2018, p. 33.

18. Jesse C. Ribot et Nancy L. Peluso, « A theory of access », *Rural Sociology,* 68 (2), p. 153-181. DOI : 10.1111/j.1549-0831.2003.tb00133.x.

19. Jean-Pierre Olivier de Sardan, « La routine des comportements non-observants au sein des services publics nigériens. Connaitre la culture bureaucratique pour mieux la réformer de l'intérieur », *Études et travaux du Lasdel,* 119, p. 128.

l'opérateur. La distinction apparaît clairement lorsque agent et usager ont ce type d'interaction collaborative inofficielle :

> Agent : « Si tu ne veux pas de cet arrangement, on va alors t'amener au bureau où tu vas être soumis à une autre convention que tu ne pourras pas supporter facilement notamment parce qu'on ne te laissera pas sans facturation pour plus de trois mois ».
> Usager : « Non, pas question d'amener ces choses au bureau, tu sais bien que nous nous entendons bien avec vous qui vivez nos réalités au terrain. Moi en tout cas, je souhaite traiter uniquement avec les agents de terrain ».
> *La logique est la même dans l'entrevue ci-après entre un agent et un usager au sujet du paiement des frais de réouverture d'eau.*
> Agent : « On ne peut pas rétablir l'eau sans paiement d'amende. Si tu ne veux pas le faire auprès de nous, va au bureau demander la réouverture. »
> Usager : « Comment ça aller au bureau ! Moi je préfère traiter avec vous les agents de terrain. D'accord, je vais payer cette amende, mais pas à 10 $, mais à 5 $ ».

Le terrain de l'agent présente l'avantage de couvrir les dysfonctionnements du système bureaucratique : lourdeur, lenteur et solutions corruptrices plus chères, etc. À cet égard, on note dans la littérature que les dysfonctionnements de la bureaucratie « sont souvent présentés comme des nécessités pratiques pour obtenir des résultats légitimement attendus, en contournant les failles d'un système bureaucratique inefficace ou en se résignant de jouer le jeu de ses perversions[20] ». Les acteurs en ont conscience. L'interpellation suivante d'un usager par un agent est éclairante :

> Qu'est-ce que vous les abonnés vous partez chercher au bureau ? Parlez avec nous, nous sommes le bureau mobile et nous pouvons vous donner une solution plus rapidement que là.

Cette préférence du terrain de l'agent est porteuse de l'idée d'une délivrance alternative du service face aux dysfonctionnements de ce dernier. À ce titre, la collaboration inofficielle se révèle être le « moment où l'individu réapparaît dans toute sa complexité et sa souveraineté face aux règles[21] ». Ainsi, tous les agents de l'opérateur, peu importe leur affectation, s'aménagent la possibilité de développer « un terrain » chaque fois que l'occasion s'offre à eux. C'est le cas notamment du facturier d'une agence dont la position de service le place au cœur du processus de facturation sans qu'il soit physiquement affecté au terrain. À propos de l'aptitude qu'ont les agents à faire intégrer un compteur obtenu au marché noir dans le système de facturation, l'un d'eux indique que :

> À notre niveau si on veut faire cela, il nous faut nous associer avec le facturier. D'ailleurs nous nous associons toujours avec le facturier pour la majorité de nos opérations de terrain. C'est lui l'aéroport pour tous nos *deals*.

L'inofficialisation se révèle être un processus continu qui marche parallèlement et concomitamment avec le processus officiel. Elle peut partir d'une opération administrative au bureau pour se terminer par une opération technique au terrain

20. Ivon Thomi, « L'articulation de la petite corruption à la grande dans les discours populaires grecs », *Champ pénal / Penal Field*, 10, 2013, p. 13. DOI : 10.4000/champpenal.8472.

21. Gaspard Koenig, « Quelle morale pour la corruption ? », *Revue internationale et stratégique*, 101 (1), 2016, p. 57. DOI : 10.3917/ris.101.0055.

et inversement. À chaque étape, le processus officiel fait l'objet de négociations. Les règlements sont ainsi constamment manipulés par les agents grâce à un double pouvoir dont ils disposent à l'égard des usagers : celui de décider en conformité avec leur mandat et celui de décider de monnayer cette décision. Les acteurs s'engagent ainsi dans un travail d'ajustement par lequel le cadre légal est travaillé pour s'accorder aux actions de leur monde[22]. De la sorte, ils « façonnent le contenu du droit lorsqu'ils déploient, invoquent et interprètent le droit dans leur vie quotidienne[23] ». Véritable espace de flexibilisation des règles officielles, le terrain de l'agent ouvre ainsi à une application à la carte desdites règles. Cette préférence du terrain de l'agent favorise le déploiement des normes pratiques dans un rapport légalement organisé. En ce sens, « les normes pratiques sont le terrain[24] » et la préférence du terrain de l'agent est pour les acteurs une alternative efficace, apte à pallier les complications administratives officielles. Sa prégnance, sa régularité et son accommodement des règles officielles font de cette préférence pour le terrain une véritable norme pratique à la maîtrise des acteurs. Ainsi, justifiant un arrangement monnayant au rabais l'étalonnage d'un compteur d'eau devenu illisible, un agent explique que :

> Dans ce cas, il est généralement conseillé d'envoyer un tel compteur à l'étalonnage au niveau de notre atelier compteur. Or, lorsqu'on enlève le compteur comme ça, on place un bouchon et vous allez trouver qu'il y a beaucoup d'abonnés qui sont concernés par ces cas, est-ce qu'on va prendre tous ces compteurs et les amener à la direction ? C'est un peu compliqué. Le technicien est certes là, mais, [seul affecté à ce poste], il a beaucoup à faire et se retrouve ainsi coincé. Alors vous allez laisser le compteur de l'abonné là-bas pendant tout ce temps ? Il me semble que non et *cela n'est ni dans l'intérêt de l'abonné qui risque de perdre son compteur qui se volatise souvent là-bas, ni pour l'opérateur puisque pendant tout ce temps l'abonné ne sera pas en train de consommer l'eau et ne pourra donc pas être facturé.* [je souligne]

En contrepartie du versement d'une somme d'argent inférieure au coût officiel de l'opération d'étalonnage de compteur, l'agent va alors procéder ou faire procéder au nettoyage d'un tel compteur. C'est aussi le cas des réparations relatives aux pannes affectant le réseau de distribution de l'eau qui sont légalement à charge de l'opérateur. Les propos suivants d'un agent sont très éclairants à ce sujet :

> Un abonné qui est dans l'urgence, est-ce qu'il peut attendre une intervention qui peut traîner un mois, voire deux mois ? Vous voyez tout ça ! C'est souvent ce qui nous pousse à dire à l'abonné d'autofinancer.

De même que ceux d'un autre agent qui indique à un usager en rupture d'approvisionnement :

22. Dan Kaminski, *Condamner. Une analyse des pratiques pénales,* Toulouse : Érès, 2015, p. 194.

23. Susan Silbey et Patricia Ewick, « Devant la loi : la construction sociale du juridique », traduit de l'anglais par Chantal Kourilsky et Marie-Josèphe Foy, *in* Chantal Kourilsky-Augeven (dir.), *Socialisation juridique et contexte du droit : attitudes individuelles, modèles culturels et changement social,* Paris : LGDJ, coll. « Droit et Société – Recherches et Travaux », 1997, p. 33-34.

24. Jean-Pierre Olivier de Sardan, *La revanche des contextes. Des mésaventures en ingénierie sociale en Afrique et au-delà,* Paris : Karthala, 2021, p. 379. DOI : 10.3917/kart.olivi.2021.01.

> Si tu vas au bureau ça sera long, on va te demander l'argent là-bas ou alors tu vas commencer à payer l'argent de changement de piquage, c'est beaucoup d'argent, à peu près le coût d'un nouveau raccordement.

Face à la carence – réelle ou supposée, voire organisée – des compteurs d'eau et le risque subséquent d'une facturation forfaitaire, les usagers, pour pallier ce dysfonctionnement, s'arrangent avec les agents pour obtenir un compteur autrement que par la voie officielle. En effet, chaque usager est censé obtenir à son raccordement un compteur d'eau, obligation que l'opérateur ne satisfait pas dans la pratique, préférant une facturation forfaitaire pour des raisons de maximisation budgétaire. Les usagers sont invités à introduire une demande officielle de compteur dont le traitement peut prendre des mois entiers sans résultat. Un abonné indique à ce sujet, que dans son cas,

> Ils ont tellement pris du temps qu'un malin [un agent] a fini par me proposer l'achat d'un compteur et je l'ai acheté à 20 $, or les compteurs ne se vendent pas. Mais moi j'étais dans le besoin, au lieu de continuer à recevoir des grosses factures au forfait, j'ai juste décidé de le prendre [le compteur].

La réaction de cet usager montre effectivement « ce qu'il se passe quand il ne se passe (apparemment) rien dans ces lieux et ces temps où des individus font l'expérience de l'attente [face à une administration][25] ». On le voit, l'attente n'est pas un temps mort car il est activement investi par les acteurs qui, à son égard, remodèlent leurs rapports au service public suivant des savoir-faire locaux certes intéressés, mais qui participent à limiter toute rupture d'approvisionnement en eau.

Une mise en œuvre inofficielle du principe de continuité du service public de l'eau

Règle de nature indirectement constitutionnelle,[26] mais certainement législative[27], le principe de continuité du service public implique, pour les pouvoirs publics, « le droit et l'obligation d'assurer le fonctionnement régulier du service[28] ». On le sait, le droit d'accès à l'eau vise la satisfaction des besoins essentiels et permanents tels que l'alimentation, l'hygiène corporelle, etc. Au regard de la permanence de ces besoins, la garantie d'un droit à l'eau ne va pas sans celle de la continuité du service qui en assure la mise en œuvre. C'est dans ce double caractère permanent qu'il convient de situer le principe de continuité du service public appliqué au secteur de l'eau.

---

25. Charles REVEILLERE et Pierre-Antoine CHAUVIN, « Politiques de l'attente. Patient·es et impuissant·es face à la domination temporelle », *Actes de la recherche en sciences sociales,* 250 (5), 2023, p. 7. DOI : 10.3917/arss.250.0006.

26. Constitution de la RDC du 18 février 2006 telle que modifiée et complétée à ce jour, Kinshasa, *JORDC,* numéro spécial du 5 février 2011, article 48.

27. Loi n° 15/026 du 31 décembre 2015 relative à l'eau, Kinshasa, *JORDC,* numéro spécial du 13 janvier 2016, article 71 alinéa 2 ; voir aussi Loi organique n° 16-001 du 3 mai 2016 fixant l'organisation et le fonctionnement des services publics du pouvoir central, des provinces et des entités territoriales décentralisées, Kinshasa, *JORDC,* numéro spécial du 1er juin 2016, articles 6 (§4) et 10.

28. Patrick GOFFAUX, *Dictionnaire de droit administratif, op. cit.,* p. 237.

L'examen de continuité de la délivrance de l'eau se pose ici doublement : en cas d'interruption pour impayés, et en cas d'interruption du fait des pannes techniques affectant le réseau de distribution. Sur l'interdiction d'interruption de l'eau pour impayés, on remarquera que celle-ci varie selon les États. Certains disposent d'un régime juridique très précis à ce sujet où la législation et la jurisprudence utilisent le principe de continuité comme base d'appréciation de l'illégalité de l'interruption de l'eau pour impayés. C'est le cas de l'Afrique du Sud[29], du Brésil[30], de la Belgique[31], ou encore de la France[32]. En RDC, sans aucune autre précision, l'article 117 de la loi relative à l'eau incrimine toute interruption de l'eau sans motif valable. Il inclut donc toutes formes d'interruption, quels qu'en soient les motifs, à condition qu'ils soient jugés valables. Il revient alors aux opérateurs, à l'autorité de régulation, et en dernière instance, au juge saisi d'un différend, d'apprécier la validité ou non d'un motif pouvant justifier l'interruption. Toutefois, le règlement d'exploitation qu'utilise l'opérateur privilégie un rapport contractuel plutôt que réglementaire concernant les coupures d'eau. Le défaut de paiement de l'usager entraîne l'application de l'exception d'inexécution par l'opérateur. Autour de cela s'organise une série de transactions inofficielles entre acteurs. Ces transactions se rapportent aussi bien aux interruptions pour non-paiement des factures qu'à toute autre forme d'interruption relative aux défectuosités techniques du réseau de distribution. En conséquence, le refus de l'opérateur d'intervenir pour réparer les pannes affectant le réseau et pénalisant les usagers constitue une violation du principe de continuité. Ainsi, la continuité du service public de l'eau rompue par les dysfonctionnements et carences administratives de l'opérateur se trouve paradoxalement rétablie dans les collaborations inofficielles entre acteurs comme nous l'avons montré précédemment.

I. 2. La capitalisation compassionnelle ou indulgente des collaborations inofficielles

Les rapports de service qui se tissent en marge des règles officielles sont capitalisés par les acteurs. Mais dès lors qu'ils échappent au droit officiel, se pose alors la question de savoir ce qui trace la frontière entre le légitime et l'illégitime aux yeux des acteurs engagés dans ces collaborations inofficielles. Ainsi, outre la dimension palliative adjointe à la capitalisation de ces collaborations, celles-ci se justifient

29. Supreme Court of Appeal, *City of Cape Town v. Strumpher,* 2012, 104/2011.

30. Superior tribunal de justiça, *Ademar Manoel Pereira c. Companhia Catarinense de Agua e Saneamento,* première chambre, 20 avril 1999.

31. Sur cette législation et cette jurisprudence voir notamment Bernard NICOLAS et Adriana MACHADO, « Du droit à l'eau et de la précarité hydrique », *Aménagement, environnement : urbanisme et droit foncier,* 2021 (3), p. 156-158.

32. Sur cette législation et cette jurisprudence voir Valérie BERNAUD, « La consécration d'un droit fondamental à l'eau est possible. Étude de droit comparé le démontrant », *Revue française de droit constitutionnel,* 110 (2), 2017, p. 317-342. DOI : 10.3917/rfdc.110.0317 ; Frank DUHAUTOY et Henri SMETS, « La reconnaissance judiciaire de l'illégalité des coupures d'eau. Droit à l'eau », *Revue des droits de l'homme,* 2016. DOI : 10.4000/revdh.2742.

également, dans les pratiques et discours des acteurs étudiés, par leur dimension compassionnelle qui fait *de facto* œuvre de justice et concours au rétablissement du principe d'égalité des usagers devant le service public.

Le principe de collaboration inofficielle compassionnelle ou indulgente

Le concept d'indulgence est utilisé ici dans son sens généralement répandu, renvoyant à une facilité à excuser, à pardonner, ou encore comme synonyme de magnanimité, de bonté, de facilité ou de compréhension dont fait montre un agent face à un constat d'irrégularité ou une situation dans laquelle l'application stricte des règles formelles compromettrait l'approvisionnement en eau de l'usager. Il va ainsi aider, être clément ou encore fermer les yeux, etc. Les arrangements ainsi conclus sont justifiés par la nécessité de compatir à la souffrance née de l'incapacité de l'usager de couvrir réglementairement les charges relatives à son approvisionnement en eau ou l'injustice naissant de l'application impersonnelle des règles.

La littérature propose quelques réflexions sur la notion d'indulgence en tant que pratique. Claudine Pérez-Diaz essaie d'approcher théoriquement le concept d'indulgence dans une étude qui, sans offrir une assise théorique suffisante à la perspective dans laquelle la notion d'indulgence est ici mobilisée, souligne que la pratique de l'indulgence repose sur « une décision négociée à des fins instrumentales »[33]. L'approche de Jacques Ricot qui l'envisage comme « une réaction mécanique contre une morale purement rationnelle, froide et désincarnée et ne sachant parler que le langage peu enthousiasmant de l'interdit, du devoir et de l'obligation[34] » est intéressante. Les acteurs inscrivent ainsi leurs collaborations inofficielles dans un registre compassionnel visant à se distancier le plus possible d'un registre légal-rationnel. La compassion supposant « une conscience du juste et de l'injuste[35] », ils la mobilisent pour naviguer entre les règles officielles et les nécessités pratiques selon qu'ils jugent juste ou injuste l'application formelle des procédures officielles aux circonstances contextuelles. En ce sens, « l'application stricte des règlements se présente comme une alternative possible à la conduite opposée qui consiste à se montrer compréhensif, humain, etc.[36] »

Ainsi sera alors légitimé un étalonnage inofficiel des compteurs au motif de la sollicitude de l'agent à l'égard de l'état d'infortune de l'usager. Ici donc, renvoyer un usager à l'étalonnage officiel alors qu'il a déjà des difficultés à honorer sa facture s'apparente à une application trop mécanique des règles officielles qui ne tient pas compte des situations personnelles des usagers. L'agent va en conséquence

33. Claudine Pérez-Diaz, « L'indulgence, pratique discrétionnaire et arrangement administratif », *Déviance et Société*, 18 (4), 1994, p. 397-430. DOI : 10.3406/ds.1994.1357.

34. Jacques Ricot, « Les mécomptes de la morale de la compassion », *Les Cahiers francophones de soins palliatifs*, 9 (1), 2009.

35. Emmanuel Housset, *L'intelligence de la pitié. Phénoménologie de la communauté*, Paris : Éditions du Cerf, 2003p. 26.

36. Jean-Pierre Olivier de Sardan, *La revanche des contextes., op. cit.*, p. 122.

se montrer clément à l'égard de l'usager et l'aider à nettoyer ou à faire nettoyer le compteur pour lui éviter de passer par la procédure réglementaire coûteuse d'étalonnage. L'interrogation suivante d'un agent est illustratrice de cela :

> Quelqu'un qui est déjà incapable de payer sa facture, comment expliquer que tu vas commencer à l'envoyer à l'étalonnage ?

En effet, l'opérateur dispose d'un atelier compteur chargé des réparations techniques des compteurs au coût de 20 $. C'est ce coût fixe de réparation qui amène l'usager à éviter toute procédure officielle d'étalonnage. Les acteurs mettent ceci en évidence en insistant sur la précarité socioéconomique, l'un pour solliciter une bienveillance à l'endroit de sa situation et l'autre pour se prévaloir d'une certaine sollicitude à l'égard de la même situation. Le concept de « cas social » est alors utilisé, soulignant la nécessité de ne pas rester formel dans l'application des règles officielles, mais de les adapter aux situations personnelles des usagers. Les propos ci-après d'un agent justifiant l'arrangement à passer avec un usager en témoignent :

> « Un collègue peut me demander par exemple d'aider une telle dame en réduisant son index. Cette dame souffre vraiment, cette eau elle ne va pas la supporter à hauteur de cet index ».
> Il poursuit au sujet des revendeurs d'eau pour lesquels il s'abstient de rapporter les cas au bureau : « pour certains abonnés, quand tu regardes l'état de la personne concernée, tu te dis que même si elle se livre à cette activité interdite… tu fermes les yeux… c'est peut-être cette activité qui l'aide à survivre ».

Les arrangements prennent alors la forme d'aide, de compassion ou d'indulgence. Les agents en viennent ainsi à accorder des dispenses de délai de paiement des factures qui doivent normalement être payées dans les huit jours suivant leur réception, faute de quoi l'interruption est sans préavis. Un agent explique à ce sujet que les usagers ne cessent parfois, lors du recouvrement, de leur dire :

> Oh, mon cher, l'argent est difficile en ce moment. On a chassé les enfants de l'école faute de paiement, j'ai eu des difficultés.

Bien souvent, pour s'attirer la pitié ou la compassion des agents, les usagers invoquent leur situation personnelle difficile :

> Abonnée : « Ayez pitié de moi s'il vous plaît. Tel que tu me vois ici je suis veuve et figure-toi que même l'argent que je viens de payer pour solder ma facture, c'est quelqu'un qui vient de me le donner. Adoucis un peu ton cœur à mon égard ».
> Agent : « Toi tu es en train de demander seulement l'adoucissement du cœur à ton endroit sans faire un geste ? Écoute-moi, lorsqu'on demande une telle faveur, il faut dire d'abord, oui certes je n'ai pas les 27 $ de réouverture, mais je peux quand même trouver tel montant à la place pour qu'on adoucisse alors le cœur comme tu le demandes ».
> Abonnée : [Après avoir passé un long appel au téléphone, l'abonnée revient et dit alors] « d'accord je vous comprends. Je peux faire un effort pour vous trouver alors un 10 $ et c'est tout ce que je peux faire ».
> Agent : « Non, 10 $ c'est très peu, je peux à la limite accepter que tu donnes 15 $ alors ».
> Abonnée : [Tout en pleurs] « je vous dis que je suis veuve, je prends tout en charge seule sans aucune aide, je n'ai pas 15 $ à vous donner tout de suite. Regardez, même pour les 10 $, je viens d'envoyer un message à quelqu'un qui va me les prêter ».
> Agent : [Autorisant son collègue à procéder au rétablissement, l'agent lui dit] « fait cela pour moi, j'ai pitié d'elle, je n'aime pas voir les gens faire pleurer les femmes comme ça, surtout pas les veuves ».

Le statut de veuve convoqué ici est, dans la culture locale, un état de vulnérabilité impliquant de la part de la communauté une compassion ou une tolérance protectrice pour la veuve et l'orphelin[37]. L'agent lui fait comprendre qu'un tel argument doit s'accompagner d'un geste et que la prise en compte d'un argument n'emporte pas la gratuité de l'intervention, mais la flexibilisation de la règle officielle, amoindrissant ainsi les frais à payer. C'est au sujet de cette flexibilisation des règles que le responsable de la politique commerciale de l'opérateur souligne que « souvent on est un peu large… avec ce que nous vivons ici [référence à la conjoncture économique] ».

Dès l'instant où l'usager coupé solde ses impayés, l'objectif officiel est atteint, et l'exigence de frais de rétablissement devient un accessoire sur lequel les agents vont capitaliser. Cette compassion est entretenue par une illusion qui « consiste à croire savoir ce qui est juste[38] ». Elle porte sur la non-application stricte des règles qui organisent l'exécution des tâches réglementaires, mais en contrepartie du versement d'un paiement. L'usager a conscience de se faire aider, mais moyennant un prix à payer. Mais quoiqu'intéressée, cette application personnalisée des règles officielles concourt à rétablir une certaine égalité et à redresser certaines formes de discrimination des usagers qui ne sont pas tous placés dans les mêmes conditions.

La mise en œuvre inofficielle du principe d'égalité des usagers devant le service public de l'eau

Longtemps élevé au rang de principe général du droit par la jurisprudence administrative française[39], le principe d'égalité entre usagers du service public revêt en droit congolais une valeur constitutionnelle[40]. Il est consacré par l'alinéa 2 de l'article 71 de la loi relative à l'eau comme un des principes directeurs du service public de l'eau. Ainsi énoncé, le principe de l'égalité est au fondement de l'idéologie juridique du service public et postule l'idée que « le statut du service public est le même pour tous[41] ». Les pouvoirs publics sont ainsi tenus de veiller à ce que les prestations de service public de l'eau puissent se réaliser sans qu'aucun traitement différencié ne puisse intervenir sans base objective et raisonnable.

Toutefois, le principe d'égalité ne suppose pas un traitement identique. Il implique plutôt la nécessité de ne traiter différemment les usagers que lorsqu'ils se trouvent dans des situations objectivement et raisonnablement différentes, et

37. Nathalie Vumilia Nakabanda, *La protection de la veuve en République Démocratique du Congo : Quelle effectivité ?*, Paris : L'Harmattan, 2017.

38. Emmanuel Housset, *L'intelligence de la pitié*, *op. cit.*, p. 23.

39. Jean-Paul Valette, *Droit des services publics,* troisième édition, Paris : Ellipses, 2020, p. 157.

40. Constitution de la RDC du 18 février 2006 telle que modifiée et complétée à ce jour par la Loi n° 11/002 du 20 janvier 2011, Kinshasa, *JORDC,* numéro spécial du 5 février 2011, articles 12 et 13.

41. Gilles Guglielmi, Geniève Koubi et Martine Long, *Droit du service public,* quatrième édition, Paris : LGDJ, 2016, p. 222.

de ne les traiter de manière identique que lorsqu'ils se trouvent dans une situation objectivement et raisonnablement identique. Un traitement différencié est légalement valide en matière de l'eau s'il repose sur une base objective. C'est le cas notamment en matière de prix et des tarifs applicables[42]. À ce titre, « dès qu'un usager se trouve dans les conditions fixées de manière impersonnelle et générale par la loi ou le règlement du service, il peut exiger de bénéficier des avantages de celui-ci et doit en supporter les charges sans discrimination[43] ». Cela autorise ainsi des nuances et dérogations, pas forcément contraires au principe lui-même. À cet égard, il répond à l'impératif de justice et d'équité. Or, c'est justement pour éviter une solution injuste puisque jugée non adaptée à la situation personnelle d'un usager que les acteurs justifient leur engagement dans les collaborations inofficielles capitalisées.

Les pratiques développées par les acteurs tournent, pour l'essentiel, autour de la question de l'accessibilité financière de différents services en jeu. L'indisponibilité des compteurs et la facturation forfaitaire qu'applique l'opérateur posent avec acuité la question de l'égalité d'accès au service par les usagers. Face à l'injustice d'une facturation forfaitaire, les collaborations inofficielles vont faciliter l'achat d'un compteur ou encore le rapportage et le plaidoyer pour une réduction du volume d'eau à facturer au forfait. C'est aussi le cas lorsqu'il est question de tenir compte de la situation personnelle de l'usager pour négocier au rabais le paiement des différents services. Les acteurs conjuguent, pour ce faire, des normes pratiques avec des normes officielles régissant le service. Ces normes pratiques qui s'agrippent aux normes officielles revêtent une certaine vertu pratique de redressement de la rupture d'égalité dans le rapport au service. Se légitiment ainsi aux yeux des acteurs, les pratiques auxquelles ils s'adonnent et leurs normes d'opérationnalisation inscrites dans un registre compassionnel fondé sur une logique de la charité, de la pitié ou de l'indulgence[44].

I. 3. Une mise en œuvre inofficielle du principe d'adaptabilité du service public de l'eau par une collaboration palliative et compassionnelle

L'alinéa 2 de l'article 71 de la loi relative à l'eau dispose notamment qu'en matière de service public de l'eau, la « politique se conforme au principe d'adaptation des services à l'évolution des besoins ». Sur ce principe, le droit congolais indique que « le service public est tenu de s'adapter aux circonstances, changements et évolutions notamment techniques pouvant affecter son organisation et son fonctionnement

42. Felix Vunduawe te Pemako et Jean-Marie Mboko Dj'Adima, *Traité de droit administratif de la RDC*, deuxième édition, Bruxelles : Bruylant, 2021, p. 561.

43. Patrick Goffaux, *Dictionnaire de droit administratif*, *op. cit.*, p. 342.

44. Jean-Pierre Olivier de Sardan, « Développement, modes de gouvernance et normes pratiques (une approche socio anthropologique) », *Canadian Journal of Development Studies / Revue canadienne d'études du développement*, 31 (1-2), 2010, p. 5-20. DOI : 10.1080/02255189.2010.9669327.

face aux besoins d'intérêt général[45] ». Il entretient des liens avec d'autres principes du service public comme celui de continuité et d'égalité, avec comme implication le fait que le défaut d'adaptation peut entraîner ou résulter d'une discontinuité du service[46] ou d'un traitement inégalitaire et discriminatoire. À cet égard, les collaborations inofficielles capitalisées, qu'elles soient palliatives ou compassionnelles, ou les deux à la fois, traduisent, dans les pratiques des acteurs, un souci permanent d'adaptation des moyens de mise en œuvre de la délivrance quotidienne de l'eau. L'adaptation peut être technique ou contextuel, tenant compte notamment de la capacité de paiement des usagers au niveau local[47]. Cela étant souligné, il n'est dès lors pas nécessaire ici d'insister sur l'articulation des pratiques des acteurs au principe juridique d'adaptabilité du service public de l'eau.

Les acteurs se fabriquent ainsi des moyens pour accéder à la ressource en eau autrement que par les règles officielles. Guidés par un certain réalisme, ce qui compte à leurs yeux, c'est le résultat. Cela aboutit à des relectures des règles applicables qui, en réalité, est « une façon de contourner les règles, mais aussi une façon d'en inventer, d'en bricoler de nouvelles[48] ». Il en résulte que le processus de collaboration inofficielle révèle que le rapport des acteurs aux règles n'est pas figé et prédéterminé, mais s'inscrit dans une relation dynamique. Dans certaines configurations cependant, la logique collaborative ne fonctionne pas sans que cela n'invalide le potentiel normatif de la collaboration inofficielle.

II. L'exception confirmatoire de non-collaboration

Malgré l'impressionnante régularité avec laquelle se déploient les collaborations inofficielles décrites ci-dessus et leur prégnance sur les pratiques quotidiennes de la délivrance de l'eau, il est des cas, d'une particularité tout aussi saisissante, qui révèlent un fonctionnement différent. L'exceptionnel de ces cas tient au fait qu'ils mettent en évidence des interactions au cours desquelles l'un des acteurs se refuse d'agréer l'offre de collaboration inofficielle de l'autre. Loin de remettre en cause la normalité des collaborations inofficielles, ces cas exceptionnels la confirment en ce qu'ils révèlent une quasi-impossibilité d'accéder aux différents services ou d'obtenir les différentes rétributions en dehors des schémas tracés par lesdites

45. Loi organique n° 16-001 du 3 mai 2016 fixant l'organisation et le fonctionnement des services publics du pouvoir central, des provinces et des entités territoriales décentralisées, Kinshasa, *JORDC*, numéro spécial du 1er juin 2016, article 12.

46. Paul Moulin, *Le principe de mutabilité en droit administratif*, thèse de doctorat en droit public, Paris : Université Paris-Panthéon-Assas, 2023.

47. Yves-Jean Manzanza Lumingu et Dieu-Merci Ngusu Masuta, « La mise en œuvre du droit d'accès à l'eau potable en République Démocratique du Congo », *Law and politics in Africa, Asia and Latin America*, 53 (3), 2020, p. 286-308.

48. Zekeria Ould Ahmed Salem, « "*Tcheb-tchib*" et compagnie. Lexique de la survie et figures de la réussite en Mauritanie », *Politique africaine*, 82 (2), p. 83. DOI : 10.3917/polaf.082.0078.

collaborations. Les valeurs morales et religieuses sont au nombre des ressources mobilisées pour s'opposer à une offre de collaboration ou la réfuter. Pour étayer mon propos, il me semble alors nécessaire de reproduire ici – sans grave entorse aux règles de citation du matériel empirique admises dans la littérature[49] – des extraits reconstruits d'une entrevue avec un usager au profil tout à fait atypique :

> Il introduit une demande de raccordement et après s'être acquitté de tous les frais exigés, il doit devoir faire preuve de patience. Oui, la patience, une vertu requise des usagers au contact d'une administration de l'attente. Les techniciens ne se pressent pas à descendre au terrain pour procéder aux mesurages et autres opérations nécessaires et préalables au raccordement proprement dit. Il faut les motiver, le plus souvent en graissant leurs équipements techniques de quelques billets, faute de quoi, pas de motivation. Pas d'intérêt, pas d'action, dit-on. Plusieurs semaines après et à la suite de plusieurs rappels qu'il effectue, il finit par être raccordé. Mais à sa surprise, aucun compteur n'est installé, sauf un tube d'attente qui l'alimente en eau. L'abonné doit encore attendre, mais trop longtemps pour avoir un compteur. On lui explique que les compteurs ne sont pas disponibles, mais que c'est une question de conjoncture en train d'être réglée. Pendant ce temps, il est placé dans un régime de facturation forfaitaire. Il reçoit également des explications sur la procédure de demande de compteur : faites-vous enregistrer et selon l'ordre d'enregistrement, vous serez contacté dès que le stock des compteurs sera provisionné expliquent les deux agents avec qui il est en contact. Il se souvient du coup avoir reçu la même explication du chef d'agence quelques semaines plus tôt. L'usager, tout enthousiaste, s'empresse à se faire enregistrer comme demandeur de compteur, et à l'occasion, il lui est confirmé que les compteurs sont gratuits. Mais quelques jours après, il s'étonne de voir que les agents se baladent avec des compteurs dans son quartier et le sollicite pour lui proposer d'en acheter. Il rejette l'offre expliquant : moi j'ai trouvé cela injuste et j'ai dit que je ne peux pas acheter ce compteur, j'attends que l'opérateur m'en donne un gratuitement affirme-t-il à l'occasion. C'est mon droit ! Face à ce refus malgré l'insistance des agents, ces derniers décident de le sanctionner d'après lui. Dès que j'ai décidé cela, le mois suivant, ma facture forfaitaire qui était de 18 000 francs est montée à 60 000 francs explique-t-il. C'est insupportable et pas du tout normal ! Il s'engage alors dans un processus officiel de correspondance avec la direction dénonçant selon lui la pratique et rappelant sa demande d'un compteur. Huit correspondances en tout sont adressées à la direction et à l'agence. L'invitation à patienter est l'unique retour qu'il reçoit chaque fois. Finalement, il se résout, malgré lui, à persévérer dans l'attente, car dit-il, je ne voudrais pas acheter un compteur dans ce sens… Je pense que faire cela c'est encourager le mal, car en arrivant dans les locaux de l'opérateur, j'ai vu qu'il était écrit que les compteurs ne sont pas à vendre et en posant la question tout le monde là-bas y compris le chef d'agence me l'a confirmé. Je préfère rester dans les normes de l'opérateur que de passer par des mains intermédiaires comme ça. Voilà ma conviction et sans oublier que mes valeurs de chrétien ne m'autorisent pas cela puisqu'en le faisant je vais les encourager à refaire la même chose avec un autre abonné. J'accepte de souffrir encore avec les forfaits.

Le discours très atypique de cet usager se démarque d'autres situations du même genre dans lesquelles les usagers jouent le jeu et justifient leur agir par pur réalisme. Tout en admettant l'injustice des facturations forfaitaires, pour cet enquêté, s'écarter des normes officielles est autant inenvisageable qu'agir à l'encontre de ses convictions morales et religieuses. La rationalité du discours qu'il développe est une rationalité en valeur et donc plus axiologique qu'instrumentale[50]. La force de ses

49. Daniel Bizeul, « La citation comme technique de persuasion et comme preuve. Comment nous utilisons le matériel documentaire dans les textes ethnographiques », *Cambouis*, 2021. DOI : 10.52983/crev.vi0.97.

50. Max Weber, *Économie et Société*, traduit de l'allemand par Julien Freund, Paris : Pocket, 1995.

valeurs et convictions relativise l'impact de l'injustice des facturations forfaitaires et ses implications financières[51].

Le discours de cet enquêté repose par ailleurs sur une double justification inscrite, selon la grammaire pragmatique, à la fois dans la *cité inspirée* que dans la *cité civique*. En effet, les travaux de sociologie pragmatique offrent un cadre d'explication des dynamiques au cœur de l'action pratico-discursive de cet usager. Ce dernier met en évidence son attachement aux valeurs morales et religieuses grâce auxquelles les offres qui lui sont faites apparaissent relever du « mal », tout en soulignant également son attachement aux normes officielles portées par l'opérateur. Considérant que cet usager est un chrétien témoin de Jéhovah, il me semble nécessaire de souligner que dans la tradition religieuse chrétienne, le bien et le mal d'un acte humain réfèrent à son aptitude à être tourné vers le divin – symbole de perfection – ou non – c'est-à-dire tourné vers les passions mondaines. Accepter ainsi une telle offre devient pour lui une manière de se mettre en situation de péché. Mais il est en même temps conscient que l'accès gratuit au compteur est un droit qui découle des normes portées par l'opérateur. À cet effet, toute transaction en vue de l'obtenir autrement que par la voie officielle relève de l'illicite et encouragerait la perpétuation de tels actes chez d'autres usagers. D'où son sentiment d'injustice. Or, on sait que, d'une part, la grandeur dans la cité civique s'établit par la capacité de l'individu « à dépasser l'homme concret engagé dans des relations sociales de personne à personne et dominé par sa propre volonté, pour lui substituer un autre homme, le citoyen, défini par sa relation non médiatisée à la totalité du corps politique en lequel s'incarne la volonté souveraine distincte de volontés particulières égoïstes ». D'autre part, « c'est le don de soi et le renoncement qui, dans la cité inspirée, constituent le rapport privilégié de l'individuel au collectif et permettent de hiérarchiser les êtres aussi selon leur grandeur[52] ».

Toutefois, l'attitude adoptée par l'enquêté ne suffit pas pour autant à lui garantir un accès gratuit au compteur, ni lui éviter l'injustice de la facturation forfaitaire. Ceci renforce la portée normative des collaborations inofficielles, leur solide ancrage dans les pratiques du quotidien, et explique pourquoi ceux qui se laissent orienter par d'autres référentiels accordent une préférence aux arrangements inofficiels avec les agents. Un des revers significatifs d'une attitude comme celle de cet enquêté est la paralysie dans laquelle se retrouvent plongés les personnes et les groupes d'individus qui se refusent à ces transactions collusives[53]. La littérature sur le fonctionnement quotidien des administrations en Afrique a longtemps insisté sur une

51. Raymond Boudon, « La rationalité axiologique : une notion essentielle pour l'analyse des phénomènes normatifs », *Sociologie et Société*, 31 (1), 1999, p. 103-117. DOI : 10.7202/001082ar.

52. Michel Piteau, « Luc Boltanski et Laurent Thévenot. *De la justification, les économies de la grandeur* (1991) », compte rendu, *Revue française de science politique*, 1, 2021, p. 242-260. DOI : 10.3917/rfsp.hs1.0242.

53. Patrice Meyer-Bisch, « La corruption des ordres et des acteurs politiques : la lutte contre le gris », *in* Giorgio Blundo (dir), *Monnayer les pouvoirs : espaces, mécanismes et représentation de la corruption*, Paris : Presses universitaires de France, 2000, p. 68. DOI : 10.4000/books.iheid.2621.

forme de pression sociale que génère la réaction sociale située face aux attitudes réfractaires aux logiques transactionnelles de ce genre[54].

***

Les développements ci-haut donnent à voir la manière dont les interactions quotidiennes des acteurs d'en bas peuvent être constitutives des mises en œuvre personnalisées de l'ordre juridique officiel aboutissant paradoxalement à un certain respect de celui-ci. À noter que la capitalisation inofficielle de ces interactions relève de la catégorie pénale de corruption. En effet, au regard du Code pénal congolais, relèvent de la corruption les pratiques qui consistent dans « le fait soit d'offrir ou d'octroyer directement ou indirectement à un agent public ou toute autre personne, ou le fait pour cette personne de solliciter ou d'accepter des sommes d'argent pour lui-même ou pour autrui en vue soit de l'accomplissement ou l'omission d'un acte dans l'exercice de ses fonctions, soit pour qu'elle agisse en contradiction de ses devoirs ou qu'elle s'abstienne d'agir ». Mais comme on peut le voir, ce qui apparaît *en surface* comme de la corruption renvoie *en profondeur* à des pratiques juridiques, au sens praxéologique, opérant une relecture des règles officielles. Cette approche fondée sur « la conscience internormative du droit » – c'est-à-dire « la signification, la perception, l'interprétation que les individus ont du droit dans leur vie [et activité] quotidiennes[55] » – permet de renouveler le regard porté sur ces pratiques *a priori* de corruption. Concrètement, de « comprendre la manière dont les personnes orientent leurs activités par rapport aux règles de droit auxquelles elles se sentent liées à divers degrés56 ». Il en ressort que « la dichotomie entre normes officielles et normes officieuses gagnerait à être davantage nuancée, en mettant l'accent sur les imbrications multiples, qui invitent par ailleurs à reconsidérer la manière de qualifier le droit[57] ». Ainsi, le droit à l'eau se trouve être, en ce qui concerne ses principes généraux, « constitutif de la réalité sociale et non pas séparé de celle-ci en étant en surplomb et déconnecté des situations quotidiennes[58] ».

54. Claudia Baez-Camargo, Paul Bukuluki, Richard Sambaiga, Tharcisse Gatwa, Saba Kassa et Cosimo Stahl, « Petty corruption in the public sector: A comparative study of three East African countries through a behavioral lens », *African studies,* 79 (2), 2020, p. 232-249. DOI : 10.1080/00020184.2020.1803729.

55. Austin Sarat et Thomas Kearns, « Beyond the Great Divide: Formes of Legal Scholarship and Everyday Life », *in* Id. (dir.), *Law in Everyday Life,* cités par Bertrand Lavoie, « Avoir conscience de l'internormativité », art. cité, p. 424.

56. Danny Trom, « Weber et Hart : de l'ordre juridique à l'ordre normatif », *in* Jean-Philippe Heurtin et Nicolas Molfessis (dir.), *La sociologie du droit de Max Weber,* Paris : Dalloz, 2006, p. 198, cité par Bertrand Lavoie, « Avoir conscience de l'internormativité », *op. cit.,* p. 424.

57. Sophie Andreetta et Marième N'Diaye, « Prendre le droit au sérieux. Pour un autre regard sur l'État, l'action publique (et le développement) en Afrique », *Anthropologie & développement,* hors-série, 2021, p. 305. DOI : 10.4000/anthropodev.1309.

58. Jacques Commaille et Patrice Duran, « Pour une sociologie politique du droit : présentation », *L'Année sociologique,* 59 (1), 2009, p. 15, DOI : 10.3917/anso.091.0011, cités par Bertrand Lavoie, « Avoir conscience de l'internormativité », art. cité, p. 424.

■ L'auteur

Doctorant et chercheur au Centre de droit public et social de l'Université libre de Bruxelles (Belgique), **Narcisse Mideso** réalise une thèse de doctorat en sciences juridiques proposant une relecture de la notion de la « petite » corruption à partir du service public de l'eau dans une démarche de socio-anthropologie du droit. Il est également membre du Centre de droit public et administratif de l'Université Catholique de Bukavu (République démocratique du Congo), où il enseigne. Parmi ses publications :

— « Penser la (petite) corruption dans certains pays d'Afrique Subsaharienne : l'apport de l'approche compréhensive », *Déviance et Société*, 47 (3), 2023, 477-505. DOI : 10.3917/ds.473.0477 ;

— « Corruption et développement économique et sociale. Esquisse d'un droit de l'homme à l'interdiction de la corruption », *Revue québécoise de droit international*, 34 (2), 2021, 1-22. DOI : 10.7202/1098437ar.

À propos

La branche la plus conservatrice du gouvernement américain

Jed S. Rakoff

Juge fédéral au tribunal de district des États-Unis pour le district sud de New York.

À propos de…

■ **Stephen** Breyer, ***Reading the Constitution: Why I Chose Pragmatism, Not Textualism*, New York : Simon & Schuster, 2024, 368 p.**

Ce texte a initialement paru dans la *New York Review of Books* du 19 septembre 2024 sous le titre « The Most Conservative Branch ». Il a été traduit par Pierre Brunet avec l'aimable autorisation de la NYRB[1].

Reading the Constitution[2], le dernier livre du juge à la Cour suprême Stephen Breyer, récemment retraité, porte le sous-titre « Pourquoi j'ai choisi le pragmatisme, et non le textualisme[3] ». Mais un autre sous-titre aurait pu être « Pourquoi j'ai été battu par Nino ». Une grande partie du livre est consacrée à la défense des opinions dissidentes rédigées par Breyer au cours des dernières décennies, dans des affaires où les décisions de la Cour suprême étaient écrites au nom de la majorité par le juge Antonin « Nino » Scalia ou par ses acolytes.

L'argument essentiel de Breyer est le suivant : chaque fois que le sens et la portée d'une loi sont contestés – ce qui est vrai dans la plupart des affaires soumises à la Cour suprême – un juriste raisonnable ne se contentera pas de considérer les mots de la loi, qui sont souvent ambigus, mais tiendra également compte de toutes les autres informations disponibles, comme les versions successives du texte de loi, l'objectif que la loi est censée servir, et les implications pratiques des interprétations alternatives proposées. Ce point de vue n'a rien de nouveau. Il a été soutenu de manière convaincante, notamment par Robert A. Katzmann, ancien président de la Cour d'appel du deuxième circuit, dans son livre *Judging Statutes* :

> Il faut respecter la façon dont le Congrès fait connaître ses *intentions* – à travers le texte et *des documents complémentaires fiables*… Et des *moyens pratiques* doivent être recherchés pour promouvoir l'objectif d'une meilleure compréhension des textes législatifs[4].

Cela semble tellement relever du bon sens que les observateurs extérieurs doivent trouver étrange que cette approche holistique ait été si souvent rejetée par

1. Pierre Brunet remercie Michel Troper pour sa relecture attentive et ses conseils avisés.

2. Trad. fr. par Patrick Hersant : *Interpréter la Constitution américaine. La lettre ou l'esprit*, Paris : Odile Jacob, 2024.

3. NdT : Il faut noter que le sous-titre de la publication française ne correspond pas à cette traduction littérale du sous-titre original.

4. Robert A. Katzmann, *Judging Statutes*, Oxford : Oxford University Press, 2014, p. 4. Je souligne.

la majorité de la Cour, avec cet argument récurrent, issu des théories professées par Scalia et ses partisans, selon lequel seul compte le texte de la loi.

De plus, lorsqu'il s'agit de la Constitution, dont les dispositions sont souvent exprimées sous forme de principes généraux (« le droit à une procédure régulière », le pouvoir « de réglementer le commerce… entre les différents États », le pouvoir « de faire toutes les lois nécessaires et appropriées » pour exercer les pouvoirs du Congrès, etc.), les partisans de Scalia insistent non seulement pour que l'on se concentre strictement sur les mots du texte (le soi-disant textualisme), mais aussi pour que ces mots soient interprétés uniquement tels qu'ils étaient compris au moment de l'adoption du texte (le soi-disant originalisme[5]). Breyer, qui est l'incarnation de la raison et de l'équilibre, a du mal à comprendre pourquoi cet aveuglement obstiné envers toute autre information utile pourrait tenter quiconque, excepté ceux qui font l'autruche.

Cette mécompréhension est en partie liée à son refus d'admettre que ses anciens collègues et amis de la Cour suprême puissent être autre chose que sincères (quoique malavisés) quand ils formulent leurs théories sur l'interprétation des lois et de la Constitution, ou que leurs véritables objectifs sont politiques et idéologiques. En effet, il va jusqu'à suggérer que les juges de la Cour suprême du début du XXe siècle annulaient constamment les lois progressistes, sincèrement convaincus qu'ils étaient que toute limitation du capitalisme débridé constituait une atteinte aux libertés protégées par la Constitution et que « les tribunaux étaient mieux placés pour protéger ces droits que le pouvoir législatif ».

Mais je proposerais une vision plus réaliste : pendant une grande partie de son histoire, la Cour suprême a été la branche la plus conservatrice du gouvernement américain, et ses juges ont été principalement motivés par leurs idéologies personnelles, qu'ils camouflent, comme tout bon avocat, en raisonnements solides.

Dans les premières décennies du XIXe siècle, la Cour, alors à ses débuts, était principalement soucieuse de favoriser la croissance du commerce au détriment des intérêts agricoles, autant que de maintenir la subordination des Amérindiens et l'asservissement des Afro-Américains. Dans l'affaire *Cherokee Nation v. Georgia* (1831), le président de la Cour, John Marshall, a jugé, au nom de la Cour, que les Cherokees, expulsés des terres qui leur avaient été garanties par un traité avec les États-Unis parce que des spéculateurs de Géorgie y avaient découvert de l'or, n'avaient pas de qualité à agir devant la Cour, car ils n'étaient que de simples pupilles de l'État : « Ils se tournent vers l'État pour lui demander sa protection, comptent sur sa bienveillance et son pouvoir, lui demandent assistance pour leurs besoins et s'adressent au président comme à leur Père ». Dans l'affaire *Dred Scott v. Sandford* (1857), tristement célèbre, la Cour a décidé qu'une personne d'ascendance « noire »

5. NdT : Le terme originalisme, forgé par Paul Brest en 1980 pour identifier les tenants d'une interprétation de la Constitution selon le sens que le texte est censé avoir à la date de son adoption, connaît de nombreuses variantes. Celle défendue par Scalia, connue sous le nom de « *public meaning originalism* » met en avant le sens que les termes utilisés par le texte de la Constitution étaient censés avoir, à l'époque de sa rédaction, au sein de la population des États-Unis.

ne pourrait jamais être citoyenne des États-Unis[6]. Plus précisément, elle a jugé qu'au moment de l'adoption de la Constitution, le mot « citoyen » n'incluait pas les Noirs, car ils étaient universellement considérés comme inférieurs et, au mieux, comme une sorte de propriété, et quelle qu'ait pu être l'ampleur des changements qui avaient pu affecter cette vision des choses au cours des décennies suivantes, la Cour considérait être encore tenue par l'acception du terme « citoyen » admise à l'époque[7]. L'affaire Dred Scott est en réalité un exemple précoce de la manière dont opère l'originalisme. Ce qui a suivi fut la guerre de Sécession.

En pratique, l'arrêt *Dred Scott* a été renversé par la première phrase du quatorzième amendement, promulgué en 1868, qui dispose que « toutes les personnes nées ou naturalisées aux États-Unis et relevant de son autorité sont citoyens des États-Unis ». Pourtant, du point de vue de la Cour suprême, fort peu de choses ont changé après la guerre de Sécession, en tout cas pas de façon significative. Même si la deuxième phrase du quatorzième amendement dispose que :

> Aucun État ne fera ou n'appliquera de lois qui restreindraient les privilèges ou les immunités des citoyens des États-Unis ; ne privera une personne de sa vie, de sa liberté ou de ses biens sans procédure légale régulière ; ni ne refusera une égale protection des lois à quiconque relève de sa juridiction.

Dans les affaires ironiquement nommées *Civil Rights Cases* (1883), la Cour a jugé que la loi sur les droits civils de l'après-guerre de 1875, qui garantissait un accès égal à tous aux logements, aux transports publics et autres, était inconstitutionnelle, car le Congrès n'avait pas le pouvoir, même en vertu du quatorzième amendement, de légiférer sur la conduite de commerçants relevant du droit privé comme les aubergistes ou les compagnies de diligences.

Mais si la conduite de l'État était clairement en cause, comme, par exemple, dans une affaire concernant une loi de la Louisiane exigeant que les races soient séparées dans les trains, que devait-on penser ? En 1896, dans la décision *Plessy v. Ferguson,* la Cour a maintenu la fiction « séparés mais égaux » qui était au cœur des lois Jim Crow[8] dans tout le Sud. Rejetant toutes les revendications

6. NdT : Décision du 6 mars 1857 (Chief Justice Roger B. Taney): « A free negro of the African race, whose ancestors were brought to this country and sold as slaves, is not a "citizen" within the meaning of the Constitution of the United States. » (« Un Noir libre de la race africaine, dont les ancêtres ont été amenés dans ce pays et vendus comme esclaves, n'est pas un "citoyen" au sens de la Constitution des États-Unis. »)

7. NdT : « In the opinion of the court, the legislation and histories of the times, and the language used in the Declaration of Independence, show, that neither the class of persons who had been imported as slaves, nor their descendants, whether they had become free or not, were then acknowledged as a part of the people, nor intended to be included in the general words used in that memorable instrument. » (*ibid.*) (« Selon l'opinion de la Cour, la législation et les récits de l'époque, ainsi que le langage utilisé dans la Déclaration d'indépendance, montrent que ni la classe des personnes qui avaient été importées comme esclaves, ni leurs descendants, qu'ils soient devenus libres ou non, n'étaient alors reconnus comme faisant partie du peuple, ni destinés à être inclus dans les termes généraux utilisés dans cet instrument mémorable. »)

8. NdT : On appelle « lois Jim Crow » les lois promulguées par les États du Sud de 1877 à 1964 qui instauraient la ségrégation raciale et avaient pour but de faire échec aux amendements (XIII, XIV, XV)

constitutionnelles, la Cour, à une majorité écrasante (7 contre 1, et l'abstention d'un juge), a décrété que :

> la séparation forcée des races… ne réduit ni les privilèges ou immunités de l'homme de couleur, ne le prive de ses biens sans procédure légale régulière, ni ne lui refuse l'égale protection des lois.

Voilà la réalité du quatorzième amendement – ou, d'ailleurs, de la Reconstruction[9] en général.

Quant à cet autre groupe de citoyens infériorisés, les femmes, la Cour a jugé à l'unanimité dans *Minor v. Happersett* (1874) qu'en conférant la citoyenneté étatique et fédérale à toutes les personnes nées aux États-Unis, le quatorzième amendement n'accordait pas pour autant le droit de vote aux femmes. Selon la Cour, cela résultait clairement du fait que lorsque la Constitution avait été adoptée, les femmes n'avaient pas le droit de vote, et que par conséquent, la référence initiale aux droits des « citoyens » n'impliquait pas le droit de suffrage, et il n'y avait rien dans le quatorzième amendement indiquant qu'il utilisait le terme « citoyen » dans une acception plus large. Ainsi, une fois de plus, l'originalisme triomphait, et cela bien avant Scalia.

Au début du xxe siècle, comme le note Breyer, la Cour était devenue un bastion de ce qu'il appelle le « *zeitgeis*t du laissez-faire ». (C'est bien le genre de Breyer d'utiliser une combinaison de mots français et allemands pour décrire l'état d'esprit américain de l'époque.) Les mêmes juges, qui estimaient que la protection des droits des citoyens par le quatorzième amendement ne s'étendait pas au droit de vote des femmes, pensaient fermement que parmi les droits protégés figurait la « liberté de contracter », qu'aucun État ne pouvait restreindre. Aussi, la Cour s'est-elle lancée dans une série d'annulations des lois adoptées par les États membres pour protéger les travailleurs contre les excès d'un capitalisme débridé. Dans sa décision *Lochner v. New York* (1905), elle a annulé une loi de New York interdisant aux ouvriers boulangers de travailler plus de soixante heures par semaine, au motif que :

> cette loi interfère nécessairement avec le droit de contracter entre l'employeur et les employés… [qui est] une partie de la liberté de l'individu protégée par le quatorzième amendement de la Constitution fédérale.

De même, dans l'affaire *Adkins v. Children's Hospital* (1923), la Cour a annulé une loi du District de Columbia fixant des salaires minimums pour les femmes et les enfants, au motif qu'elle violait le droit à la « liberté de contracter » que la Cour considérait désormais comme inhérent non seulement au quatorzième amendement, mais aussi à la clause de « *due process* » du cinquième amendement. La loi du D.C. [District de Columbia à Washington] constituait donc, selon la Cour, « une

adoptés après la guerre de Sécession (en 1865, 1868 et 1870) qui abolissaient l'esclavage et reconnaissaient la pleine citoyenneté aux esclaves émancipés.

9. NdT : le terme « Reconstruction » (*Reconstruction Era*) désigne la période qui a suivi la guerre de Sécession au cours de laquelle les États confédérés du Sud (ou Confédération) reviennent dans l'Union (qui était le nom donné au reste des États-Unis non sécessionnistes et organisés en fédération).

ingérence arbitraire dans la liberté de contracter, ce qu'aucun l'État ne pourrait justifier juridiquement dans un pays libre ».

De cette exaltation de la liberté de contracter, il s'ensuivait que les syndicats représentaient une menace. Dès 1908, dans une décision rédigée par le président Melville Fuller relative à une affaire *Loewe v. Lawlor*, la Cour a jugé à l'unanimité qu'un boycott secondaire[10] organisé par un syndicat contre une entreprise de chapeaux du Connecticut, dont les employés n'étaient pas syndiqués, violait la loi Sherman sur les monopoles. Cette même année, dans l'affaire *Adair v. United States*, la Cour a annulé une loi fédérale interdisant aux compagnies de chemins de fer d'exiger de leurs futurs employés, comme condition d'embauche, qu'ils signent des contrats qui proscriraient l'adhésion à un syndicat.

Ne présumant jamais de la mauvaise foi des juges, Breyer écrit que si « les historiens et les juristes universitaires ont longtemps critiqué le raisonnement de la Cour Lochner et les conséquences qu'elle a tirées par la suite de sa doctrine du laissez-faire dans des affaires comme *Adkins* », les juges « ont pu considérer qu'ils contribuaient à maintenir un système qui, selon eux, fonctionnait globalement bien pour la plupart des Américains ». Mais était-ce à eux d'en décider ou bien à des assemblées législatives démocratiquement élues ? Je pense qu'il serait plus objectif de reconnaître que les juges ont cherché à imposer leurs opinions conservatrices contre la volonté de la majorité du peuple en concoctant des théories juridiques adaptées à leurs besoins.

Quoi qu'il en soit, la Cour a continué jusqu'à la période du New Deal à invalider des lois progressistes et n'a modifié sa jurisprudence qu'après que Franklin Roosevelt a tenté de « bourrer » (*pack*) de nouveaux membres qu'il aurait nommés lui-même. Bien qu'il ait échoué, Roosevelt, grâce à la longévité de sa présidence, a finalement pu nommer la majorité des membres. Même si la Cour est devenue plus favorable aux lois du New Deal, elle est pourtant restée étonnamment conservatrice en matière de droits humains et a encore montré sa capacité à rendre des décisions aussi aberrantes et illibérales, comme son approbation de l'internement des citoyens américano-japonais dans l'affaire *Korematsu v. United States* (1944).

Mais que dire alors de la Cour Warren des années 1950 et 1960, qui n'avait quant à elle rien d'illibérale ? Selon Breyer, la Cour Warren représenterait un « changement de paradigme » reflétant une évolution de l'opinion publique après la Seconde Guerre mondiale. Peut-être. Mais nous ferions bien de nous rappeler que le libéralisme de la Cour Warren était en quelque sorte dû à un coup de chance. En nommant Earl Warren puis William Brennan, le président Eisenhower pensait que ces juges étaient des conservateurs modérés et qu'ils ramèneraient la Cour à une jurisprudence plus conservatrice. En tant que gouverneur de la Californie, Warren avait soutenu la décision d'interner des Américains d'origine japonaise et, bien que démocrate, Brennan était un catholique romain dont Eisenhower croyait

10. Les boycotts secondaires (ou indirects) surviennent principalement dans les conflits du travail lorsqu'une organisation syndicale boycotte sans succès un employeur et que, pour accroître la pression, les syndicats tentent de peser sur les fournisseurs ou les acheteurs afin qu'ils cessent de faire des affaires avec l'employeur principal.

non seulement qu'il avait des opinions sociales traditionnelles, mais qu'il avait également fait preuve d'opinions conservatrices en matière de droit pénal. Le fait que Warren et Brennan deviendraient non pas seulement des juges libéraux, mais qu'ils exerceraient aussi une influence considérable sur l'orientation de la Cour, notamment en matière pénale, était tout aussi imprévisible que la nomination ultérieure par le président Kennedy du juge Byron White, apparemment libéral, qui allait ajouter une voix au camp conservateur. Sans vouloir minimiser les changements que la Grande Dépression, le New Deal et la Seconde Guerre mondiale ont pu effectivement produire sur l'opinion publique, nous ne devons donc pas ignorer le rôle que le hasard a joué dans la création de la Cour Warren.

À partir de la Cour Burger, qui lui a succédé, et jusqu'à la Cour Roberts, de nombreuses décisions progressistes de la Cour Warren en matière de droit pénal ont vu leur portée progressivement limitée, quand bien même elles n'auraient pas été formellement renversées.

Cela s'est manifesté de la manière la plus évidente par la réduction considérable des conditions dans lesquelles les violations des droits, garantis à tout suspect par les quatrième et cinquième amendements, peuvent donner lieu à la suppression des preuves obtenues au moyen de ces mêmes violations (ce que l'on appelle la « règle d'exclusion[11] »). Mais le silencieux travail de sape de la jurisprudence Warren s'est étendu à de nombreux autres cas de comportements policiers répréhensibles. Par exemple, dès 1983, dans l'affaire *City of Los Angeles v. Lyons*, le juge White a, pour la Cour, considéré qu'Adolph Lyons n'avait pas de qualité à agir pour contester en droit fédéral la politique et la pratique générales de la Ville de Los Angeles autorisant ses policiers à employer des techniques d'étranglement mettant en danger la vie de suspects qui ne constituaient pas une menace de violence. La Cour a jugé que Lyons, qui avait failli être étranglé à mort par la police, n'avait pas la qualité à agir, car il ne démontrait pas avec une probabilité suffisante qu'il serait à nouveau étranglé de la même façon à l'avenir. Selon cette logique, aucune victime de cette pratique possiblement inconstitutionnelle ne pourrait jamais en contester la constitutionnalité. Il n'est guère surprenant qu'à la suite de cette décision, de nombreuses personnes soient mortes des suites de strangulations policières, le cas le plus connu étant celui de George Floyd en 2020.

Plus généralement, et avant même la présidence de Trump, la Cour était revenue à sa position conservatrice « traditionnelle » sur un large éventail de questions, comme en témoigne, par exemple, l'arrêt *Citizens United v. Federal Election Commission* (2010), par lequel elle a renversé deux précédents et jugé que les entreprises appartenaient à la catégorie des « personnes » ayant droit à la pleine protection du Premier amendement contre les lois interdisant aux entreprises de financer la propagande électorale. Encore plus marquant fut l'arrêt *District*

11. NdT : La règle d'exclusion interdit aux autorités étatiques d'utiliser des preuves qui auraient été recueillies en violation de la Constitution des États-Unis (et notamment des quatrième et cinquième amendements). À l'occasion de plusieurs affaires (*United States v. Calandra* (1974) ; *United States v. Peltier* (1975) ; *Rakas v. Illinois* (1978) ; *United States v. Leon* (1984) ou encore *Herring v. United States* (2009)) la Cour suprême en a réduit la portée et multiplié les exceptions, considérant que l'application de cette règle entraîne des coûts élevés pour la société.

of Columbia v. Heller (2008), par lequel la Cour, dans une décision rédigée par le juge Scalia, a prétendu utiliser l'originalisme pour restreindre considérablement la portée de la législation sur le contrôle des armes à feu. Auparavant, le deuxième amendement – qui dispose que : « Une milice bien réglementée, étant nécessaire à la sécurité d'un État libre, le droit du peuple de détenir et de porter des armes sera garanti » – avait été interprété comme garantissant simplement aux membres des milices d'État le droit de posséder et de porter des armes dans le cadre de leur service au sein de ces milices. Mais l'opinion du juge Scalia, tout en prétendant suivre une approche textualiste, a superbement ignoré les douze premiers mots de l'amendement[12], considérant qu'il ne s'agissait que d'une raison parmi d'autres de permettre aux citoyens de posséder et porter des armes, même si ces citoyens n'avaient aucun lien avec une milice d'État. L'hypocrisie de cette version du textualisme et de l'originalisme serait peut-être excusable si elle ne contribuait pas, en pratique, à permettre aux auteurs de meurtres de masse de se procurer les moyens de leurs crimes.

Il est évident qu'avec l'arrivée des juges nommés par Trump, la Cour suprême est devenue franchement réactionnaire, comme l'a montré de manière flagrante l'annulation de l'arrêt *Roe v. Wade* (1973). Bien que Breyer soit très critique à l'égard de décisions comme *Dobbs v. Jackson Women's Health Organization* (la décision de 2022 qui a renversé *Roe v. Wade*), l'objectif principal de son livre est de démontrer que ces décisions sont le produit de méthodes d'interprétation constitutionnelle défectueuses et rigides, à l'encontre des approches plus larges et plus « pragmatiques » qu'il préconise lui-même. On a pourtant du mal à croire qu'une personne aussi sophistiquée que Breyer ne réalise pas que les méthodes d'interprétation constitutionnelle ne sont souvent qu'un habillage de décisions judiciaires qui sont, en réalité, le reflet d'une idéologie. On peut donc émettre l'hypothèse que sa véritable motivation est simplement de pousser la Cour vers une position idéologique plus modérée, en utilisant son prestige pour critiquer certaines des lacunes de l'approche textualiste, sans attaquer la bonne foi de ses partisans.

Quoi qu'il en soit, les exemples de juges de la Cour suprême, qu'ils soient conservateurs ou libéraux, prêts à écarter leurs méthodes préférées d'interprétation de la loi en vue d'aboutir à des résultats plus cohérents avec leurs convictions idéologiques, sont si nombreux qu'ils jettent un doute sur la sincérité de ces juges quand ils disent adhérer à ces méthodes. Un exemple frappant est celui de la décision *Snyder v. United States*, prononcée juste à la fin de la dernière session de la Cour suprême. Elle concernait la condamnation par un tribunal fédéral de James Snyder, ancien maire de Portage (Indiana), pour avoir accepté un paiement personnel de 13 000 dollars d'une entreprise de transport, Great Lakes Peterbilt, un an après qu'il se fut arrangé pour attribuer à cette société deux contrats d'une valeur d'environ 1,1 million de dollars.

12. NdT : En anglais, le texte en comporte treize : « A well regulated Militia, being necessary to the security of a free State ».

La loi en question, 18 U.S.C. §666, dispose que le fait, pour un fonctionnaire d'État ou local de solliciter, d'accepter ou de convenir d'accepter une somme d'argent ou un objet de valeur de la part d'une personne « avec l'intention de se placer sous l'influence d'un tiers ou d'être récompensé » pour avoir accompli un acte officiel, est un crime fédéral. La question était de savoir si cela ne couvrait que les pots-de-vin, où le paiement est promis avant que l'acte officiel ne soit accompli, ou si cela couvrait également les gratifications, pour lesquelles il n'y a pas de preuve d'un accord avant l'acte officiel, mais où le paiement constitue néanmoins une « récompense » pour l'acte accompli. Les six juges conservateurs, en cohérence avec l'interprétation restrictive qu'ils avaient constamment donnée des lois fédérales sur la corruption au niveau des États et des collectivités locales, ont jugé que la section 666 ne s'appliquait qu'aux pots-de-vin. Ils ont donc annulé la condamnation de Snyder, puisqu'il n'y avait aucune preuve d'un accord de corruption entre lui et Peterbilt avant l'attribution des contrats.

Mais ce qui est remarquable dans cette affaire, du point de vue de l'interprétation des lois, c'est que, plutôt que de s'appuyer sur le textualisme, la décision rédigée au nom de la majorité par le juge Brett Kavanaugh considérait que :

> six raisons, prises ensemble, nous amènent à conclure que le §666 est une loi sur les pots-de-vin et non sur les gratifications : le texte, les travaux préparatoires, la structure interne du texte, les sanctions prévues par la loi, la primauté du droit fédéral sur le droit des États et les droits de la défense.

En d'autres termes, la majorité, composée de juges conservateurs, qui se présentent comme textualistes, a explicitement adopté l'approche recommandée par le livre de Breyer.

À l'opposé, les trois juges libéraux dissidents ont, dans une opinion rédigée par la juge Ketanji Brown Jackson, adopté une approche purement textualiste. Dans un style rappelant celui du regretté juge Scalia, l'opinion dissidente déclare que :

> Seule la Cour actuelle pourrait aimer l'interprétation absurde et a-textuelle que la décision *Snyder* fait de la loi. En ignorant délibérément le texte clair de la section 666 – qui, encore une fois, vise expressément les fonctionnaires qui « par corruption » sollicitent, acceptent ou conviennent d'accepter des paiements « avec l'intention de se placer sous l'influence d'un tiers ou d'être récompensés » – la Cour conclut que la loi ne criminalise en rien les gratifications.

En lisant tout cela, un cynique pourrait suggérer que les juges de la Cour suprême considèrent unanimement que l'interprétation des lois n'est qu'une affaire de commodité.

Tout comme les étudiants en droit sont formés à tenir un double discours, les juges peuvent toujours trouver une justification apparemment plausible à leur décision. Dans les tribunaux inférieurs, cela est tempéré par le fait que leurs décisions, ainsi que les motivations qu'ils donnent, sont susceptibles d'être contrôlés. Mais les décisions de la Cour suprême ne peuvent être soumises à aucun contrôle, ce qui signifie que les seules contraintes qui pèsent sur elles sont la nécessité d'être voulues par au moins cinq juges et le principe du respect des précédents. Cette dernière contrainte est moins forte que la première (comme on l'a vu avec l'affaire *Dobbs*), mais c'est une des raisons pour lesquelles la Cour suprême est plus conservatrice que les autres pouvoirs : la première chose qu'un juge doit faire avant de rendre une décision est d'examiner les précédents, qui, même s'ils datent de nombreuses années et ont été rendus dans des circonstances différentes, demeurent la loi du pays.

Cependant, la principale raison pour laquelle la Cour suprême a été, pendant la majeure partie de son histoire, et reste aujourd'hui, le plus conservateur des trois pouvoirs, est que les conservateurs ont traditionnellement accordé beaucoup plus d'attention que les libéraux à placer leurs amis au sein de la Cour, car c'est leur meilleure chance de préserver les valeurs qu'ils cherchent à défendre contre les réformes populaires.

Cette vision de la Cour comme un véritable bastion contre l'innovation a été reconnue très tôt. Après que le Parti républicain progressiste de Thomas Jefferson eut remporté l'élection fédérale de 1800, mais avant que la nouvelle administration ne prenne ses fonctions, les fédéralistes, plus conservateurs, avaient tenté de remplir les tribunaux fédéraux avec autant de leurs partisans qu'il leur était possible de faire accepter par le Congrès. Jefferson écrivait ainsi à son ami John Dickinson que les fédéralistes

> se sont retirés dans le pouvoir judiciaire comme dans une forteresse. C'est là que les vestiges du fédéralisme doivent être préservés et nourris par le Trésor public, et c'est à partir de cette batterie d'artillerie que toutes les réalisations des Républicains doivent être détruites et effacées[13].

De même, avant et après la guerre civile, les conservateurs (alors principalement des démocrates) ont fait porter leurs efforts sur la nomination à la Cour du plus grand nombre possible de sudistes et de sympathisants du Sud. Au début du XXe siècle, le Parti républicain, devenu conservateur, s'est focalisé sur la nomination à la Cour de candidats favorables aux entreprises. La Cour Warren aurait elle aussi suivi ce schéma si Eisenhower n'avait pas fait une mauvaise appréciation des préférences de Warren et de Brennan. Et plus récemment, on sait bien comment la Federalist Society a réussi à obtenir la nomination à la Cour de conservateurs sur lesquels elle peut compter.

Bien sûr, les libéraux n'ignorent pas l'importance de la Cour mais, peut-être en raison de leur désir de changement, ont-ils eu tendance à concentrer leurs efforts sur l'élection de membres du Congrès et de présidents capables d'apporter des changements beaucoup plus rapides que ne le peut généralement la Cour suprême. C'est pourquoi leurs candidats à la Cour ont eu tendance à adopter une posture « juste milieu » (actuellement, les juges Jackson et Elena Kagan en sont un bon exemple). Toutefois, le résultat est que, pour le meilleur ou pour le pire, la Cour suprême est la plus conservatrice de nos trois pouvoirs, et il est probable qu'elle le restera.

13. NdT : Le 13 février 1801, la majorité fédéraliste du Congrès adopte le *Judiciary Act* qui élargit la juridiction fédérale, supprime les fonctions des juges de la Cour suprême dans les cours de circuit et crée seize postes de juges dans les cours de circuit fédérales. Le président sortant, John Adams, a rapidement pourvu les nouveaux postes en nommant des fédéralistes à vie, connus sous le nom de « juges de minuit » (*midnight judges*). Lorsque l'année suivante, les démocrates-républicains deviennent majoritaires au Congrès, ils abrogent la loi de 1801 et suppriment les nouveaux postes de juges par une loi du 22 janvier 1802. La lettre de Jefferson date du 19 décembre 1801.

■ L'auteur

Jed S. Rakoff est juge fédéral au tribunal de district des États-Unis pour le district sud de New York. Il est l'auteur de *Why the Innocent Plead Guilty and the Guilty Go Free. And Other Paradoxes on Our Broken Legal System*, New York : Straus and Giroux, 2021, ainsi que de très nombreux articles, y compris à la *New York Review of Books*.

Chronique bibliographique

Vous pouvez consulter les recensions sur notre site Internet (rubrique « Lu pour vous ») :

http://ds.hypotheses.org/

Nos lecteurs retrouveront également sur ce site, dans la rubrique « Vie scientifique », des appels à contributions et à projets ainsi que des annonces de colloques et de journées d'études dans la champ droit et société. Une veille est par ailleurs faite sur les parutions d'autres revues proches de *Droit et Société* : **https://www.scoop.it/topic/au-fil-des-revues-by-droit-et-societe**.

Lus pour vous – En ligne sur le blog Droit et Société

- ARTAGNAN Isabelle (d'), *Le pilori au Moyen Âge dans l'espace français – XIIe-XVe siècle*, préface de Jean-Marie Moeglin, Rennes : Presses universitaires de Rennes, 2024, coll. « Histoire », 339 p.
  https://ds.hypotheses.org/14883
  (par Delphine CONNES)
- BABY Sophie, *Juger Franco ? Impunité, réconciliation, mémoire*, Paris : La Découverte, 2024, 376 p.
  https://ds.hypotheses.org/15223
  (par Florent FRASQUE)
- BERENI Laure, *Le management de la vertu – La diversité en entreprise de New York à Paris*, Paris : Presses de Sciences Po, 2023, 288 p.
  https://ds.hypotheses.org/14834
  (par Guillaume DELALIEUX)
- BERGÉ Jean-Sylvestre, *The A Priori Method in the Social Sciences. A Multidisciplinary Approach*, Cham (Switzerland) : Springer, 2023, 191 p.
  [https://ds.hypotheses.org/14788]
  (par Anne-Sophie CHAMBOST)
- COURTY Guillaume et MILET Marc (dir.), *Les groupes d'intérêt en France*, Paris : Classiques Garnier, 2023, coll. « Rencontres », 681 p.
  https://ds.hypotheses.org/15089
  (par Sabine SAURUGGER)
- DYEVRE Arthur, *La décision juridictionnelle – Introduction à la théorie et à l'empirie du droit*, Paris : Lefebvre Dalloz, coll. « Méthodes du droit », 268 p.
  https://ds.hypotheses.org/15203
  (par Anne-Julie ROLLAND)
- KERNEIS Soazick, *La justice en vérité. Une histoire romaine du dire-vrai*, Paris : Dalloz, 2022, coll. « Les sens du Droit », 142 p.
  https://ds.hypotheses.org/14869
  (par Corinne LEVELEUX-TEIXEIRA)
- LECLERC Olivier, *Déontologie de la recherche et intégrité scientifique*, Paris : Presses universitaires de France, 2024, coll. « Droit et déontologie », 246 p.
  https://ds.hypotheses.org/15079
  (par François VATIN)
- PHILIPPE Arnaud, *La fabrique des jugements. Comment sont déterminées les sanctions pénales*, Paris : La Découverte, 2022, coll. « Sciences humaines », 342 p.
  https://ds.hypotheses.org/14856
  (par Bartolomeo CAPPELLINA)
- VERBICARO Dennis, *Algoritmos de consumo: discriminação, determinismo e solução online de conflitos na era da inteligência artificial*, São Paulo : Revista dos Tribunais (Thomson Reuters), 2023, 360 p.
  https://ds.hypotheses.org/14980
  (par Hugo José DE OLIVEIRA AGRASSAR, João OLEGÁRIO PALÁCIOS, Luciana SILVA RASSY PALÁCIOS)

Reçus au bureau de la rédaction

- ALLOUCH Annabelle et ESPAGNO-ABADIE Delphine, *Contester ParcourSup. Sociologie d'une plainte*, Paris : Presses de Sciences Po, 2024, 280 p.
- GAUTRON Virginie, *Par-delà l'aveu : remords et justice pénale*, Chêne-Bourg : RMS Éditions / Médecine & Hygiène, coll. Déviance et Société, 2024, 256 p.
- HENNETTE-VAUCHEZ Stéphanie et MARGUET Laurie (dir.), *De haute lutte. La révolution de l'avortement,* Paris : CNRS Éditions, 2024, 504 p.
- LE BOUËDEC Nathalie, *La justice ouest-allemande face aux médias (1945-1963). L'impossible relation de confiance ?*, Villeneuve d'Asq : Presses universitaires du Septentrion, 2024, 370 p.
- OST François, *Le congrès et autres contes juridiques*, Paris : Lefebvre-Dalloz, 2024, 250 p.
- SCHNAPPER Dominique, *Les désillusions de la démocratie*, Paris : Gallimard, coll. Connaissances, 2024, 287 p.

ISBN : 978-2-336-50800-9 / 18 €

Cultures & Conflits

n° 133 / printemps 2024

VARIA

Articles et résumés (fr/en) en ligne
sur **conflits.org** ou **www.cairn.info**

Pour commander ce numéro :

l'Harmattan, 5-7 rue de l'Ecole Polytechnique
75005 Paris

Chèque à libeller à l'ordre des éditions de l'Harmattan

Cultures & Conflits
redactionagc@gmail.com

Bureau F515 - UFR SJAP - Université de Paris-Ouest-Nanterre
92001 Nanterre cedex

Vient de paraître

Revue française des affaires sociales

N° 1 • janvier-mars • 2024

Dossier thématique

Risques et injustices socio-environnementaux. Savoirs, expertises et actions publiques

---

Contact : rfas-drees@sante.gouv.fr

Le numéro est en ligne sur le portail Cairn • Adresse URL : http://cairn.info/revue-francaise-des-affaires-sociales.html
Pour consulter les appels à contribution pour les prochains numéros sur le site de la DREES,
pour vous abonner aux avis de parution de la RFAS,
pour consulter la lettre d'information de la RFAS :
https://drees.solidarites-sante.gouv.fr/article/revue-francaise-des-affaires-sociales
Les numéros de la *Revue française des affaires sociales* sont disponibles au CRDM, 14 avenue Duquesne - 75007 Paris
et dans les centres de documentation du réseau Documentation des ministères sociaux.

L'Année sociologique

Revue fondée par ÉMILE DURKHEIM, publiée depuis 1898
TROISIÈME SÉRIE

Éditorial
G. Manzo

•

État de l'art
F. Accominotti – Status inequality and status hierarchies

Volume 74 / 2024 - N° 2
Septembre 2024

ISBN : 978-2-13-086083-9
ISSN papier : 0066-2399
ISSN en ligne : 1969-6760

Éthique de la recherche et méthodes en sociologie

Études réunies par Gianluca Manzo

G. Manzo – Éthique et méthodes de recherche : où devons-nous progresser ?
L. Sage – Les enjeux de la réplicabilité et de la reproductibilité dans la sociologie quantitative
G. Larrieu – Les principes éthiques au défi d'une enquête par entretiens
F. Pietron & M. Rasulo – Dilemmes éthiques en terrains militants radicaux
F. Musiani – La gouvernance d'Internet à l'épreuve des terrains sensibles
C. Bidart, H. Garin, R. Ibrahim, V. Lorant, P. Nicaise & P. Tubaro – Graphes de réseaux personnels en entretien
M. Aranguren, C. Barone & M. Safi – La régulation éthique dans les expérimentations en SHS
J. Rouchier – L'éthique des modèles de simulation : une question d'interprétation ?
R. Silberman – Partage des données et protection de la confidentialité dans les sciences sociales
A. Maddi – Note de lecture. Jouer avec les métriques : l'art de la manipulation académique

•

Ressources pour la recherche
G. Otte, T. Sawert, J. Brüderl, S. Kley, C. Kroneberg & I. Rohlfing – Critères de qualité de la recherche en sociologie

Rédaction de L'Année sociologique
Maison de la Recherche, 28 rue Serpente, 75006 Paris, France E-mail : delphine.renard@sorbonne-universite.fr

Abonnements
Humensis, Service des revues
170 bis, bd du Montparnasse, CS 20012, 75680 Paris cedex 14, France E-mail : revues@puf.com
BIC-BNPAFRPPPXV - IBAN : FR76 3000 4009 6900 0100 2658 320
France : Particuliers 62 € TTC Institutions 76 € TTC
Étranger : Particuliers 69 € HT Institutions 90 € HT TVA : 5,5 %

Une fièvre américaine

Choisir les juges de la Cour suprême

Julien Jeanneney

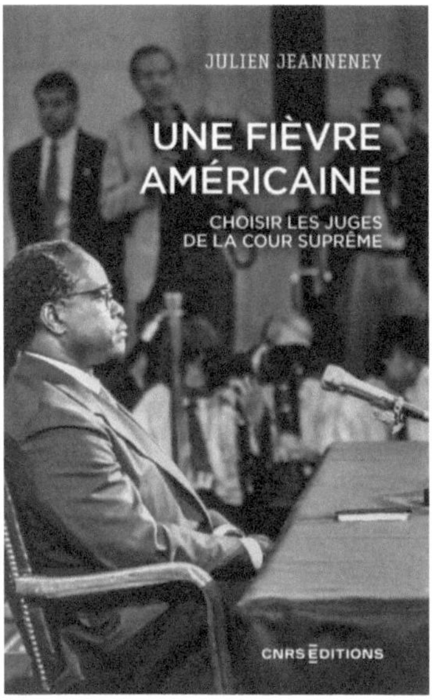

Voici l'un des événements les plus scrutés de la vie politique américaine, à l'écho souvent mondial : le choix des juges de la Cour suprême. Des millions de dollars sont dépensés. Des campagnes de presse sont orchestrées. Des films polémiques sont diffusés. Des scandales sont révélés.

Comment une procédure apparemment si aride en est-elle venue à susciter de telles passions collectives ? En restituant sur la longue durée les batailles acharnées qui entourent nombre de nominations, Julien Jeanneney le donne à comprendre. Aujourd'hui comme hier, les enjeux affrontés par ces juges sont fondamentaux : répartition des pouvoirs dans la fédération, abolition de l'esclavage, lutte contre les monopoles, New Deal, déségrégation, interruption volontaire de grossesse, port des armes, participation électorale...

Au fil de ces recrutements, le destin du pays se dessine et cette institution prend une autre couleur, loin de la figure abstraite d'une instance impartiale appliquant, tel un automate, une Constitution qui aurait réponse à tout. Ainsi se trouvent incarnés les hommes et femmes dont la désignation et ses conséquences ont contribué à forger les États-Unis d'Amérique, et continuent de le faire.

Prix Olivier Debouzy de l'agitateur d'idées juridiques de l'année 2024

Grand Prix Charles-Aubert Droit de l'Académie des sciences morales et politiques 2024

ISBN : 978-2-271-15134-6

392 p. - 25 €

CNRS ÉDITIONS

15, rue Malebranche 75005 Paris

En vente en librairie ou sur www.cnrseditions.fr

Recommandations aux auteurs

Les manuscrits d'articles soumis pour publication dans la revue *Droit et Société* doivent être adressés par courrier électronique au Secrétariat de rédaction pour évaluation (redaction.droitetsociete@gmail.com). Il s'agira de textes originaux n'ayant pas fait l'objet d'une publication antérieure et n'étant pas proposés simultanément à une autre revue. Suivant la procédure habituelle, le manuscrit est soumis à examen auprès de deux lecteurs désignés par la Rédaction, avec l'appui du Comité éditorial, selon leur compétence dans les domaines traités. Ils évaluent le texte anonymisé à l'aide d'un formulaire proposé par la Rédaction.

▪ Manuscrits pour la rubrique « Études »

Le texte devra être accompagné des éléments suivants :

- le titre de l'article en anglais,
- un résumé en français et en anglais (800 à 850 caractères chacun, espaces compris),
- environ 5 mots-clés (dans chacune de ces deux langues),
- une brève notice bio-bibliographique concernant l'(ou les) auteur(s),
- l'adresse postale (de préférence institutionnelle, à défaut privée) du (des) auteur(s),
- l'adresse électronique.

L'article devra comporter un titre significatif court et des intertitres clairement hiérarchisés.

▪ Manuscrits pour les autres rubriques

Ces recommandations doivent également être prises en compte pour ce qui concerne les manuscrits destinés aux rubriques « Dossier » et « Question(s) en débat ». Pour la rubrique « À propos », il n'est pas prévu de résumés et mots-clés.

▪ Chronique bibliographique

Les recensions reçues par la Rédaction sont publiées en ligne sur le site de Droit et Société : *https://ds.hypotheses.org* (rubrique « Lu pour vous »). Une mention en sera faite dans chaque numéro de la revue papier. Les textes doivent dans la limite du possible ne pas dépasser les 8500 caractères (espaces compris, notes de bas de page et références bibliographiques incluses). L'usage des notes de bas de page doit être limité.

▪ Volume des contributions

Il est absolument impératif de respecter le nombre maximal de caractères pour les manuscrits :

- pour les « Dossiers » : 50 000 caractères* par article (suivant le nombre de contributions prévues), la totalité du dossier ne devant pas dépasser 250 000 caractères* (texte de présentation compris) ;
- pour la rubrique « Études » : entre 40 000 et 60 000 caractères* maximum ;
- pour la rubrique « Question(s) en débat » : entre 35 000 et 60 000 caractères* maximum ;
- pour la rubrique « À propos » : 30 000 caractères* maximum ;
- pour les recensions de la « Chronique bibliographique » : 8 500 caractères* maximum.

** espaces compris (notes de bas de page et références bibliographiques incluses)*

Notes et références bibliographiques

Les références bibliographiques des ouvrages et articles cités doivent être placées en notes de bas de page. Leur présentation sera la suivante :

- pour un ouvrage : Philippe WARIN, *Les dépanneurs de justice. Les « petits fonctionnaires » entre qualité et équité*, Paris : LGDJ, coll. « Droit et Société. Série politique », 2002 ;
- pour un article de revue : *s'il s'agit d'une numérotation continue*, Jacques CHEVALLIER, « Doctrine juridique et science juridique », *Droit et Société*, 50, 2002, p. 103-119 ; *s'il s'agit d'une numérotation par volume et numéro*, Michel VAN DE KERCHOVE, « Les avatars de la loi belge de défense sociale : le changement dans la continuité », *Déviance et société*, 34 (4), 2010, p. 485-502. Si l'article est doté d'un DOI, merci de l'indiquer.
- pour un chapitre dans un ouvrage : Bruno JOBERT, « Les nouveaux usages du droit dans la régulation politique », *in* Jacques COMMAILLE, Laurence DUMOULIN et Cécile ROBERT (dir.), *La juridicisation du politique. Leçons scientifiques*, Paris : LGDJ, coll. « Droit et Société. Recherches et Travaux », 2000, p. 125-134.

En cas de citation, il convient dans tous les cas de préciser la page d'où celle-ci est extraite.

Graphiques et tableaux

Ils doivent être numérotés et appelés dans le texte à l'endroit où leur insertion est souhaitée. Les titres des tableaux et la légende des graphiques seront clairement indiqués.

Article accepté pour publication

Lors de l'acceptation définitive de l'article pour publication, l'auteur adressera au Secrétariat de rédaction de la revue, par courrier électronique, le manuscrit final, éventuellement repris à partir des observations des évaluateurs. Les articles ne sont pas rémunérés.

Écriture inclusive

Pour les auteurs souhaitant utiliser l'écriture inclusive, la forme retenue est le point médian (raccourci clavier : alt + 0183). Exemple : étudiant·e.

Submission guidelines

Article submissions to *Droit et Société* must be sent via email to the editorial assistant for evaluation (redaction.droitetsociete@gmail.com). Texts must be original, not previously published, and must not be under consideration by another journal. Manuscripts submitted to *Droit et Société* are evaluated by readers chosen by the Editorial Board according to their competence in the specific subject matter. The journal uses a double-blind review process.

■ Manuscripts for the "Studies" rubric

The text should be accompanied by the following elements:

- the title of the article in English,
- a summary in French and in English (800 to 850 characters each, spaces included),
- approximately 5 keywords (in each language) to facilitate identification of the article's content,
- the author's or authors' brief biblio-biography,
- the postal address (preferably institutional, otherwise private) of the corresponding author,
- the email address of the author(s).

The article should have a short meaningful title and clearly hierarchical headings.

■ Manuscripts for the other rubrics

These guidelines should also be followed for manuscripts intended for the "Special Report" and "Current Debate" rubrics. For the "On the Subject of..." rubric, summaries and keywords are not required.

■ Book reviews

Book reviews are published only on this site (under the rubric « Lu pour vous » [Read for you] but are also mentioned in the paper version of the journal.
Submissions may not exceed 8,500 characters (including spaces, footnotes, and bibliographic references). Footnotes should be used judiciously.

■ Manuscript length

It is absolutely imperative that authors respect the character limit for manuscripts:

- for "Special Reports," 50,000 characters* per article (depending on the number of contributions planned); the total dossier cannot exceed 250,000 characters* (including the dossier's introduction);
- for "Studies," between 40,000 and 60,000 characters* maximum;
- for "Current Debate," between 35,000 and 60,000 characters* maximum;
- for "On the Subject of...," 30,000 characters* maximum;
- for "Book Reviews," (published on-line on Droit et Société's Website: *https://ds.hypotheses.org)* 8,500 characters* maximum.

** spaces, footnotes, and bibliographic references included*

■ Footnotes and bibliographic references

Bibliographic references must be placed in footnotes using the following style:

- for a book: Philippe WARIN, *Les dépanneurs de justice. Les « petits fonctionnaires » entre qualité et équité*, Paris : LGDJ, coll. « Droit et Société. Série politique », 2002 ;
- for a journal article: Jacques CHEVALLIER, « Doctrine juridique et science juridique », *Droit et Société*, 50, 2002, p. 103-119; or Michel VAN DE KERCHOVE, « Les avatars de la loi belge de défense sociale : le changement dans la continuité », *Déviance et société*, 34 (4), 2010, p. 485-502.
- for a book chapter: Bruno JOBERT, « Les nouveaux usages du droit dans la régulation politique », *in* Jacques COMMAILLE, Laurence DUMOULIN et Cécile ROBERT (dir.), *La juridicisation du politique. Leçons scientifiques*, Paris : LGDJ, coll. « Droit et Société. Recherches et Travaux », 2000, p. 125-134.

When citing a source, the page number of the excerpt should be indicated.

■ Figures and tables

These must be numbered and indicate in the text where they should be inserted. Table titles and figure legends should be clearly indicated.

■ Article accepted for publication

Once an article is definitively accepted for publication, the author will send the final manuscript, after revisions and responding to referees' comments, via email to the editorial assistant. Articles are not remunerated.

DROIT ET SOCIÉTÉ

Revue internationale de théorie du droit et de sociologie juridique

Bulletin d'abonnement 2025

3 numéros par an

France 153 € TTC — Étranger 167 €

Le numéro 68 € TTC — *Le numéro 74 €*

NOM .... Prénom ....

SOCIÉTÉ ....

....

Adresse ....

....

Code postal .... Ville..

Pays ....

Téléphone .... Fax ....

@ ....

Je choisis de régler la somme de : ....

☐ par chèque joint à l'ordre de Lextenso

☐ par carte bancaire (CB, Visa, sauf American Express) :

Carte N° |_|_|_|_| |_|_|_|_| |_|_|_|_| |_|_|_|_|

Date d'expiration |_|_| |_|_| Cryptogramme (3 chiffres) |_|_|_|

☐ par virement bancaire au CIC EST PLACE OUDIN GC
Lextenso éditions 30066 10650 00011003702 08

Date .... Signature :

À retourner à :
Lextenso, La Grande Arche La Défense, 1 Parvis de La Défense
92044 PARIS - LA DÉFENSE CEDEX, France
Relation clients : tél. [33] (0)1.40.93.40.40
e-mail : relation.clients@lextenso.fr

PEFC
10-31-1316
Certifié PEFC
Ce produit est issu de forêts gérées durablement et de sources contrôlées
www.pefc-france.org

IMPRIM'VERT®

Imprimé en France sur des papiers provenant
exclusivement de l'Union européenne
et issus de forêts gérées durablement
par Dupliprint, 733 rue Saint-Léonard, 53100 Mayenne

Ce livre est imprimé sur un site sous management
environnemental certifié **AFAQ ISO 14001**

Achevé d'imprimer en février 2025
Numéro d'impression : 2996427R
Dépôt légal : février 2025